Albert Sorel

Bonaparte et Hoche en 1797

Elibron Classics
www.elibron.com

Elibron Classics series.

ISBN 0-543-91320-1 (paperback)
ISBN 0-543-91319-8 (hardcover)

This Elibron Classics Replica Edition is an unabridged facsimile of the edition published in 1896 by E. Plon, Nourrit et Cie, Paris.

BONAPARTE ET HOCHE

EN 1797

OUVRAGES DU MÊME AUTEUR, A LA MÊME LIBRAIRIE

Histoire diplomatique de la guerre franco-allemande. (*Épuisé.*)

La Question d'Orient au dix-huitième siècle : Le partage de la Pologne et le traité de Kaïnardji. 2e édit., revue par l'auteur. Un vol. in-18. Prix.... 3 fr. 50

L'Europe et la Révolution française. PREMIÈRE PARTIE : *Les mœurs politiques et les traditions.* 3e édition. Un vol. in-8°. Prix........ 8 fr.

DEUXIÈME PARTIE : *La chute de la royauté.* 3e édition. Un vol. in-8°. Prix........ 8 fr.

TROISIÈME PARTIE : *La guerre aux rois.* 2e édition. Un vol. in-8°. Prix........ 8 fr.

QUATRIÈME PARTIE : *Les limites naturelles* (1794-1795). 2e édit. Un vol. in-8°. Prix........ 8 fr.

(*Ouvrage couronné deux fois par l'Académie française, grand prix Gobert.*)

Lectures historiques. *Un partisan; — Un émigré; — Mémoires de soldats; — Le drame de Vincennes; — Talleyrand et ses Mémoires; — Une agence d'espionnage sous le Consulat; — Le consulat de Stendhal; — Napoléon et Alexandre; — Deux précurseurs de l'alliance russe; — M. Thouvenel et la question romaine; — La révocation de l'édit de Nantes; — Bossuet historien de la Réforme; — Tolstoï historien.* 2e édit. Un vol. in-18. Prix........ 3 fr. 50

Précis du droit des gens, par MM. Albert SOREL et FUNCK-BRENTANO. 2e édit. Un vol. in-8°. Prix........ 8 fr.

Essais d'histoire et de critique. — Metternich, Talleyrand au Congrès de Vienne, l'Alliance russe et la Restauration, les Mirabeau, Élisabeth de Russie, la diplomatie de Louis XV, les Colonies prussiennes, la Politique française en 1866 et 1867, la Diplomatie et le Progrès. 2e édit., revue par l'auteur. Un vol. in-8°. Prix........ 3 fr. 50

PARIS. TYP. DE E. PLON, NOURRIT ET Cie, 8, RUE GARANCIÈRE. — 1275.

BONAPARTE

ET

HOCHE

EN 1797

PAR

ALBERT SOREL

DE L'ACADÉMIE FRANÇAISE

PARIS

LIBRAIRIE PLON

E. PLON, NOURRIT ET Cie, IMPRIMEURS-ÉDITEURS

10, RUE GARANCIÈRE

—

1896

DE LEOBEN

A

CAMPO-FORMIO

CHAPITRE PREMIER

LES PRÉLIMINAIRES DE PAIX

I

La Convention avait conquis à la France les « limites naturelles »; elle avait décrété la réunion à la République des Pays-Bas autrichiens, la Belgique et le Luxembourg; elle occupait, par ses armées victorieuses, les pays allemands de la rive gauche du Rhin, sauf Mayence où les Impériaux tenaient encore. Ces conquêtes étaient toutes militaires; la République ne les avait pas imposées à l'Europe, l'Europe ne les avait pas reconnues à la République. La Prusse, sans doute, avait fait sa paix particulière et stipulé qu'elle serait indemnisée de la perte de ses possessions dans le cas où la rive gauche du Rhin serait cédée à la France par la diète de l'Empire qui seule avait qualité pour consentir cette cession. Mais la diète ne la consentait point, la Prusse n'y engageait pas la diète, et toute sa politique tendait à éluder les engagements, d'ailleurs éventuels, qu'elle avait contractés à Bâle et à Berlin; elle n'entendait point donner sans recevoir, mais elle préférait ne donner ni recevoir, recouvrer ses territoires et s'attribuer le double mérite d'avoir assuré la paix à l'Allemagne et sauvé l'intégrité de l'Empire. L'Autriche, qui disposait encore de la diète, se montrait intraitable. Elle refusait d'entrer en accommodement aussi bien pour les Pays-Bas, qui étaient dans l'héritage de la maison de Habsbourg, que pour la rive gauche du Rhin que l'Empire avait confiée à la garde de l'empereur. L'Angleterre la soutenait de ses subsides. Il fallait donc la battre pour l'obliger à traiter; tant qu'elle ne serait pas battue, la conquête des « limites naturelles » demeurerait un fait de guerre, soumis à toutes les vicissitudes de la guerre.

En identifiant l'établissement définitif de la République et le gouvernement de la France par le parti républicain, avec la conquête de ces limites, le Comité de salut public de l'an III et la Convention s'étaient engagés à vaincre l'Europe ou à la diviser par des associations de partage; à isoler l'Angleterre, et à la contraindre par l'invasion, la révolution et la ruine, de subir une paix qui donnerait à la France le port d'Anvers et lui livrerait la Hollande. C'était la guerre; cette guerre, par cela même qu'elle suspendait au sort des armées les destinées de la République, préparait nécessairement la suprématie du général, victorieux et pacificateur, qui réaliserait ce grand rêve national : la limite du Rhin et la fin de la Révolution. En choisissant Bonaparte pour imposer, par les armes, la domination de la majorité conventionnelle, dans les nouveaux conseils; en l'appelant au premier poste de l'armée de l'intérieur; en lui confiant le commandement de l'armée d'Italie, destinée à porter contre l'Autriche les coups décisifs, le Comité de salut public l'avait désigné pour être cet homme-là. Avant que Bonaparte eût conçu l'ambition de s'emparer du pouvoir, il vit les avenues du pouvoir s'ouvrir devant lui. Ses victoires en Italie, son habile et fructueuse exploitation de ses conquêtes, firent de lui, en quelques semaines, le premier personnage de l'État, le connétable de la République et l'architrésorier du Directoire. Son prestige grandit d'autant plus que, du côté de l'Allemagne, la République éprouvait plus de mécomptes. L'armée de Moreau avait dû se replier, à l'automne de 1796; elle était réduite à vivre des reliefs de l'armée d'Italie.

Le Directoire commençait à tout craindre de ce jeune homme dont il s'était obligé à tout espérer. Ce conseil, très médiocre, était non seulement rempli de contradictions dans ses vues, mais de rivalités entre ses membres. Sous l'impression de la retraite de Moreau, condamnés à redouter un succès qui les mettrait à la merci de Bonaparte, autant peut-être qu'une défaite qui les vouerait à l'animadversion populaire; voyant grandir en France une impatience « d'en finir », dont profitaient les ennemis de la République; effrayés, à très juste titre, par l'approche des élections d'un tiers des deux conseils, les Directeurs s'accordèrent, un moment, pour désirer la paix avec l'Autriche et tourner ensuite toutes les forces de la République contre l'Angleterre. Les uns y vinrent de parti pris, pour se conformer aux vœux de l'opinion, par prudence aussi et par crainte d'amener les armées à s'emparer de l'État; les autres s'y résignèrent pour gagner du temps et par expédient. Parmi les premiers était Carnot, obsédé par les souvenirs de la Terreur, réfugié, pour ainsi dire, dans la Constitution, et disposé à se contenter de la Belgique et du Luxembourg. Letourneur opinait comme Carnot, par discipline et par hésitation. Barras et Reubell voulaient la guerre et la limite du Rhin : Barras pour conserver le pouvoir avec les profits et les plaisirs qu'il y trouvait; Reubell par esprit de suprématie, par esprit fiscal, l'esprit romain du comité de l'an III, dont il demeurait le représentant tenace et convaincu. Larevellière-Lépeaux, par haine de Carnot, suivait Barras qu'il méprisait et Reubell qu'il goûtait peu. Il votait avec eux, taisant, par orgueil, des idées que d'ailleurs il était incapable de tirer au clair et se réservant de montrer dans ses *Mémoires*, un quart de siècle après l'événement, qu'il n'avait rien compris au drame où il figure. Comparse solennel, dans les coups de théâtre, il s'excuse, devant l'histoire, d'avoir été la dupe de Bonaparte; il a été la dupe de ses propres illusions, ce qui est plus fâcheux pour un littérateur à prétentions de moraliste et de politique. Carnot attendait de Bonaparte le désintéressement civique; Barras en attendait des subsides; Reubell, des territoires à exploiter et à troquer; Larevellière exigeait davantage, et l'on s'explique qu'il ait été le plus déçu : des révolutions en Italie, de la soumission en France, plus encore de vertu civique que de génie militaire, en un mot, et selon le langage du temps, un conquérant qui serait Alexandre pour le compte du Directoire, et Cincinnatus pour son propre compte.

Ils trouvaient tous qu'il prenait trop de place et se poussait trop vite aux usurpations. Pour le surveiller, démêler ses desseins, contenir son impétuosité et l'empêcher de se rendre maître des négociations après s'être rendu maître de la guerre, les Directeurs envoyèrent en Italie, au mois de novembre 1796, le général Clarke. Cet officier devait demander des passeports pour Vienne et tâcher d'amorcer avec l'empereur une négociation pacifique. L'armée d'Italie avait conquis le Milanais, Modène et les Légations. Le Directoire n'avait pas alors d'autres vues sur ces pays que d'en faire un marché à échanges diplomatiques, après en avoir fait un champ à réquisitions. « L'intérieur est dégarni de troupes, écrivaient les Directeurs le 25 novembre; les côtes de l'Océan seront à peine gardées après le départ du général Hoche, dont l'expédition — en Irlande — emploiera presque tout ce qui s'y trouve de disponible. Notre principal intérêt s'est constamment dirigé vers l'Italie... L'Italie est le gage de paix (1). »

(1) J'ai employé constamment pour cette étude les manuscrits des Affaires étrangères; la *Correspondance inédite de*

II

Clarke arriva à Milan le 29 novembre 1796 (1). Né d'une famille irlandaise réfugiée, élève gentilhomme à l'école militaire, ancien client du duc d'Orléans, il avait fait campagne en 1792; la Terreur l'éloigna de l'armée; il reprit du service après Thermidor et entra dans les bureaux militaires du Comité de salut public, où Carnot, qui l'employa, se prit d'amitié pour lui. C'était un bel homme d'une trentaine d'années, distingué, de tenue élégante, ayant l'usage du monde et des affaires. Grand travailleur, instruit, ambitieux, entiché de noblesse, probe sur l'article de l'argent, rude avec ses inférieurs, souple aux puissants, ne se ménageant point dans le dévouement, mais se dévouant à son intérêt plutôt qu'à celui de son chef; ne se donnant pas à demi, mais se reprenant tout entier, et sans transition, il se croyait destiné à une brillante carrière; il était impatient de sa fortune et se piquait

Napoléon Bonaparte, publiée en 1829; la *Correspondance de Napoléon Ier.*

(1) *Mémoires* de Thiébault, de Miot, de Marmont, de Bourrienne, de Larevellière-Lépeaux, de Barras; — *Histoire d'Italie,* de Botta; — Franchetti, *Storia d'Italia,* t. I; — Stendhal, *Vie de Napoléon;* — Peyre, *Napoléon Ier et son temps;* — *Revue critique,* 1867, article de M. Lot sur M. Lanfrey, t. I. — Pour l'origine des idées de Napoléon, voir Frédéric Masson, *Napoléon inconnu.*

de percer vite en servant bien et à propos. Le moins républicain des officiers, négociateur d'état-major et diplomate à cheval, il arrivait tout glorieux de sa mission; il possédait le secret de Carnot, sinon celui du Directoire; il se sentait plénipotentiaire; il allait, du premier coup, démasquer et remettre dans le rang ce petit Corse infatué qui s'emportait vers la fortune avec une ridicule impertinence. Il s'en flattait du moins. Il ne connaissait pas plus le petit Corse qu'il ne se connaissait lui-même. Il était né serviteur, et serviteur trop zélé; il allait abandonner Carnot pour Bonaparte, comme il devait, plus tard, abandonner Bonaparte pour Louis XVIII. Dès le premier salut, il reconnut son maître.

Tout, en Bonaparte, était fait pour surprendre, séduire, subjuguer. Un journal de Paris, *le Républicain français,* disait déjà de lui : « Il semble au-dessus de l'homme. » Il n'avait que vingt-huit ans; il paraissait plus jeune encore par sa mine chétive, sa maigreur extrême, sa petite taille. Les cheveux broussailleux, poudrés, tombant en « oreilles de chien » jusque sur les épaules; le front tendu sous la pensée; le regard clair et inquisiteur; la bouche mobile, impérieuse; une grande finesse dans les traits du visage creusé, au teint olivâtre; une extraordinaire énergie dans l'ossature saillante, dans le menton surtout; il était vêtu d'un habit droit, trop large, coupé à la diable, endossé à la hâte, boutonné jusqu'en haut, garni seulement d'une étroite broderie d'or; il portait une ceinture tricolore, nouée négligemment, et un sabre qui semblait disproportionné à sa personne. Il enlevait, remettait, agitait, à la main, posait sur un meuble son petit chapeau noir surmonté d'un panache de hasard, attaché tant bien que mal. Il se levait, il s'asseyait brusquement, il parlait en marchant, avec des gestes saccadés, un accent italien, un français incorrect; ou bien, à sa table de travail, une plume à la main, il interrogeait ou plutôt il harcelait son interlocuteur.

Tel il paraissait à ceux qui l'abordaient pour la première fois, isolé dans son armée par la déférence générale, et se détachant au premier plan du tableau, devant le groupe des héros, qui, bon gré, mal gré, commençaient de lui faire cortège. Il imposait l'obéissance; devant lui, on se sentait toujours en service et toujours en sous-ordre. Ses questions se succédaient nettes, laconiques, précipitées. Son attention se portait aux plus menus détails; elle n'y passait que pour revenir à l'ensemble des choses qu'il embrassait toujours. Nul embarras chez lui à paraître ignorer ces renseignements techniques qu'il réclamait avidement; si la demande étonnait, le parti qu'il tirait de la réponse étonnait davantage et imposait. Il apprenait les affaires en les parlant, comme il avait appris la grande guerre en la faisant. Ses discours étaient péremptoires, ses déductions évidentes. Tout en son langage était force et précision, tout était commandement dans son attitude. Il disait « ma politique », comme il disait « mon armée ». A ce ton de supériorité naturelle se joignait la confiance de sept mois de merveilles : le Piémont assujetti, le Milanais conquis, la Lombardie en république, la Toscane inféodée, Rome tremblante, Naples prosternée, trois armées impériales battues, et toute l'Italie, depuis huit jours, remplie des combats d'Arcole. Clarke sortait de Paris, où tout était cabales mesquines, commérages, conflits d'incertitude, embûches et trébuchements de brouillons. Il fut ébloui et devina que sa carrière dépendait de cet homme. Bonaparte flaira le courtisan et le fascina.

Au bout de trois jours, Bonaparte connaissait les instructions de Clarke et avait pénétré le jeu du Directoire. « La lassitude de la guerre, lui dit Clarke, se fait sentir dans toutes les parties de l'intérieur de la République. Le peuple souhaite ardemment la paix ; les armées murmurent hautement de ce qu'elle n'est point faite. Le Corps législatif la veut et la commande, pour ainsi dire, n'importe à quelles conditions... Nos finances sont nulles... l'agriculture réclame des bras... La guerre accroît chaque jour une immoralité presque universelle, qui pourrait, par la suite, renverser la République. Enfin, tous les partis, harassés, veulent la fin de la Révolution... Nous n'avons ni police intérieure, ni gendarmerie... Il faut donc la paix, et, pour retrouver l'enthousiasme qui nous a fait vaincre, il faut que nos ennemis éloignent la conclusion et qu'il n'y ait personne en France qui ne soit convaincu que le gouvernement a voulu une paix raisonnable et qu'elle a été rejetée par l'ambition ou par la haine de nos principes. Le moment de négocier est donc venu. » Bonaparte n'avait pas encore reçu de notes aussi vivantes sur l'état des esprits en France. Il craignait encore une réaction des passions irréligieuses et de cet ancien esprit de propagande qui ne séparait pas le triomphe de la République de l'anéantissement de l'Église romaine. Clarke le rassura. « Manquerait-il à la gloire de Bonaparte de conquérir Rome? lui dit-il. Non, sans doute, puisque cette conquête s'est faite et a été consolidée le jour où l'armistice, qui nous en livrait les chefs-d'œuvre, les richesses, et qui en séparait les peuples de Bologne, de Ferrare, etc., a été signé... Faire exécuter les conditions de cet armistice... répond à tout... Serions-nous arrêtés par l'envie de conquérir Rome? Quelque glorieux que soit cet avantage, j'ose dire qu'il ne serait que momentané. Nous avons manqué notre révolution en religion. On est redevenu catholique romain en France, et nous en sommes peut-être au point d'avoir besoin du pape lui-même pour faire seconder chez nous la Révolution par les prêtres, et, par conséquent, par les campagnes qu'il sont parvenus à gouverner de nouveau. »

Finir la Révolution, donner la paix, réconcilier les Français entre eux, y employer l'influence du clergé, c'était pour Bonaparte le chemin du pouvoir. Si l'extraordinaire identité des vœux et des besoins du peuple français avec les moyens de sa propre fortune ne s'était jusqu'alors dessinée que confusément dans son esprit, elle dut lui apparaître ce jour-là dans toute son évidence. La route se découvre; Bonaparte la parcourt du regard dans toute son étendue; il s'y porte, et sans désormais perdre un instant de vue le but encore lointain à atteindre, il règle avec sa décision et sa précision habituelles les mesures immédiates d'exécution. La première, c'est la paix. Il va la prendre en main; mais à quelles conditions le Directoire est-il disposé à la conclure, ou plutôt à la ratifier quand Bonaparte l'aura conclue? Sur cet article, Clarke se montre aussi explicite que sur le précédent.

Le Directoire entend assurer à la France les « limites constitutionnelles », c'est-à-dire les pays réunis par décrets de la Convention, en octobre 1795 : la Belgique, l'évêché de Liège, le Luxembourg; s'il est possible d'y joindre une partie ou la totalité des pays allemands de la rive gauche du Rhin, le Directoire estimera avoir fait un coup de maître. Comme il n'est pas assez victorieux ni assez fort pour imposer la paix, il l'achètera. C'est, en réalité, un pacte d'échange qu'il s'agit de négocier. La République s'engage délibérément dans l'ornière de la vieille Europe. Pour forcer les monarchies à reconnaître la Révolution accomplie, le Directoire, après le Comité de l'an III, ne trouve pas d'autres combinaisons que celles que les monarchies ont employées, de 1792 à 1795, pour empêcher la Révolution de s'accomplir. La coalition se dénouera, ainsi qu'elle s'est nouée, par des contrats de *trocs*, d' « indemnisations » et d'arrondissements. Et comme il n'y a point de terrains vagues en Europe, comme il n'y a plus de Pologne à démembrer, que l'Empire turc est trop loin des prises, ce sont les territoires d'Allemagne et d'Italie qui serviront aux transactions républicaines, comme ils devaient servir aux transactions monarchiques. Les peuples demeurent la matière politique, divisibles comme ils sont imposables. Ceux d'Allemagne devront s'estimer trop heureux de passer de la domination des princes ecclésiastiques sous celle des princes laïques. Sécularisation est synonyme, pour les Directeurs, de progrès des lumières. Le Directoire s'informe des qualités politiques des Italiens conquis; il demande si Milan, Reggio, Bologne, Ferrare, sont « vraiment mûres pour la liberté », capables de se défendre par elles-mêmes ou disposées à se soumettre à l'Autriche : c'est affaire de calcul, non de principe. Suivant ses besoins, le Directoire restituera le Milanais à l'Autriche ou le constituera en république. Il en sera de la Bavière, avec laquelle il a signé, le 7 septembre, une convention, non encore ratifiée, d'armistice, comme de Venise avec laquelle il n'est pas en guerre. « Vous connaissez, avait-il dit à son envoyé, les torts réels et graves de Venise à notre égard. » Les peuples de la Terre ferme passent pour disposés à la liberté : selon les occurrences, on pourra les affranchir et les joindre à la République lombarde.

« Ce système de compensations — avait dit au général Clarke le ministre des relations extérieures, Delacroix — admet une multitude de combinaisons que vous pouvez effleurer dans vos conversations afin de démêler quelles sont celles qui plairaient davantage. » Et il les esquisse. L'une consisterait à donner à l'Autriche la Bavière, le haut Palatinat, Salzbourg, Passau, en échange de tout ce qu'elle possède en Italie; à transporter en Allemagne les ducs de Modène et de

Toscane; à transporter le Bavarois dans une partie des États du Pape et à former, du reste, des républiques réunies ou alliées avec la République lombarde. Le roi de Prusse mettrait peut-être peu de bonne grâce à se prêter à ce projet. « Le moyen de le lui faire adopter serait de lui fournir un ample dédommagement; lui satisfait, tout le reste serait réduit au silence.» Il est, ajoutait Charles Delacroix, une multitude d'autres combinaisons que vous formerez beaucoup mieux que moi... « Le point capital, c'est de persuader à la maison d'Autriche qu'elle obtiendra davantage et plus promptement en traitant avec la République seule. »

Ainsi spéculaient des hommes qui avaient voté successivement la renonciation aux conquêtes, l'affranchissement des peuples et l'extermination des rois. Bonaparte n'avait prêté aucun de ces serments téméraires, et les raisons d'État auxquelles les Conventionnels revenaient après de si singuliers détours, étaient chez lui toutes directes et spontanées. Il écoutait les confidences de Clarke de la même oreille que Frédéric de Prusse aurait écouté les insinuations d'un émissaire du cardinal Fleury, proposant de rompre la « pragmatique » et de régler le partage de la monarchie autrichienne. Il arriva très vite à cette conclusion que, pour faire la paix, il s'agissait moins encore d'écraser les Autrichiens que de conquérir assez de provinces italiennes pour les satisfaire. Il se sentit les mains libres et d'autant plus maître des affaires qu'il se jugeait capable d'accomplir avec suite ce que le Directoire ne savait que commander avec confusion. Clarke en eut l'impression. Après deux semaines passées au quartier général, cet Irlandais, très avisé, n'était déjà plus qu'un sous-secrétaire d'État de Bonaparte. « Il est l'honneur de la République, écrivait au Directoire, le 7 décembre, le futur duc de Feltre. Il est craint, aimé et respecté des Italiens. Tous les petits moyens d'intrigue échouent devant sa pénétration. Il a un grand ascendant sur les individus qui composent l'armée républicaine, parce qu'il devine ou conçoit d'abord leur pensée ou leur caractère et qu'il les dirige avec science vers le point où ils peuvent être le plus utiles... Je le crois... sans autre ambition que celle de la gloire qu'il s'est acquise... La constitution est son guide... Bonaparte sera mis par la postérité au rang des plus grands hommes. »

III

Parmi les combinaisons du Directoire, il en était une que Bonaparte n'entendait exécuter à aucun prix : c'était la restitution de la Lombardie. Rendre Milan aux Autrichiens, leur livrer les Légations, ce serait leur abandonner quelque chose de sa gloire et quelque chose de son sang. Ce sang italien bouillonne sourdement en lui. L'indépendance de l'Italie n'est pas dans sa pensée une simple expression de chancellerie :

c'est une parole vivante, nourrie des passions de trois siècles. Mais Bonaparte estime, comme autrefois Richelieu, que l'Italie sera indépendante si elle passe de la domination autrichienne à la tutelle française. C'est l'évolution, toute personnelle chez lui, de l'esprit de magnificence des anciennes guerres royales, devenu l'esprit d'expansion de la Révolution française. Il s'éprend de la régénération de l'Italie comme la grande Catherine s'était éprise de l'affranchissement des chrétiens d'Orient. Un vieux routier de la diplomatie française, élevé comme presque tous les contemporains à l'école de Frédéric, l'incite à ces pensées et les lui traduit en forme classique. C'est Cacault, qui gère à Rome les affaires françaises et y observe les manœuvres de la cour papale. Cacault a été un des premiers indicateurs et fournisseurs de faits qui aient servi Bonaparte, pareil à ces vieux officiers qui suivaient les jeunes princes dans les camps et enseignaient la routine des chemins battus à ceux qui devaient renouveler la face de la guerre. Pour lire ces lettres de Cacault, comme il convient, c'est-à-dire comme elles furent écrites et comme les lisait Bonaparte, il faut enlever le vernis superficiel des formules et dépouiller les mots du sens que leur avait attribué, pour un temps, la rhétorique parisienne. On n'avait jamais plus parlé de sensibilité qu'au temps de la Terreur; on ne parla jamais plus de la liberté des peuples qu'au temps du Directoire. Cette liberté est pour Bonaparte un instrument de conquête : créer des Républiques, former des États, relever les ruines dans toute une grande région de l'Europe et y renouveler avec les souvenirs de Rome les grands pouvoirs des proconsuls romains, voilà de quoi tenter son ambition. Il s'exalte à ces idées d'une sorte d'enthousiasme césarien. Ainsi se forme un lien entre l'intérêt de sa gloire et l'émancipation de l'Italie, comme il s'en formait un entre son arrivée au pouvoir et la fin de la Révolution en France. Rien d'incompatible d'ailleurs entre ces desseins et les conditions coutumières de la politique européenne.

« Vous avez pris, général, écrivait Cacault, le 27 et le 29 octobre, un parti excellent et qui ne convenait qu'après la conquête assurée et après avoir mis tous les peuples à l'abri de la crainte des Autrichiens, c'est celui de révolutionner enfin décidément et de former des légions italiennes. Vous êtes maître des pays habités par les meilleures espèces d'hommes qu'ait l'Italie... L'établissement de la liberté et de bonnes républiques, depuis Milan jusqu'au royaume de Naples, est sans doute ce qui peut le mieux assurer nos intérêts en Italie et contenir, dans les limites, d'un côté le roi de Naples, et, de l'autre, la puissante Allemagne... Si la paix avec le roi de Naples est signée, tout l'État ecclésiastique est en votre pouvoir; il est conquis d'avance et tout entier à votre disposition... Il faut laisser Rome se préparer, par le spectacle environnant, à la révolution qui s'y fera en dernier lieu. Le colosse de Rome est moins difficile à détruire qu'on ne pense. »

Cependant un congrès des quatre cités de l'Émilie : Modène, Reggio, Bologne, Ferrare, est convoqué à

Reggio pour la fin de décembre. Bologne se constitue en république, au chant du *Veni Creator*, et députe son président, Aldini, vers Bonaparte. C'est un unitaire et l'un de ces Italiens emportés vers l'avenir qui, n'ayant pas encore de frontières, réclament déjà Rome capitale. « L'Italie, dit Aldini, ne sera libre que quand elle sera indépendante, et indépendante que quand elle sera unie. Elle doit tout faire pour l'unité. » C'est aller trop vite et surtout trop loin, au gré de Bonaparte. Il estime qu'avant de se déclarer unitaires, il faut se montrer unis ; que l'esprit de rivalité séculaire des provinces et des villes est trop invétéré pour qu'on songe à former une république italienne. « De bonnes républiques », selon le conseil du prudent Cacault, voilà ce qui lui convient, et ce qui, par suite, doit convenir à l'Italie. Elles formeront des foyers de nation et d'État, que l'on étendra par rayonnement, selon les convenances. En attendant, la France, les ayant suscitées, sera forcée de les défendre ; défendues par la France, elles demeureront à sa discrétion ; et le Directoire, qui voudrait les garder à l'état de conquête pour en trafiquer plus aisément, ne pourra plus en faire marché quand, en son nom, mais en dépit de ses ordres, Bonaparte les aura constituées. Il se hâte donc, et ce sera sa politique durant toute cette extraordinaire campagne de l'an V (septembre 96 à septembre 97), de précipiter les événements afin d'opposer, partout et à tout le monde, des faits accomplis.

« Il y a dans ce moment-ci en Lombardie trois partis, écrit-il au Directoire, le 28 décembre : 1° celui qui se laisse conduire par les Français; 2° celui qui voudrait la liberté et montre son désir avec quelque impatience; 3° le parti ami des Autrichiens et ennemi des Français. Je soutiens et j'encourage le premier, je contiens le second, et je réprime le troisième. » Le congrès de Reggio se réunit. Un ci-devant gentilhomme, futur duc de l'Empire et pair de France, Marmont, y représente Bonaparte. La République cispadane est proclamée, et elle fraternise avec les députés de la République lombarde. « Ce ne sera pas en vain, disent les Lombards, et nous allons prouver à la face de l'Univers que ces peuples nés sous le même ciel ont la même force de volonté, la même hauteur d'imagination, la même profondeur de prudence. » Le congrès acclame Marmont, c'est « la part de la hauteur de l'imagination »; puis il députe vers Bonaparte, c'est la part de « la profondeur de prudence ». Les Cispadans, comme le Directoire à Paris, comptent sur son bras, pour faire de grandes choses en leur nom et à leur profit. « Faites, général, que votre ouvrage soit immortel comme vous-même. » Bonaparte leur répond, le 1er janvier 1797 : « La misérable Italie est depuis longtemps effacée du tableau des puissances de l'Europe. Si les Italiens d'aujourd'hui sont dignes de recouvrer leurs droits et de se donner un gouvernement libre, l'on verra un jour leur patrie figurer glorieusement parmi les puissances du globe; mais n'oubliez pas que les lois ne sont rien sans la force. »

Le même jour il écrit à un Italien; il se loue de l'évêque de Bergame, et il ajoute : « Je me convaincs tous les jours d'une vérité bien démontrée à mes yeux, c'est que si le clergé de France avait été aussi sage, aussi modéré, aussi attaché aux principes de l'Évangile, la religion romaine n'aurait subi aucun changement en France. » Bonaparte suit de loin l'ouvrage de Hoche dans l'Ouest. Rien, pense-t-il, ne serait plus populaire en France que le rétablissement du culte catholique, sans Église privilégiée, sans clergé propriétaire, sans moines opulents, sans abbés oisifs. Rien ne tentera plus Rome que l'occasion offerte de reconquérir la France. Si Rome refuse de comprendre ou soulève des obstacles, la peur en triomphera. La même peur, mêlée d'avidité, a soumis la Sardaigne; elle contiendra Naples. Reste à payer l'Autriche. Bonaparte, dans cette première sagesse, qui fut chez lui comme une fleur précoce du génie, incline peu à payer la maison d'Autriche en Allemagne : concentrer les territoires dans l'Empire, c'est prendre à rebours la tradition française; la France gagnerait moins à s'étendre vers le Rhin qu'elle ne perdrait à arrondir l'Autriche et la Prusse. Il faudra donc indemniser l'empereur en terre italienne, et comme Bonaparte exclut les républiques qu'il a prises en tutelle, il n'a plus le choix. La solution s'impose. Venise payera la paix de la République française et la constitution des républiques italiennes. Le nom de république, que porte le gouvernement de Venise, n'est pas fait pour l'arrêter. Il sait que les Directeurs détestent autant les oligarques qu'ils admirent le roi de Prusse. Après Rome, il n'y a point en Italie de gouvernement que les Directeurs voueront avec plus de mépris à l'anéantissement, après l'avoir condamné avec plus d'avidité à l'exploitation. Il connaît, mieux que personne, « les torts réels et graves de Venise ». Le moment venu de châtier cette « puissance perfide », il en sera de cette république comme du pape : « Le droit de la guerre, et les circonstances politiques décideront alors », ont dit les Directeurs à propos de Rome. Ils sont prêts, comme l'était le Comité de salut public à partager le Portugal avec l'Espagne. Les habitants des États vénitiens ne sont point d'une autre espèce; ils ne jouissent point de grâces d'état. Bonaparte s'occupe donc de préparer les circonstances.

Sous prétexte de rompre des menées dangereuses pour la sûreté de son armée, il occupe une partie des dépendances de Venise sur la terre ferme. Il y laisse les émissaires lombards agiter les bourgeois des villes et propager la révolution. Les oligarques laissent le clergé fanatiser le peuple des campagnes et prêcher le massacre des Français. Entre les Croates qui les ravagent d'un côté, les républicains qui les dépouillent de l'autre, effarés, énervés, n'osant ni s'armer, de peur de représailles, ni désarmer par crainte d'une surprise, les gouvernants de Venise traînent, dans les incertitudes et les duplicités, une neutralité que personne ne considère, parce qu'elle est fallacieuse, et que personne ne respecte parce qu'elle est inerte. L'occupation de Bergame les consterne. Bonaparte est sûr que, pour un temps, ils ne bougeront pas, et il a désormais avec eux un procès ouvert.

Savait-il, en agissant de la sorte que, selon l'expression de Charles Delacroix, aucune compensation « ne plairait davantage » à la cour de Vienne; que Venise était dans les prétentions de cette cour et dans ses convoitises; que l'Autriche nourrissait contre cette république des « droits anciens » et se préparait, comme lui, des griefs nouveaux; qu'elle avait déjà trafiqué de Venise avec la Russie; que l'arrangement qu'il offrirait à l'empereur pour le faire sortir de la coalition, était l'un de ceux que Catherine II avait employés pour l'y retenir? Rien ne permet de le supposer. Les projets de 1782 et le traité du 3 janvier 1795 n'ont été dévoilés que récemment, et le secret n'en avait alors percé nulle part. Mais Bonaparte pressentit cette combinaison de la diplomatie autrichienne, comme il devinait les mouvements des armées impériales. La même conformité se marquait entre les calculs de sa politique et ceux de la politique autrichienne qu'entre les besoins de la nation en France, les aspirations des Italiens et son ambition (1).

IV

A Vienne (2), celui qu'on appelait le « Baron de la guerre », par opposition au « Prince de la paix »

(1) Cf. Frédéric MASSON, *Napoléon inconnu*, t. II, p. 20, 504.
(2) SYBEL, *Histoire de l'Europe pendant la Révolution*, trad. française, t. IV, liv. III, Leoben; — VIVENOT, *Thugut, Clerfayt;*

de Madrid, ne désespérait pas encore, sinon d'écraser la République, au moins de tirer de la Révolution française des avantages aussi grands que ceux qu'il avait tirés des révolutions de Pologne. La cour et la ville, qu'il « redoutait plus que toute la fureur de l'ennemi », inclinaient aux accommodements, par mollesse et par incapacité de vouloir quoi que ce fût, avec suite, même leur propre salut. Thugut se disait que si on laissait faire Bonaparte, ce général aurait bientôt une armée de cent mille hommes et révolutionnerait toute l'Italie; on ne pourrait plus l'en déloger. Il croyait possible, par un nouvel effort, de rompre le charme et de tourner en déroute ces victoires qu'il estimait, comme on l'avait longtemps fait à Vienne de celles de Frédéric, des victoires d'aventure et des méprises du hasard. Il envoya le 5 décembre à Allvintzi l'ordre de reprendre la campagne et de la pousser avec toute son énergie. Il professait, du reste, le plus profond mépris pour les gouvernements d'Italie: la conduite impolitique,« incohérente, inepte, déshonorante », de la cour de Naples; l'équivoque de la neutralité de Venise; l'inconsistance, la poltronnerie de Rome : « Ces messieurs... voudraient tout uniment que Sa Majesté combattît pour tous, les défendît tous, sans qu'il leur coûtât rien, lorsque par

— *Correspondance de Thugut avec Colloredo;* — BAILLEU, *Preussen und Frankreich von 1795 bis 1807*, t. I; — *Mémoires* de MARMONT, de CHAPTAL, de LANDRIEUX; — ARTAUD, *Vie de Pie VI;* — SÉCHÉ, *les Origines du Concordat;* — TROLARD, *De Montenotte à Arcole, de Rivoli à Magenta;* — BONNAL, *Chute d'une République.*

leur imprudence et leur couardise, ils ont gâté leurs propres affaires... » L'Autriche se défendra elle-même, elle les défendra par ricochet, ils la payeront, en écus, si les Français leur en ont laissé; en terre, dans tous les cas. Thugut ne distingue point entre la terre sacrée du Saint-Siège et la terre profane de Venise. Toutes seront également bonnes à prendre et à garder : « Pourvu qu'Allvintzi continue à avoir quelque succès, j'espère avec confiance que nous réussirons à faire peut-être de bonnes affaires du côté de l'Italie (1). »

C'était l'esprit des ordres envoyés à Allvintzi le 5 décembre. Mais le 9, tout change de face. Le bruit de la mort de Catherine II se répand à Vienne. « Nos désastres seraient à leur comble! » s'écrie Thugut. Le 10, la nouvelle est confirmée. Les dispositions du grand-duc héritier sont connues : Catherine soufflait la guerre, si elle ne la soutenait pas, et contenait Frédéric-Guillaume, si elle ne le combattait point. Paul est tout à la paix et tout à la Prusse. En même temps, on annonce que Bonaparte va recevoir des renforts. Thugut est atterré : « Sans armée, sans finances, avec tous les désordres intérieurs de notre administration », que faire, sinon en imposer par le ton et l'attitude? L'Autriche ne peut plus espérer d' « indemnisation » en Orient; le dernier projet de partage tombe avec Catherine. Peut-on faire fond sur les conventions de 1795, et attendre de Paul Ier, inféodé

(1) Lettre à Colloredo, 20 novembre 1796.

à la Prusse, qu'il force cette cour, malgré son intérêt évident, à livrer la Bavière à l'Empereur? Thugut ne le pense pas. Il ne voit donc plus de gain possible que du côté de l'Italie : Venise et les Légations. Il se cramponne à cette espérance; mais il ne tient point Venise, et l'armée française occupe les Légations. Toutefois, Venise, en laissant Bonaparte mettre garnison à Brescia et à Vérone, a fourni un prétexte de représailles, et Thugut, comme Bonaparte, a son procès ouvert contre cette république. Quant aux Légations, c'est à Allvintzi d'en chasser les Français. Wurmser tient encore Mantoue, et tant qu'il la tient, Bonaparte sera en suspens, compromis, perdu peut-être.

Sur ces entrefaites, arrive l'avis de la mission de Clarke; ce général demande des passeports pour Vienne. Thugut, jugeant que ce voyage n'aurait pour objet que d'espionner et d'intriguer, ne veut point le permettre; il veut encore moins envoyer un plénipotentiaire à Paris, où le Directoire vient de faire ses preuves de courtoisie diplomatique en éconduisant Malmesbury « à coups de pied dans le derrière »! Mais comme il faut occuper le tapis, en attendant qu'Allvintzi ait frappé des coup décisifs, Gherardini, ministre de l'Empereur à Turin, s'abouchera avec Clarke, et le colonel de Vincent sera adjoint, pour les questions militaires, à ce négociateur d'apparat. Pour ménager l'opinion européenne et les peuples d'Allemagne qui réclament la paix et se soucient peu des « bonnes affaires » de l'Autriche en Italie, pour capter surtout, en France, le parti modéré et paralyser le Directoire, on tiendra des conférences solennelles, on dressera des protocoles ostensibles, on parlera très haut des droits de l'humanité et du fléau de la guerre. En fait, l'empereur écrit à Allvintzi, le 5 janvier 1797, de faire lever le siège de Mantoue et de rejeter Bonaparte derrière le Mincio. Chemin faisant, il s'emparera, sur les terres de Venise, de Peschiera, de Vérone et d'autres positions avantageuses : « Vous ne sauriez admettre qu'on élève vis-à-vis de nous une prétention que l'on n'a pas trouvé à propos de soutenir contre l'ennemi. » Si Venise éprouve le désir de se plaindre, elle députera vers la cour impériale à Vienne. Quant au pape, il a demandé, pour commander ses troupes, un général autrichien. L'empereur lui envoie le général Colli, mais Allvintzi ne correspondra avec lui que sur les affaires militaires; il s'abstiendra particulièrement de rien découvrir des projets que l'empereur forme pour l'avenir. Si les troupes impériales occupent Ferrare avant celles du pape : « Vous exécuterez les ordres éventuels dont vous êtes muni... » Ces ordres, en date du 12 novembre, étaient fort analogues à ceux qu'en 1792 et 1793 l'empereur avait donnés aux généraux qui venaient délivrer le roi de France et rétablir la monarchie française : « L'intention de Sa Majesté est que la province de Ferrare ne soit regardée, pour le présent, que comme un pays abandonné aux Français par le pape dans sa convention d'armistice, recouvré ensuite par les armes autrichiennes, dont l'occupation est motivée par la raison de guerre et la convenance des opérations militaires. » Le pays sera administré militairement; le nom du général commandant en chef « tiendra dans tous les actes la même place que celui du légat du pape... Si quelque personne se présentait, de la part du pape, pour se remettre en possession de Ferrare, le général commandant en chef ne souffrira point... qu'elle continue à séjourner dans le pays... Les mêmes principes peuvent être appliqués à la province de Bologne. » C'est ainsi que l'Autriche entendait l'œuvre de la restauration : elle l'entendit encore de la meme façon en 1814. Venise était la proie désignée; quant aux Légations, elles demeureraient vraisemblablement à qui les tiendrait au moment de la paix, et Allvintzi s'occupait de les conquérir.

Bonaparte entreprit de lui barrer le chemin, et, une fois encore, sa fortune et la paix de la République furent jetées au sort d'une bataille. Ce fut depuis son entrée en campagne, en mai 1796, jusqu'à son dernier combat, en juin 1815, la condition de Bonaparte. Il n'eut jamais de sécurité durant les trêves, et, dans la guerre, il fut toujours condamné à vaincre ou à tout perdre.

Cependant, les partisans du pape, ceux des anciens gouvernements, payés par les nobles, soutenus par les moines, appelaient aux armes le petit peuple des villes et les paysans excités contre l'étranger qui pillait leurs églises, blasphémait leurs saints et saccageait leurs granges. « Italie, misérable Italie, lève-toi! Prenons les armes de Fabius, de Camille, de Scipion, de Sforza et de Colonna, de Doria et de Farnèse. Il est encore temps de sauver la plus respectable, la plus glorieuse et la plus belle partie de l'Europe, la reine des nations! Aux armes! Aux armes! contre l'ennemi avare et impie! » Invasion des Gaulois et invasion des Français, Brennus et Charles VIII, tout était bon à enflammer les imaginations. Un succès des armées autrichiennes leur eût rendu le courage; la Toscane eût été entraînée, Gênes se révoltait, le Piémont reprenait les armes, Naples se remettait en mouvement, et partout le paysan se faisait assassin. Une Vendée plus hostile et plus irréductible que l'autre, étant non seulement antijacobine, mais antifrançaise, couvait partout sous les pas des soldats français.

C'était l'étrange destinée de la Révolution, aussi bien sous la forme républicaine que sous la forme impériale, de s'associer avec les princes, de gagner les nobles, amis des lumières, les bourgeois instruits, la jeunesse ambitieuse, tout ce qui constituait, dans l'ancienne Europe, la société éclairée, et de succomber sous les coups de ces masses populaires, de ces masses nationales qu'elle avait déchaînées en France à l'assaut de la monarchie et qui l'avaient fait triompher de l'étranger. On l'avait vu, dès la première sortie des armées, en Belgique en 1792; on le revit en Italie dès 1796, puis en Espagne. C'est qu'au fond et malgré l'alliance qui s'était formée entre les jacobins et le parti populaire, la Révolution se propageait en Europe comme elle avait commencé en France, œuvre de philosophes et de propriétaires, faite pour la diffusion des idées, la liberté de pensée, la liberté du travail, la liberté des personnes et la liberté des biens : partie de l'abolition du régime seigneurial, elle devait trouver son accomplissement dans le Code civil. Les pays pauvres, ceux où la propriété n'était point divisée, où les paysans n'étaient que des ouvriers ruraux, où les peuples habitués à obéir, assez doucement traités d'ailleurs par leurs maîtres, étaient trop peu émancipés pour désirer une existence plus libre, ne voyaient dans le conquérant « libérateur » qu'un ennemi de leur indépendance, de leur repos, de leur religion. « Nous remarquâmes, écrivait un soldat après l'insurrection d'une ville d'Italie, que dans cette révolution il n'y avait que la petite populace. » Les séditions éclataient çà et là, sournoises, imprévues, sauvages, sanguinaires. Une défaite, et l'armée, affamée, était massacrée dans sa retraite. Bonaparte eût connu les horreurs et les désastres qu'éprouva Macdonald en 1799. C'est pourquoi il frappait sans cesse des coups de prestige, réprimait la révolte avec une énergie implacable et, la soumission faite, essayait de pacifier la Vendée italienne comme Hoche avait pacifié l'autre, en imposant la discipline à ses troupes et en ménageant le clergé.

Quand il reprit la campagne, il semblait épuisé. « Il ne pouvait plus monter à cheval sans un effort de courage, suivi d'un complet abattement. Ses amis le crurent empoisonné; lui-même eut cette idée... Ses joues, caves et livides, ajoutaient encore à l'effet mesquin de sa petite taille. Les émigrés disaient, en parlant de lui : « Il est jaune à faire plaisir », et on buvait à sa mort prochaine. » Mais il possédait alors ce qu'il n'avait plus à la Moskowa et à Waterloo, le ressort de la jeunesse. Il se raidit. *Decet imperatorem stantem mori* (1). Trois chevaux moururent de fatigue sous ce cavalier rongé de fièvre. Allvintzi l'attaqua, le 14 janvier 1797, sur le plateau de Rivoli. Il y eut dans cette bataille une heure très critique : quarante-cinq mille Autrichiens environnèrent dix-sept mille Français. Les Autrichiens s'avançaient en colonnes. Bonaparte, concentré, avec de l'artillerie, discerna la plus redoutable de ces colonnes et la culbuta. Les autres s'ébranlèrent, et l'assaut tourna en débandade. « Un pas, une demi-heure d'énergie, et l'ennemi, écrasé par le nombre, ne trouvait plus de retraite... » écrivait Allvintzi le 16 janvier; « un moment, moment brillant pour les armes autrichiennes, le salut de notre patrie et le sort de toute l'Italie parut décidé... » Bonaparte, laissant Allvintzi s'en aller vers les montagnes, à la suite de ses troupes, se porta sur Mantoue; le 3 février, Wurmser, réduit aux dernières extrémités, capitula et sortit de la place avec les honneurs de la guerre. L'Autriche n'avait plus pied en Italie, et comme l'avait prévu Thugut, la prise de Mantoue mettait l'État pontifical à la merci du vainqueur.

Débarrassé encore une fois des Autrichiens, au moins pour quelques semaines, sachant Venise tremblante et impuissante, Bonaparte se hâta d'en finir

(1) Stendhal, *Vie de Napoléon.*

avec Rome qu'il voulait arracher à la fois à l'influence autrichienne et au fanatisme impolitique du Directoire. « La prise de Mantoue, disait, dans ce temps-là même, Reubell, tracera de nouvelles opérations à Bonaparte : une des colonnes qui servaient au blocus de cette ville se portera sur Trieste et l'autre sur Rome. Ce sont deux opérations de finances qu'on a besoin de réaliser avant le commencement de la campagne prochaine. » Reubell en évaluait le produit à 68 millions de livres. Il y avait surtout le fameux trésor de Notre-Dame de Lorette, qui miroitait aux yeux des conquérants depuis 1793, et qui ne tentait pas moins les Autrichiens, très dévots catholiques, que les républicains iconoclastes. « Il sera, écrivait Wurmser au sortir de Mantoue, peut-être encore temps de nous emparer de ce trésor qui doit enrichir la France; cela fera le même effet chez nous, si nous la prévenons. »

Le pape n'observait point les conditions de l'armistice; il avait appelé un général autrichien; ses agents prêchaient la révolte aux peuples; il correspondait avec la cour de Vienne et conspirait la perte des Français. Bonaparte avait intercepté des correspondances significatives; il était instruit par Cacault des manœuvres de la Curie. Il avait tous les prétextes et tous les motifs de rompre l'armistice et de marcher sur Rome. Mais ce n'était point pour l'anéantir : il lui suffirait de démembrer l'État pontifical et d'assujettir la cour.

Il voulait conserver le pape avec une ombre de prestige; il en avait besoin pour affermir sa domination en Italie, surtout pour gagner la France. Hoche avait apaisé et rallié la Vendée avec quelques pauvres prêtres de campagne; que ne ferait pas Bonaparte avec tout le sacré collège, avec le pape lui-même? Les Romains avaient spéculé sur sa défaite; il allait leur apprendre comment il savait user de la victoire. Ils se réconfortaient d'allusions historiques. « Il n'est pas arrivé, disaient-ils, depuis Charlemagne, que les Français aient eu la domination de l'Italie. » Les temps de Charlemagne allaient reparaître, et Bonaparte n'avait pas besoin que Cacault lui rapportât ces propos des prélats, pour que l'image du grand empereur surgît, devant ses yeux, sur ces routes de l'empire romain qu'il parcourait à son tour. Il avait lu, et bien lu, l'*Essai sur les mœurs;* il y avait appris que les droits du pape sur Rome valaient ceux des autres monarques : c'était la force qui les avait établis et la force qui les pouvait détruire (1). Il connaissait cette phrase qui pressait sa mémoire comme une prophétie que tout semblait le destiner à accomplir : « Charlemagne, maître de l'Italie, comme de l'Allemagne et de la France, juge du pape, arbitre de l'Europe, vint à Rome à la fin de l'année 799. Léon III le proclame empereur d'Occident... Voilà donc le fils d'un domestique, d'un de ces capitaines francs que Constantin avait condamnés aux bêtes, élevé à la dignité de Constantin... »

(1) Cf. Frédéric Masson, *Napoléon inconnu*, t. II, p. 158, 509.

Ses lettres le montrent constamment occupé du rôle que peut jouer l'Église dans les États, et du concours qu'elle peut apporter au pouvoir. Il avait écrit, le 22 janvier, à Cacault de quitter Rome; le même jour il écrivit au cardinal Mattei : « Nous touchons au dénouement de cette ridicule comédie. Vous êtes témoin du prix que j'attachais à la paix... Quelque chose qui puisse arriver, je vous prie d'assurer Sa Sainteté qu'elle peut rester à Rome sans aucune espèce d'inquiétude. Premier ministre de la religion, il trouvera, à ce titre, protection pour lui et son Église... Mon soin particulier sera de ne point souffrir qu'on apporte aucun changement à la religion de nos pères. » Il le proclame en entrant à Bologne le 1er février; mais, en même temps, il déclare que tout village où l'on sonnerait le tocsin sera brûlé; les municipaux seront fusillés; toute commune où un Français serait assassiné payera une contribution et livrera des otages; les prêtres qui transgresseront les préceptes de l'Évangile, « seront traités militairement ». De Forli, où il séjourne le 3 et le 4 février, il fait encore écrire à Rome, par l'archevêque : — Bonaparte n'est pas un Attila; Pie VI ne doit point redouter sa présence; mais s'il s'avise de quitter Rome, la ruine entière de l'Église en sera la conséquence. Un abbé, Fume, se chargea du message.

Colli, découragé par l'attitude piteuse des troupes qu'il doit commander, se retire devant les Français. Le 5 février Bonaparte entre à Ancône; le 9, il envoie Marmont à Lorette s'emparer du légendaire trésor. Le trésor est vide. Marmont ne trouve que la madone : elle est en bois, et on l'envoie au Directoire. Il y en avait une autre à Ancône, qui passait pour miraculeuse; elle ouvrait, disait-on, les yeux et les fermait, ce qui, en Italie, passait pour un signe considérable. Bonaparte se la fit apporter, la palpa pour voir s'il n'y avait point quelque mécanisme caché. Les yeux ne bougèrent point. Il rendit la statuette aux chanoines, avec le diadème en perles fines dont elle était ornée, et les peuples ne surent ce qui devait les effrayer davantage, des sacrilèges des Français ou de l'inertie de la madone. Il y avait dans le pays un grand nombre de prêtres français proscrits. Bonaparte les rassure et les encourage. « Ces prêtres nous sont fort attachés, écrit-il au Directoire, et beaucoup moins fanatiques que les Romains... Ils sont très misérables... Les trois quarts pleurent quand ils voient un Français... Je tirerai de ces gens-là un grand parti en Italie. » Il n'ajoute pas : en France; mais c'est à la France surtout qu'il songe.

Il semble que toute sa destinée fermente en germe dans cette campagne. Le grand rêve qui a traversé l'esprit de Sieyès et du Comité de salut public : les Anglais chassés de la Méditerranée, la Méditerranée lac français, s'empare de son imagination et ne cessera plus de l'obséder. Il visite le port d'Ancône, il voit l'Adriatique, et son esprit l'emporte au delà de cette mer; il voit l'empire ottoman qui croule, un partage imminent, l'Égypte, la route des Indes, l'Angleterre partout poursuivie et partout anéantie. Le 10 février, il écrit au Directoire : « La ville d'Ancône est le seul port qui existe, depuis Venise, sur l'Adriatique; il est, sous tous les points de vue, très essentiel pour notre correspondance avec Constantinople; en vingt-quatre heures on va d'ici en Macédoine. » Et le 15 : « On va de là... en dix jours à Constantinople. Mon projet est d'y ramasser tous les juifs possibles... Il faut que nous conservions le port d'Ancône à la paix générale et qu'il reste toujours français; cela nous donnera une grande influence sur la Porte ottomane, et nous rendra maîtres de la mer Adriatique, comme nous le sommes, par Marseille, l'île de Corse, de la Méditerranée. » Il le pense; cet article demeurera le premier dans le grand dessein de domination qui se forme dès lors en lui. Mais, avant tout, il veut traiter avec Rome.

Il sait par expérience que si on peut battre les Autrichiens, on les détruit difficilement; ils ne fuient jamais loin et reviennent toujours. Il apprend qu'une nouvelle armée, avec le meilleur des généraux de l'empire, marche vers l'Italie : c'est l'archiduc Charles, que la retraite de Moreau et le désarroi de l'armée française du Rhin ont rendu disponible. Bonaparte n'a donc que le temps de soumettre Rome, d'assurer ses derrières et de remonter vers le nord. Il multiplie les menaces et les sommations. Le 13 février, il écrit à Mattei; il exige un plénipotentiaire dans les cinq jours. Il ne songe pas à faire dans Rome une entrée triomphale. « La prise de Rome, dit-il plus tard à Chaptal, m'aurait fait perdre vingt jours dont l'archiduc Charles aurait profité. On traite toujours plus favorablement avec un souverain qui n'a pas quitté sa capitale qu'avec celui qu'on a forcé d'en sortir. »

Les conseillers de Pie VI le pressaient de fuir, mais ils le faisaient par peur et nullement par machiavélisme. Ils tremblaient pour leurs biens et pour leurs personnes. Ils emballaient et déménageaient avec frénésie. Ce « pillage public » terrifie le peuple, qui, voyant les seigneurs se mettre à l'abri et emporter leur argent, se demande qui fournira les otages et payera les contributions au vainqueur. La foule se réfugie dans les églises, les madones remuent les yeux : c'est, pour la foule, maintenant que Bonaparte est aux portes, l'avis que l'on doit se soumettre. Au milieu de ces Quirites effarés, toujours Provençal, toujours brouillon, toujours retentissant, l'abbé Maury, devenu évêque de Montefiascone, pense aux lauriers du cardinal de Retz : il réclame un régiment et se commande une cuirasse.

Le pape ne peut se résoudre à aucun parti. Il se méfie des Autrichiens qui, une fois entrés dans les Légations, n'en sortiront plus ; il se méfie du Bourbon de Naples qui n'offre des secours que pour avoir un motif d'occuper Bénévent ; il redoute de trouver ses prétendus alliés plus exigeants que l'ennemi même. Cet ennemi d'ailleurs passera comme l'orage, et les alliés demeureront ; ce qu'on livrera de terre aux Français, les Français l'abandonneront tôt ou tard, comme ils ont fait au temps de Charles VIII et de Louis XII ; ce que les Autrichiens et les Napolitains prendront, étant de bonne prise, impériale et royale, Rome ne le recouvrera jamais. Cependant l'excès de la peur finit par l'emporter, et Pie VI consent à fuir. Mais à peine les ordres sont-ils donnés qu'arrivent les émissaires de Bonaparte; leurs insinuations offrent à Pie VI un prétexte pour revenir au parti qui convenait le mieux à sa faiblesse. Il demeure, avouant ingénument « qu'il se sentait soulagé d'un grand poids, car il partait la corde au cou ». Il écrit, le 12 février, à « son très cher fils le général Bonaparte », lui envoie son salut apostolique avec sa bénédiction, et lui annonce des plénipotentiaires.

Bonaparte les reçoit le 19 à Tolentino, debout, entouré de son état-major. Il exige la cession des Légations et d'Ancône, la renonciation à Avignon et au Comtat, la rupture de toute alliance avec les ennemis de la République, la fermeture des ports aux Anglais, le payement de quinze millions dus encore en vertu de l'armistice, quinze autres millions, des chevaux, 200,000 livres et une amende honorable pour le meurtre de Basseville, l'abandon des objets d'art et manuscrits promis par l'armistice, le maintien de l'Académie de France, le traitement de la nation la plus favorisée en matière de commerce, la livraison à la France du général autrichien Colli et le bannissement du cardinal Albani. A ces dernières clauses, déshonorantes pour eux, les Romains déclarèrent qu'ils aimaient mieux rompre que d'y souscrire. « Soit, s'écria Bonaparte, le traité sera rompu, et ce sera par votre faute ! » Devant eux, il donna l'ordre aux troupes de se mettre en marche. Mattei se jette à ses pieds, Bonaparte en était venu à ses fins : il était « juge du pape », comme l'avait été Charlemagne. Il avait d'ailleurs le goût de la magnanimité et il en savait le prix; il possédait cette sensibilité d'État qui est la grande séduction des puissants; il ressentit le frisson de la gloire, il fut ému, il lui convint de le paraître. Il releva le cardinal, renonça à la clause, et le traité fut signé. Bonaparte écrivit au Directoire : « Trente millions valent pour nous dix fois Rome, dont nous n'aurions pas tiré cinq millions, tout ayant été emballé et envoyé à Terracine... Cette vieille machine se détraquera toute seule... Je n'ai point parlé de religion parce qu'il est évident que l'on fera faire à ces gens-là par la persuasion et l'espérance beaucoup de démarches qui pourront être alors vraiment utiles à notre tranquillité intérieure. Si vous voulez me donner vos bases, je travaillerai là-dessus... »

Ainsi d'étape en étape et comme de vision en vision, son histoire se projetait à ses yeux : d'Ancône, il avait entrevu l'expédition d'Égypte, de Tolentino il dessine le Concordat. Le traité fit grand effet dans les pays conquis et dans les villes émancipées. Milan, qui avait déjà fêté la victoire de Rivoli et l'anniversaire du 21 janvier, affichait la haine fanatique de l'Église catholique et du Saint-Siège. Un archiprêtre prêcha contre l'infaillibilité, un ci-devant moine fit un discours pour le divorce, une jeune fille s'offrit à qui lui apporterait la tête de Pie VI; on abolit les noms des saints, on composa un catéchisme qui contenait cet article : « Je crois à la République française et à Bonaparte son fils »; le 25 février, on donna, dans la salle de l'Opéra, un grand ballet symbolique de l'histoire de l'Église romaine et de sa confusion finale. Bonaparte comptait peu sur ces danses, ces discours, ce catéchisme et ces Iphigénies de carrefour pour défendre l'Italie. De nouveaux soucis l'assiégeaient. L'archiduc avançait, et Clarke, arrivé à Tolentino le 18 février, avait reçu un gros courrier diplomatique du Directoire.

V

Le Directoire ne fut jamais plus près d'être sage que dans cet hiver de l'an V ; c'est que jamais il n'eut plus peur : au dehors peur de la défaite qui serait une catastrophe, au dedans peur de l'opinion qui réclamait la paix et qui allait, aux élections prochaines, se manifester souverainement. Il persista, en conséquence, à se renfermer dans les « limites constitutionnelles ». Le ministre des relations extérieures, Delacroix, écrivit le 30 décembre au général Clarke : « Je pense comme vous que notre intérêt et une saine politique demandent que le gouvernement français attende encore pour se prononcer sur le sort de l'Italie ; qu'une décision prématurée pourrait former un grand obstacle à la paix ; qu'un peuple aussi dépourvu d'énergie, esclave des préjugés les plus dégradants, soutiendrait assez mal le rôle de peuple libre ; qu'il sera toujours temps de l'affranchir absolument ou de lui assurer une constitution plus heureuse et plus libre, au moment où nous traiterons de la paix de l'Italie. » Les Directeurs voulaient alors garder ce pays « invinciblement comme le gage de la paix ». Le 16 janvier 1797, ils y renoncent. La République, écrivent-ils à Clarke, restituera les pays occupés sur la rive gauche du Rhin, elle restituera la Lombardie, elle évacuera l'Italie par étapes, elle ne s'opposera pas à ce que l'empereur s'agrandisse en Allemagne; pour décider l'Autriche, le Directoire mettra Thugut en demeure d'opter entre un million de livres ou la révélation du secret de ses correspondances et de ses pensions, en France, sous Louis XV et sous Louis XVI. « Ces propositions sont l'*ultimatum* du Directoire; vous les trouverez peut-être trop restreintes. Mais le besoin de la paix est si grand dans toute la France, ce cri est si universel, la pénurie de nos moyens pour continuer la guerre est si absolue, qu'il faut bien s'y borner. » Ils concluent: « L'intention du Directoire est que le général Bonaparte soit dans la confidence de toutes vos opérations, que vous fassiez tout de concert avec lui. » Barras, deux jours après, le mande à Bonaparte, en lui annonçant un renfort de 30,000 hommes.

Mais le 25 janvier arrive à Paris un courrier d'Italie annonçant la victoire de Rivoli, 23,000 prisonniers, 60 canons, 24 drapeaux pris à l'ennemi. Bonaparte, qu'on disait mourant, ressuscite, et avec lui la confiance, et aussitôt après la présomption du gouvernement. Les Directeurs venaient d'apprendre l'échec de l'expédition d'Irlande et la dispersion de l'*Armada*. L'Italie leur offre une occasion de revanche. Ils la saisissent avec éclat. Les députés se rendent en foule au Luxembourg et félicitent le Directoire. « Cependant, écrit un agent étranger qui assistait à la scène, la phrase la plus généralement répétée, au milieu de cette allégresse, était celle-ci : « Nous avions bien besoin de cet événement, car véritablement nous commencions à être découragés; vive Bonaparte! » La modération eût peut-être sauvé, sinon le pouvoir des Directeurs, au moins la constitution républicaine. Mais cette constitution est le souci secondaire des Directeurs; la République, c'est eux, et pour la conserver dans leurs mains, ils se rejettent aveuglément dans la politique qui, mettant tout l'État à la merci des victoires de Bonaparte, lui livrera inévitablement l'État. Ils mandent, le jour même, à Clarke d'insister pour l'indépendance de la Lombardie; ils lui mandent surtout de ne « faire et de n'accorder aucune proposition sans l'aveu de Bonaparte ». Clarke n'est plus que négociateur de paravent. C'est avec Bonaparte que la correspondance d'affaires va se poursuivre. Et avant tout l'affaire la plus urgente. « Les indemnités que nous avons à retirer de l'État de l'Église assurent, pour un temps considérable, le service administratif, lui écrit Barras, le 27 janvier; mais nous avons encore des ressources ouvertes dans l'État de Venise. L'exemple des ennemis, la partialité que les Vénitiens ont montrée pour eux, et les griefs que nous avons contre cette puissance, nous dispensent de ménager son territoire. » Quant au pape, c'est le grand point de dissidence entre les Directeurs et le général. Ils ne comprennent pas plus sa politique qu'ils n'ont d'abord compris celle de Hoche. Le culte romain, écrivent-ils à Bonaparte, le 3 février, est l'obstacle le plus dangereux à l'affermissement de la constitution française; c'est à Bonaparte de l'abattre en éteignant le flambeau du fanatisme en Italie et en détruisant le centre de l'unité romaine. Toutefois même sur cet article qui les passionne le plus, ils s'en remettent encore à lui : « Ce n'est point, au surplus, un ordre que donne le Directoire exécutif; c'est un vœu qu'il forme... Quel que soit le parti que vous croyiez devoir prendre dans cette circonstance, et quelle qu'en soit l'issue, le Directoire exécutif n'y verra jamais de votre part que le désir de servir avantageusement votre pays... Il s'en rapporte au zèle et à la prudence qui vous ont constamment dirigé... »

Telles sont les nouvelles que Clarke apporte à Bonaparte le 18 février. Bonaparte en conclut que le traité de Tolentino sera ratifié comme l'ont été et comme le seront tous les faits accomplis qu'il imposera au Directoire. Il a l'opinion pour lui en France, et il est plus résolu que jamais à donner la paix. Il sait que le Directoire, s'il lui en laisse le temps, la rendra indéfiniment impossible, élevant, à chaque succès, des exigences qui nécessiteront des succès nouveaux, et laisseront toujours le sort de l'État en suspens jusqu'à la prochaine bataille. Cette conduite, qui sera la sienne plus tard et qui entraînera sa ruine, il en discerne alors le péril, et il veut l'éviter. Il traitera; il voit le Directoire disposé à des concessions, au moins provisoires, sur l'article du Rhin; il imagine que l'émancipation du nord de l'Italie flattera l'imagination des Français comme elle flatte la sienne. Venise, décidément, sera la rançon du Milanais. Le Directoire trouve légitime l'invasion et le dépouillement de cette république; Bonaparte fera un pas de plus : après l'avoir rançonnée, il la démembrera. Il y préparera le Directoire en lui montrant que cette « extension » de ses projets est le seul moyen de transiger avec l'Autriche; il y préparera l'opinion en multipliant les griefs et en poussant la querelle de façon à rejeter tous les torts sur les Vénitiens. Par un mélange d'hostilités qu'il provoquera pour motiver des représailles, de séditions qu'il suscitera afin de les réprimer, de complots qu'il soufflera afin de paraître les déjouer, il donnera au public français l'impression que cette oligarchie perfide a d'elle-même appelé sa ruine, et qu'elle ne mérite pas plus d'égards qu'une province du Saint-Siège ou un territoire ecclésiastique d'Allemagne.

Ce parti pris, il laisse Marmont et Cacault surveiller à Rome l'exécution du traité; il laisse Clarke parlementer, à Florence, avec le grand-duc de Toscane, puis échanger, à Turin, des notes dilatoires, avec Gherardini. Il remonte vers le nord, résolu à prévenir l'archiduc. Ce prince a perdu l'occasion de prendre l'armée française à revers, par le Tyrol, pendant l'expédition de Rome; cette occasion, Bonaparte ne la lui offrira plus. Le 6 mars, Bernadotte arrive avec les renforts tirés de l'armée du Rhin : 30,000 hommes sur le papier, en réalité 19,000 combattants, qui portent les forces totales de Bonaparte à 67,000 Français et 7,000 Italiens, en tout 74,000 hommes.

Chemin faisant, il machine contre Venise : il active la force des choses, il précipite les occasions, et prend ses mesures pour en profiter : des agents obscurs creuseront la mine ; la lâcheté, l'avidité, la peur, le fanatisme feront le reste. Le général Victor a l'ordre de se tenir avec 10,000 hommes, prêt à occuper les États de la République. Bonaparte déclare aux Vénitiens qu'il ne souffrira pas que l'ordre soit troublé derrière lui, et dans le même temps, ses émissaires préparent les désordres dont il annonce la répression. Venise s'y prête. Les intrigues se croisent au milieu du carnaval macabre qui se continue tout l'hiver. « Cette république touche à sa fin, écrit l'agent français, Lallement, à Bonaparte ; le gouvernement n'a plus de ressorts ; les peuples sont arrivés au mépris, et il ne faut plus qu'une étincelle pour allumer l'incendie. On ne nous aime pas, mais le mot de liberté, que nous prononçons avec enthousiasme, retentit partout... et ces vieux aristocrates... ne font que précipiter le moment de leur chute. » Si Bonaparte se rapproche, ils tremblent et se font suppliants ; si Bonaparte s'éloigne et paraît en péril, les émigrés français, qui s'étaient mis à l'ombre, se répandent dans les cafés, sur les places, annoncent la déroute des Français et « distribuent de l'argent aux soldats esclavons, en les excitant au massacre des Jacobins ». Les agents de

Bonaparte les secondent, à leur façon, en grossissant la petite faction révolutionnaire, dite des « patriotes », dont les francs-maçons, quelques nobles émancipés, des bourgeois riches, la jeunesse remuante, forment le noyau. Et selon les nouvelles de la guerre, les deux partis, le premier beaucoup plus nombreux que le second, se menacent d'extermination.

Le ci-devant conventionnel, futur préfet de l'Empire, Salicetti est un des plus ardents meneurs de cette besogne. Il y est fort aidé par un certain Landrieux, officier d'aventure, boutefeu d'ancien régime, qui a mis son adresse et son audace cyniques au service de la Révolution. Il s'est organisé à Milan, sous le nom très significatif de « comité de police », une véritable agence de propagande. Landrieux en est l'intermédiaire principal avec les patriotes de Venise. Il joue double jeu, joue à coup sûr et empoche double salaire, dénonçant aux oligarques les complots ourdis par lui-même contre eux, et les entraînant, par la peur qu'ils en ressentent, à des mesures téméraires qui les perdront. « Tous les rois, tous les généraux ont fait de même », rapporte Landrieux, qui se piquait de grandes manières politiques et connaissait son histoires du dix-huitième siècle.

Les Lombards sont tout prêts à servir d'instruments. A peine formés en république, ils rêvent déjà d'étendre leurs frontières et de s'agrandir jusqu'à l'Adriatique. Le Comité de police se réunit le 9 mars. L'un des membres, Porro, sorte de Brissot cisalpin, porte la parole et conclut : « L'avilissement des Vénitiens les a fait sortir de la balance de l'Europe... Certainement l'Autriche tentera de les réunir à ses États. Et pourquoi ne les prendrions-nous pas? Fondons notre État... soyons les premiers, soyons les plus hardis! » Mais, ajoute cet Italien circonspect, « notre république naissante doit conserver son honneur; il y aurait trop de risques à le perdre. Ne compromettons pas non plus l'armée française. Entamons par un travail de cabinet cette haute entreprise. Il est impossible que Bonaparte n'approuve pas nos efforts pour l'aider à remplir entièrement sa promesse envers nous. » Un journaliste, Salvatori, révèle que le citoyen Landrieux a lié, « avec une activité singulière, tous les fils d'un soulèvement général ». Si nous, Italiens, prenons Venise, poursuit-il, et si nous la réunissons à la république italienne, l'Autriche criera, mais ne s'opposera pas, persuadée qu'il lui sera plus facile, le cas échéant, de nous en reprendre un morceau que de le prendre directement sur Venise. C'est la conséquence « de ce que les souverains appellent le droit public ».

Le lendemain, 10 mars, Bonaparte reprend campagne. En partant de son quartier général de Bassano, il adresse à son armée une proclamation qui donne le ton des futurs bulletins de l'Empire. Il s'habitue à parler en souverain et à publier ses desseins sous forme de manifestes : 14 batailles, 70 combats, 2,500 canons, 100,000 prisonniers, l'armée nourrie par les contributions, 30 millions versés au Trésor, les musées enrichis de chefs-d'œuvre, deux républiques, la Lombarde et la Cispadane, fondées, deux rois, un grand-duc, le pape arrachés à la coalition, les Anglais chassés des ports, l'Adriatique ouverte à la France, la Macédoine sous ses prises, voilà ce qu'a fait l'armée d'Italie. « Mais vous n'avez pas encore tout achevé... Il n'est plus d'espérance pour la paix qu'en allant la chercher dans le cœur des États héréditaires de la maison d'Autriche... L'or de l'Angleterre a corrompu les ministres de l'empereur... La maison d'Autriche se trouvera réduite au rang des puissances secondaires où elle s'est déjà placée en se mettant aux gages de l'Angleterre. » Puis, se prémunissant contre un revers, voulant surtout disposer les esprits à recevoir comme une œuvre de salut public le traité qu'il jugera de son intérêt de signer, il écrit au Directoire : « Il est impossible qu'avec 50,000 hommes je puisse suffire à tout... Si on me laisse accabler, je n'aurai d'autre ressource que de me retirer en Italie, et tout sera perdu. »

Tout fut sauvé encore une fois. Admirablement secondé par Masséna, Bonaparte battit les deux armées autrichiennes, et força l'archiduc à se replier sur la route de Vienne. Il s'avance au cœur des États autrichiens; mais s'il ne frappe pas de terreur la cour de Vienne, il est en péril. Que l'empereur soulève ses peuples, qu'il rappelle une partie de ses troupes d'Allemagne, qu'il se mette lui-même à la tête de son armée, Bonaparte, affaibli par les garnisons qu'il a laissées sur son passage, sans ligne de retraite assurée, peut être anéanti. Il ne peut s'en tirer que par une

« sommation militaire » qui épouvantera les Viennois, et lui permettra, comme le dit Marmont, « de réaliser ses avantages, de sortir d'une position équivoque et soumise à de grandes chances contraires ». Le 21 mars, de Klagenfurt, il adresse à l'archiduc une belle lettre ostensible et très pathétique; elle se termine par cette phrase que Frédéric eût signée et que Voltaire eût applaudie: « Je m'estimerais plus fier de la couronne civique que je me trouverais avoir méritée que de la triste gloire qui peut revenir des succès militaires. »

Cependant Venise se livre. Aux séditions fomentées par les émissaires milanais et français, répondent les insurrections des paysans et de la populace des villes. Les troupes françaises soutiennent les « patriotes démocrates » qui veulent renverser l'oligarchie; les paysans et le petit peuple réclament l'ancien gouvernement. Voyant les « patriotes » mêlés aux Français et aux Milanais, ils massacrent tout et pillent à l'aveugle aux cris de : Mort aux Jacobins ! Le Sénat de Venise laisse ces boutefeux allumer l'incendie et ne fait rien pour l'éteindre; il attend les événements et se prémunit, à toute aventure : il députe vers les Alpes des représentants chargés de féliciter, suivant les conjonctures, soit Bonaparte, soit l'archiduc. Bonaparte écrit, le 5 avril, au Directoire : « Le gouvernement de Venise est assez généralement haï dans tout le continent; il serait possible que la crise actuelle produisît son entière destruction. » Et constatant que les agents du gouvernement de Venise prêchent la guerre aux Français, il écrit à Pesaro : « La nécessité de veiller à la sécurité de l'armée me fait un devoir de prévenir des entreprises que l'on pourrait faire contre elle. » Deux jours après, le 7, il reçut l'annonce de l'arrivée de plénipotentiaires autrichiens. Ces diplomates pouvaient venir, le terrain était disposé. Ce même jour, l'avant-garde française s'arrêtait à Leoben, à vingt lieues de Vienne. Bonaparte semblait dominer les affaires; il séparait les deux armées autrichiennes qui ne pouvaient plus opérer leur jonction que devant la capitale, et les Autrichiens avaient appris qu'il était dangereux de placer Bonaparte entre deux feux; c'était s'exposer à se faire battre deux fois par lui.

Encore une défaite, et Vienne tombait aux mains des Français. Quand on apprit l'approche de Bonaparte, il y eut une panique. On fit circuler « par ordre de la cour d'énormes pancartes chez tous les grands ministres, les grandes maîtresses, dans toutes les antichambres de la famille impériale, portant ordre d'emballer au plus vite et de se tenir prêt à partir ». Thugut, qui seul conservait du courage, essaya de ranimer les esprits en montrant les immenses ressources que l'on pourrait tirer des paysans, de leur attachement à la dynastie et à la religion. La peur l'emporta, et le parti de la paix reprit le dessus. Thugut, tout en la réprouvant, s'était préparé à la négociation, et, dès lors qu'elle était commandée, il s'attacha à la rendre aussi avantageuse que possible. Il jugeait l'armée française du Rhin condamnée à l'immobilité pour quelques semaines au moins; il estimait la position de Bonaparte au moins aussi précaire qu'elle était menaçante. L'Autriche devait en profiter, signer une trêve au lieu de risquer une rencontre qui pouvait être désastreuse, s'arrêter, reprendre haleine, reconstituer ses forces, gagner du temps et, dans la suite, rompre la trêve ou en étendre les avantages au cours des négociations. Il voyait donc les choses comme Bonaparte les voyait, et les mêmes calculs les rapprochèrent.

Le 2 avril, un conseil eut lieu à la Burg, et l'on décida d'envoyer auprès de Bonaparte deux négociateurs, MM. de Bellegarde et de Merveldt, tous les deux militaires. Aussi bien pour imposer dans les conférences, que pour se précautionner au cas où la lutte continuerait, l'empereur fit publiquement appel au dévouement de ses sujets, proclama l'insurrection en Hongrie, fit ouvrir des bureaux d'enrôlement, enfin déploya tout l'appareil d'une guerre nationale. Un courrier fut adressé à Pétersbourg, réclamant, avec instance, le secours solennellement promis par les traités et toujours différé. Thugut y croyait peu, et il disposait déjà ses filets. Jouant, comme Bonaparte et dans le même temps, du procès qu'il tenait ouvert avec Venise, il releva les infractions de cette république à la neutralité et se plaignit de sa partialité envers les Français. « J'espère, dit-il à l'envoyé vénitien Grimani, que le Sénat va profiter des révoltes de Brescia et de Bergame pour s'unir à l'Autriche et couper la retraite aux Français. » Les rapports de l'envoyé autrichien à Venise montraient la république s'écroulant, et insinuaient que, le cas échéant, l'empereur pourrait trouver là son indemnité. Les révoltes de Begame et de Brescia servaient ainsi les deux partenaires de cette astucieuse partie et leur fournissaient, par contre-coup, les prétextes dont ils avaient besoin. Si Venise se décide pour l'Autriche, se disait Thugut, elle contribuera à la destruction de Bonaparte; si elle refuse, son refus fournira le moyen de la détruire.

VI

Les généraux Merveldt et Bellegarde rencontrèrent Bonaparte à Iudenburg, le 7 avril (1). Ils s'informèrent aussitôt des conditions possibles de la paix. Bonaparte refusa de répondre tant qu'ils n'auraient pas de pouvoirs pour traiter; puis, au cours de la conversation, évitant de s'expliquer sur l'Italie, il insinua la cession à la France des territoires autrichiens et allemands jusqu'au Rhin. Les Autrichiens se récrièrent : Si l'empereur estime la paix impossible, dirent-ils, il sortira de Vienne; il armera ses peuples, et s'exposera, à la tête de son armée, à toutes les chances de la guerre. Sur quoi Bonaparte répliqua que, s'il avait posé l'article du Rhin comme définitif et réservé celui de l'Italie, c'est qu'il admettait la discussion sur

(1) Sybel, *op. cit.*; — Hüffer, *Oestreich und Preussen gegenüber der französischen Revolution*; liv. II, *les Préliminaires de Leoben.*

cet article-là. Ce propos encouragea les Autrichiens, qui consentirent un armistice de cinq jours et abandonnèrent à Bonaparte des positions qui assuraient son offensive contre Vienne. Ils repartirent le 8 pour rendre compte à leur maître de cette première entrevue. Bonaparte jugea nécessaire d'avertir Clarke, qui était à Turin et sans lequel, d'après les instructions du Directoire, il ne pouvait rien conclure; mais il s'arrangea de façon que le courrier partît tard, et ne mît point son honneur professionnel à braver les difficultés de la saison, les mauvais chemins et les torrents débordés.

Vienne s'était prise d'un bel accès d'effervescence. Nobles, étudiants, bourgeois se pressaient aux bureaux d'enrôlement. Le 10 avril, l'empereur décréta le *landsturm*, c'est-à-dire la levée en masse. Mack, qui resta jusqu'en 1805 en possession de l'emploi d'oracle officiel en matière militaire, forma un camp retranché sous les murs de la ville. La mise en scène ainsi disposée, Thugut dressa les instructions des plénipotentiaires. A Merveldt, bon officier, mais neuf dans la diplomatie, il adjoignit le ministre de Naples, Gallo, fort bien en cour et qu'il estimait d'ailleurs à sa discrétion. Ils devaient stipuler le principe de l'intégrité de l'Empire, c'est-à-dire refuser l'adhésion de l'empereur à la cession de la rive gauche du Rhin; ils pouvaient abandonner les Pays-Bas autrichiens et la Lombardie, mais ils devaient réclamer, en compensation, une partie des territoires vénitiens ou une partie des Légations. Ainsi, au moment où elle invitait Venise à l'alliance et où elle était encore l'alliée du Saint-Siège, la cour de Vienne cherchait à s'emparer des États du pape et de ceux de la république.

Bonaparte avait établi son quartier général au château de Leoben. L'Autriche faisait grand état de ses préparatifs. Bonaparte en était déjà informé, et il ne laissait pas de s'en préoccuper; il trouva moyen d'en tirer parti. Ces armements de l'empereur étaient pour lui un motif de hâter la paix, et, en même temps, un moyen de l'imposer au Directoire. « Le Rhin n'était pas passé, écrira-t-il au Directoire, l'empereur n'attendait que ce moment pour quitter Vienne et se porter à la tête de son armée. S'ils eussent fait la bêtise de m'attendre, je les aurais battus; mais ils se seraient toujours repliés devant nous, se seraient réunis à une partie de leurs forces du Rhin et m'auraient accablé; alors la retraite devenait difficile, et la perte de l'armée d'Italie pouvait entraîner celle de la République... Si je me fusse, au commencement de la campagne, obstiné à aller à Turin, je n'aurais jamais passé le Pô; si je m'étais obstiné à aller à Rome, j'aurais perdu Milan; si je m'étais obstiné à aller à Vienne, peut-être aurais-je perdu la République. »

Cependant il apprend que, le 4 avril, Clarke a signé à Turin un traité d'alliance avec la Sardaigne; le roi promet neuf mille hommes et quarante canons à la République. Il sait, d'autre part, que Hoche se dispose à passer le Rhin. Ces nouvelles lui permettront d'élever le ton, en même temps que l'inaction de Moreau lui servira d'excuse si le Directoire juge qu'il s'est trop pressé de conclure.

Le 9 avril, il reçoit la visite de Verninac, envoyé de France à Constantinople, qui se rend à Paris et qu'il a désiré entretenir, étendant ainsi la main sur cet ambassadeur comme il l'avait fait sur Cacault à Rome, Miot à Florence, Faypoult à Gênes. Ils parlent de la paix, et tombent d'accord que la France ne peut, sans s'affaiblir et perdre son prestige, restituer le Milanais. Verninac développe de lui-même tous les arguments de Bonaparte : « Rendre le Milanais, c'est remettre sous le joug les trois Légations et Modène; car comment pourraient-elles se conserver libres, pressées entre Naples, Rome, l'empereur, Venise, également intéressés à leur redonner le gouvernement absolu ?... C'est nous discréditer, auprès des peuples, nos véritables alliés... C'est, en s'ôtant les moyens de dominer l'Italie, se priver de très grands avantages commerciaux et politiques... » Il faut concilier la gloire et l'intérêt de la République avec la paix que l'opinion réclame en France : les Vénitiens, par leur aveuglement au moment le plus favorable, nous permettront de nous accorder avec l'empereur (1). Bonaparte laissa Verninac se flatter de lui avoir soufflé cette combinaison diplomatique. Il était sûr d'avoir en lui un avocat auprès du Directoire. Il envoie, le même jour, Junot à Venise avec une lettre pour le doge : « Croyez-vous

(1) Verninac à Bonaparte, 20 avril : il rappelle leur conversation; au Directoire, 23 avril 1797.

que, dans un moment où je suis au cœur de l'Allemagne, je sois impuissant pour faire respecter le premier peuple de l'univers?... Nous ne sommes plus au temps de Charles VIII. » Il exige le désarmement des paysans et l'évacuation de la terre ferme. Il s'adresse aux peuples de ces pays et leur promet de les affranchir. Il mande au général Kilmaine, qui était en relations constantes avec Landrieux et guettait l'occasion d'occuper les places en terre ferme, que Venise doit donner satisfaction dans les vingt-quatre heures, sinon on arrêtera tous les nobles et tous les partisans du Sénat : « Si l'affaire de Venise est bien menée, comme tout ce que vous faites, ces gaillards-là se repentiront, mais trop tard, de leur perfidie. Le gouvernement de Venise, concentré dans sa petite île, ne serait pas, comme vous pensez bien, de longue durée. » Ces instructions données, il écrit, le 9, au Directoire : « Quand vous lirez cette lettre, nous serons maîtres de toute la Terre ferme, ou bien tout sera rentré dans l'ordre. »

Le 13 avril, Merveldt arrive à Leoben. La trêve était expirée; il en demande le renouvellement. Avant d'y consentir, Bonaparte veut savoir si ce renouvellement acheminera la paix. Merveldt le lui donne à entendre, et l'armistice est prolongé jusqu'au 19 avril. Bonaparte découvre alors ses conditions. Il présente deux combinaisons : 1° L'Italie payera la limite du Rhin; l'empereur recouvrera la Lombardie et, en compensation de la Belgique, prendra la Dalmatie, l'Istrie et le Frioul. 2° La France se contentera des frontières constitutionnelles : la Belgique, le Luxembourg, Liège, et renoncera à la limite du Rhin; en échange de la Belgique, l'empereur prendra la Vénétie jusqu'au Mincio, peut-être même Bergame et Brescia. Comme Merveldt s'enquérait des moyens d'exécution, Bonaparte se répandit en propos méprisants sur Venise, dont il serait, dit-il, maître quand il voudrait.

Thugut était familier avec ce genre d'insinuations, et le courrier que lui expédia Merveldt, au sortir de l'entretien, fut le très bienvenu. Conserver un pied en Italie, s'étendre sur l'Adriatique et par là prendre à revers l'empire turc, c'est-à-dire le grand marché futur des partages, c'était une de ses combinaisons favorites. Bonaparte flattait d'autre part ses passions en lui offrant le moyen de déjouer les convoitises de la Prusse : si la France renonçait à la limite du Rhin, Frédéric-Guillaume sortirait de la guerre les mains vides dans l'Empire, où il n'avait plus, depuis longtemps, les mains nettes. Thugut jugea que Bonaparte désirait la paix; que cette paix ne serait, de part et d'autre, qu'un expédient; qu'elle donnerait ouverture à des combinaisons plus étendues et plus fructueuses à qui saurait mettre à profit le temps de l'armistice. Le 15 avril, il envoya aux négociateurs autrichiens cette instruction : renoncer à la Belgique et au Luxembourg; maintenir formellement l'intégrité de l'Empire, sauf à transiger pour des parcelles, selon les convenances de la France; réclamer la restauration du duc de Modène; réclamer Milan, et si les Français le refusent, réclamer une compensation : cette compensation, aussi bien que celle qui sera due pour la cession de la Belgique, c'est aux Français de l'offrir; s'ils offrent Venise, on s'étonnera qu'ils n'offrent pas de préférence les Légations; on insinuera que si l'empereur prend une partie des terres de Venise, les Légations pourraient indemniser cette république; dans tous les cas, on n'acceptera la terre vénitienne que si les Français en disposent. Ces combinaisons expriment des nuances très subtiles dans l'art d'usurper le bien d'autrui sans pécher contre l'esprit d'État. Le lecteur moderne s'étonnera peut-être de l'étonnement officiel que Thugut prescrit à ses agents pour le cas où Bonaparte n'offrirait pas à l'Autriche les terres pontificales, et de la différence qu'il fait entre ces terres et celles de la république de Venise : les premières étant bonnes à cueillir, les secondes étant encore trop vertes. C'est ici qu'il faut admirer l'ancien « droit public » dans toute sa fécondité. Bonaparte, s'étant emparé des Légations, les possède par « droit de conquête »; ce droit entraîne celui d'échange et de cession, ce qui permet, par conséquence juridique, au cessionnaire d'user du droit naturel qu'il a de s'arrondir : mais Venise n'étant point encore conquise, ni Bonaparte n'a « le droit » d'en disposer, ni l'Autriche « le droit » de la recevoir de ses mains.

Le baron de Vincent partit le 15 avril de Vienne avec ces instructions. Les affaires étaient déjà fort avancées à Leoben quand il y revint. Gallo y était arrivé le 14. Bonaparte le perça du premier coup. Il vit en lui un sournois, un important, un timide, qui méditait de tirer quelques marrons du feu pour son maître de Naples. Il le reçut de haut, fit des difficultés pour l'admettre, sous prétexte qu'il était sujet napolitain, puis s'étant de la sorte assuré la supériorité, il consentit à conférer. Il posa en principe l'*alternative*, c'est-à-dire que, dans les actes, l'empereur ne serait pas toujours placé avant la République. Cette question conduisit à celle de la reconnaissance. Les Autrichiens y mettaient des réserves. « La République française, leur répondit Bonaparte, ne veut point être reconnue; elle est en Europe ce qu'est le soleil sur l'horizon : tant pis pour qui ne veut pas la voir et ne veut pas en profiter. » Ce dernier propos mit les Autrichiens à l'aise : ils désiraient éviter la reconnaissance et s'assurer les profits de l'association. Les conférences officielles commencèrent le lendemain. Elles se tinrent dans un pavillon, au milieu d'un jardin, neutralisé pour la circonstance, mais environné de toutes parts par les bivouacs français. Les négociateurs disposèrent trois projets : tous les trois stipulaient que l'Autriche céderait la Belgique et le Luxembourg, et reconnaîtrait les limites constitutionnelles, ce qui impliquait la réunion à la France de l'évêché de Liège ; la question de la rive gauche du Rhin était renvoyée à la paix de l'Empire. Les trois projets ne différaient que par les « gradations » des indemnités de l'Autriche : ou une partie des États vénitiens, ou la restitution de la Lombardie, ou une acquisition quelconque à déterminer ultérieurement. Ces propositions furent envoyées à Vienne. Bonaparte écrivit, le 16 avril, au Directoire : « Si l'un de ces trois projets est accepté à Vienne, les préliminaires de la paix se trouveraient signés le 20 avril... Si rien de tout cela n'est accepté, nous nous battrons... Jamais... une rivière n'a pu être un obstacle réel. Si Moreau veut passer le Rhin, il le passera... Il faut que les armées du Rhin n'aient pas de sang dans les veines. Si elles me laissent seul, alors je m'en retournerai en Italie; l'Europe entière jugera de la différence de conduite des deux armées. » Simples précautions diplomatiques : il était décidé à traiter.

Le baron de Vincent arriva ce même jour, et les instructions qu'il apportait permettaient aux Autrichiens de conclure sans attendre un nouveau courrier. Tout devint facile et tout fut vite réglé. On rédigea des articles patents, destinés à être communiqués, en France, aux Conseils, et en Allemagne, à la Diète; c'est le masque de la paix future : l'Autriche cède les Pays-Bas et reconnaît les limites constitutionnelles; « la République française fournira, à la paix définitive, un dédommagement équitable à Sa Majesté l'empereur, et à sa convenance »; elle évacuera les États de l'empereur autres que les provinces belgiques; il y aura armistice entre la République et l'Allemagne ; il sera tenu un congrès « pour traiter et conclure la paix définitive entre les deux puissances sur la base de l'intégrité de l'empire ». Ces dispositions, si elles avaient un sens, signifiaient que la France évacuerait l'Italie et renoncerait à la rive gauche du Rhin. En réalité, elles préparaient tout le contraire; c'était l'objet des articles secrets, les seuls qui donnèrent lieu à une discussion.

Bonaparte exigea que l'empereur cédât la Lombardie et ratifiât la conquête de Modène par la République. Il lui offrit, en échange des Pays-Bas et de ses pays italiens, « la partie de la terre ferme de Venise comprise entre l'Oglio, le Pô, la mer Adriatique », plus l'Istrie et la Dalmatie. Les Autrichiens demandèrent comment il obtiendrait cette cession des Vénitiens. Il n'avait qu'à invoquer les précédents du partage de la Pologne, et il aurait pu se dispenser d'expliquer par quels procédés on amène un État à consacrer son propre démembrement. Il tint à se montrer homme de bonne compagnie, au courant des usages des cours et connaissant le fin des choses. La France, dit-il, est en désaccord avec la république de Venise, et ses griefs lui fourniront le prétexte d'une déclaration de guerre, qui mettra tout le monde en règle avec le droit public. D'autre part, la république de Venise cédera à la France les territoires compris entre l'Adda, le Pô, l'Oglio, la Valteline et le Tyrol : ils seront réunis à la Lombardie, en république indépendante. Venise, réduite aux lagunes et aux îles de l'Adriatique, recevra, en compensation de ses pertes, les trois Légations. Les Autrichiens ne se montrèrent résistants que sur l'article de Modène; mais Bonaparte demeura inflexible. Le duc, dit-il, a violé sa trêve avec la République; ses États sont sous la conquête; la France ne renonce à exiger la cession de la rive gauche du Rhin que par égard pour l'empereur; que l'empereur renonce à stipuler l'intégrité de l'Empire, la République lui abandonnera en Italie tout ce qu'il pourra désirer. Ce débat remit tout en question. Les Autrichiens considérèrent que l'armistice serait rompu en Allemagne le 20, que Hoche serait vraisemblablement plus audacieux que Moreau, et pourrait porter des coups redoutables. Bonaparte les menaça de l'arrivée imminente de Clarke, qui, s'il venait avant la signature, réclamerait peut-être au nom du Directoire l'abandon de la rive gauche du Rhin. Ces raisons levèrent les dernières hésitations. Les articles furent signés le 18 avril, dans l'après-midi.

Un grand nombre d'officiers français étaient réunis dans le jardin; ils savaient la négociation très avancée, mais ils ne s'attendaient pas à un aussi prompt dénouement. Bonaparte sortit du pavillon avec Merveldt et Gallo. « Les préliminaires de la paix sont signés. Vive la République! Vive l'empereur! » Les officiers répondirent par des acclamations. Il y eut un grand dîner chez Bonaparte, qui affecta, avec les Autrichiens, l'esprit républicain. « On va vous donner de belles récompenses, messieurs, leur dit-il, pour les services que vous venez de rendre; vous aurez des croix et des cordons. — Et vous, général, répliqua le baron de Vincent, vous aurez un décret qui proclamera que vous avez bien mérité de la patrie; chaque pays a ses usages et chaque peuple ses hochets. »

VII

Il s'agissait de faire accepter par le Directoire un traité qui, dans ses articles patents, abandonnait cette limite du Rhin tant promise à la France et établissait ces républiques d'Italie, dont le Directoire paraissait faire si bon marché. Bonaparte exposa d'abord les avantages directs de la transaction (1) : les limites constitutionnelles, une république puissante qui donne à la France pied en Italie; entre cette république et la France, Gênes, qui est sous nos prises, le Piémont qui demeure à notre discrétion. Sans doute on a promis les Légations à Venise ; mais il est probable que le Sénat refusera cette compensation, la jugeant « inconvenante et insuffisante » : les trois Légations demeureront en notre pouvoir, et nous les réunirons à la République lombarde. Nul motif de s'apitoyer sur Venise : son Sénat « est le plus absurde et le plus tyrannique des gouvernements; il est hors de doute qu'il voulait profiter du moment où nous étions dans le cœur de l'Allemagne pour nous assassiner ». Entourée d'un côté par l'empereur, de l'autre par la République lombarde, Venise tombera du côté de cette république. Enfin l'empereur est lié à la France, et la

(1) *Bonaparte au Directoire*, 19 avril 1797.

République, tenant la balance entre lui et le roi de Prusse, devient l'arbitre de l'Allemagne. Bonaparte termine par cet argument sans réplique : la menace de sa démission, et la menace, plus effrayante encore, d'un retour en France et d'une candidature politique : « Je vous demande du repos... ayant acquis plus de gloire qu'il n'en faut pour être heureux... Ma carrière civile sera comme ma carrière militaire, une et simple... »

Cette lettre était écrite, lorsqu'il apprit qu'une insurrection avait éclaté à Vérone, le 17 : c'est l'horrible massacre de Français et de partisans de la France, qui a mérité, sous le nom de *Pâques véronaises,* d'être associé au souvenir des *Vêpres siciliennes.* D'autre part, Gallo insinue que l'empereur, environnant la ville de Venise, sera conduit à désirer de la prendre et à s'étendre sur la terre ferme; que pour y parvenir, il consentirait à une extension de la France en Allemagne, qu'il ne refuserait pas au besoin de s'y arrondir lui-même : la France pourrait, comme Bonaparte l'avait bien prévu, remettre sur le tapis la question de la rive gauche du Rhin, et interpréter la clause de l'intégrité de l'Empire comme la Prusse, l'Autriche et la Russie avaient interprété leurs innombrables garanties de l'intégrité de la Pologne. « Les préliminaires, écrit-il au Directoire le 22 avril, seront susceptibles, à la paix définitive, de toutes les modifications que vous pourrez désirer... Les États de Venise vont se trouver à notre disposition... Tous les jours, j'ai de nouvelles raisons de plaintes; je vais donc chasser toutes les troupes vénitiennes, mettre ces messieurs à la raison et y nourrir mon armée... Moyennant ces précautions, je pense que nous obtiendrons : 1° les limites du Rhin ou à peu près; 2° la République lombarde accrue du Modénais, du Bolonais, du Ferrarais et de la Romagne. » La paix publiée en France, l'état de guerre continuant en Italie et en Allemagne, la limite du Rhin et le bouleversement de l'Allemagne en perspective, l'Italie révolutionnée en partie, une autre Batavie organisée dans le Milanais, objet constant de l'ambition des rois de France; Venise, ses trésors, ses musées, ses arsenaux maritimes à exploiter; des navires et de l'argent, ce dont on manquait le plus; par-dessus tout, le retour de Bonaparte indéfiniment ajourné : c'était plus qu'il n'en fallait pour décider le Directoire à ratifier les préliminaires. Ce fut le conseil que lui adressa Clarke. Arrivé le 22 avril, et quoique fort mortifié du rôle de comparse auquel Bonaparte l'avait réduit, il écrivit à Delacroix : « Il fallait prendre un parti, et le prendre avec promptitude, c'est ce qu'a fait Bonaparte. Il connaissait mes instructions; les propositions que j'eusse faites n'auraient point été acceptées. Les idées du Directoire exécutif sur la paix continentale et celles de l'empereur différaient essentiellement. Il fallait donc trancher le nœud gordien. Un nouvel Alexandre l'a fait, et avec l'intention de servir efficacement la République. »

En attendant les ratifications de l'empereur, Bonaparte redescendit vers l'Italie. Le 25, à Gratz, il rencontra des délégués de Venise chargés de lui offrir les satisfactions qu'il avait réclamées, le 9 avril, dans sa lettre au doge : les satisfactions n'étaient qu'un *en-cas :* affirmation de la neutralité, promesse de cesser les armements et de délivrer les « patriotes » emprisonnés. Le jeu de Bonaparte était de pousser les oligarques aux extrémités, de les discréditer en les humiliant, de susciter une révolution démocratique qui ruinerait l'ancien gouvernement, entraînerait l'anarchie et ouvrirait les portes à toutes les interventions. Il exigea le désarmement général des paysans et le licenciement partiel des Esclavons, l'expulsion du ministre d'Angleterre, le règlement entre les mains des agents français de la succession Thierry qu'il évaluait à vingt millions, l'arrestation des nobles suspects d'avoir provoqué l'assassinat des Français : « J'ai, dit-il, quatre-vingt mille hommes. Je ne veux plus d'inquisition, plus de Sénat, plus d'alliance avec vous. Je veux vous donner la loi. Vous ne voulez que gagner du temps. Votre gouvernement est vieux, il faut qu'il s'écroule. »

Les délégués repartirent, persuadés que le traité, dont ils ignoraient encore les dispositions, avait décidé de leur sort. Les ratifications autrichiennes parvinrent le 30 avril à Bonaparte, qui se trouvait alors à Trieste. Il apprit, en même temps, que Hoche avait rompu l'armistice le 13, passé le Rhin, battu les Autrichiens le 18, et que Moreau avait aussi passé le Rhin le 20. La nouvelle des préliminaires allait les arrêter dans leur offensive. « Nous n'aurions pas tardé à vous rejoindre », lui mandait Moreau le 23 avril. Bonaparte perdait ainsi l'un de ses plus forts arguments en faveur du traité. On lui reprocherait dès lors à Paris d'avoir signé trop vite : quelques jours de plus, et l'on enlevait la rive gauche du Rhin. L'effet des préliminaires était, en partie, manqué. C'était pour Bonaparte un motif de plus d'offrir aux Directeurs, et de leur imposer au besoin, le moyen de développer ces préliminaires et d'en tirer, par la négociation, les avantages qu'il semblait avoir laissés échapper.

Ce dessein impliquait l'occupation de Venise, matière de l'échange futur. De ce côté, les occasions ne manquaient pas. L'affaire de Vérone aurait suffi; il s'en présenta une autre : un corsaire français, le *Libérateur de l'Italie,* voulant forcer le passage du Lido, avait été reçu à coups de canon et capturé; les Esclavons avaient tué le capitaine. C'était un *casus belli* dans toutes les formes. Le Sénat de Venise envoya aussitôt une députation faire amende honorable au quartier général. « Je ne puis vous recevoir, écrivit Bonaparte le 30 avril; vous et votre Sénat êtes dégouttants du sang français. Quand vous aurez fait remettre en mes mains l'amiral qui a donné l'ordre de faire feu, le commandant de la tour et les inquisiteurs qui dirigent la police de Venise, j'écouterai vos justifications. Vous voudrez bien évacuer dans le plus court délai le continent de l'Italie. » Voilà donc leur Terre ferme conquise, et, par suite, échangeable dans les règles et selon les précédents des partages classiques.

Restait à étendre sur la ville et sur les lagunes le même droit de guerre. Bonaparte rappelle immédiatement le ministre de France, Lallement : « Le sang français a coulé à Venise, et vous y êtes encore! Attendez-vous donc qu'on vous en chasse?... Faites une note... et venez me rejoindre à Mantoue. » Cela fait, il avertit le Directoire : il avait un plan d'offensive magnifique : « J'aurais traversé les gorges de l'Inn, marché dans la Bavière; j'aurais auparavant levé des contributions sur le faubourg de Vienne. Ce plan a totalement manqué par l'inaction de l'armée du Rhin. Si Moreau avait voulu marcher, nous eussions fait la campagne la plus étonnante et bouleversé la situation de l'Europe... J'ai vu la campagne perdue, et je n'ai pas douté que nous ne fussions battus les uns après les autres... Il faut, avant tout, prendre un parti pour Venise : sans quoi, il me faudrait une armée pour les contenir. Je sais que le seul parti qu'on puisse prendre est de détruire ce gouvernement atroce et sanguinaire; par ce moyen, nous tirerons des ressources de toute espèce d'un pays que, sans cela, il nous faudra garder plus que le pays ennemi. » Il relate, en style de commissaire de la Convention, les massacres de quatre cents Français, les insultes au drapeau républicain, les violations de neutralité. « Si le sang français doit être respecté en Europe, si vous voulez qu'on ne s'en joue pas, il faut que l'exemple sur Venise soit terrible; il nous faut du sang, il faut que le noble amiral vénitien qui a présidé à cet assassinat soit publiquement justicié! »

C'est l'intérêt de Bonaparte de tenir ce discours; mais il éprouve passionnément ce qu'il décide par conseil; sa colère même est politique, et il n'a qu'à l'écouter pour tenir le langage qui persuadera les Directeurs. Il parle, naturellement, quand il s'emporte, le langage qu'il a, dans sa jeunesse, entendu tenir à ses premiers maîtres en politique, les terribles proconsuls, dont la fureur était devenue une sorte de raison d'État. Ce fond de jacobin et de Comité de salut public reparaîtra chez Bonaparte dans toutes les grandes agitations de sa carrière.

Ses précautions prises, il pousse, selon une expérience qui lui a toujours réussi, l'exécution des mesures qu'il propose au Directoire. Il évacue les États autrichiens, ce qui lui permet d'investir Venise. Le 2 mai, il lance un manifeste où tous ses griefs sont exposés; c'est la guerre. Le 12 mai, sur une injonction du général Baraguay d'Hilliers, le vieux gouvernement de Venise abdique; un gouvernement provisoire, choisi parmi les patriotes, le remplace. Il n'aura d'autre tâche que d'occuper l'entr'acte et de tenir le devant de la scène jusqu'à la confiscation de la République, mais il remplira d'autant mieux son rôle qu'il le jouera plus ingénument. Je force les lagunes, écrit Bonaparte au Directoire; je chasse de Venise ces nobles, « nos ennemis irréconciliables et les plus vils de tous les hommes... Après une trahison aussi horrible, je ne vois plus d'autre parti que celui d'effacer le nom vénitien de dessus la surface du globe. Il faut le sang de tous les nobles vénitiens pour apaiser les mânes des Français qu'ils ont fait égorger. » Ce discours était tourné de façon à faire tressaillir d'aise tous les anciens conventionnels. Entre la perspective de réunir Mayence avec la plus grande partie de la rive gauche du Rhin, et celle de sacrifier à l'Autriche les débris d'une oligarchie hostile, Bonaparte estimait que le Directoire n'hésiterait pas, et qu'en tout cas les principes n'entreraient nullement dans la balance. Il ne se trompait pas. Le Directoire n'eut qu'une pensée : réunir toute la rive gauche du Rhin à la France et adjoindre à la fois Venise et les Légations à la République lombarde, c'est-à-dire prendre davantage et donner moins que ne le stipulaient les préliminaires. Ce fut le fond des négociations qui s'engagèrent aussitôt et qui se traînèrent pendant tout l'été de 1797.

CHAPITRE II

LE PROCONSULAT DE BONAPARTE

I

Les préliminaires du 18 avril n'étaient qu'une trêve. Le Directoire allait l'employer à fortifier son pouvoir, Bonaparte à consolider sa domination en Italie et à préparer son avènement en France. La France se dérobait au Directoire. Les élections pour le renouvellement d'un tiers des conseils avaient eu lieu le 10 avril; elles trahissaient le dégoût, l'inquiétude et l'impatience de la nation française; elles mettaient le Directoire en minorité; elles n'assuraient la majorité à aucun des partis opposants. Bonaparte seul se trouva dans le cas de profiter des événements, et il en profita (1).

Il passa la plus grande partie du printemps et de

(1) Outre les manuscrits et les livres cités dans l'étude précédente, j'ai consulté pour celle-ci : les *Souvenirs* et *Mémoires* de Rœderer, de Villemain et de Mme de Rémusat; — Masson, *Napoléon et les femmes;* — Seeley, *Napoléon Ier;* — Lanfrey, *Histoire de Napoléon;* — Iung, *Bonaparte et son temps;* — Guillois, *Napoléon;* — Boulay de la Meurthe, *le Directoire et l'expédition d'Egypte;* — Pallain, *le Ministère de Talleyrand sous le Directoire;* — Joseph de Maistre, *Œuvres;* — Faguet, *Politiques et Moralistes au XIXe siècle.*

l'été dans le magnifique château de Mombello, aux Crivelli, près de Milan. Il l'avait choisi pour la beauté du site et la pureté de l'air qu'on y respire. Il s'y fit une véritable cour; il s'y entoura d'un gouvernement de proconsul romain de la grande époque, conquérant, homme d'État, organisateur de la conquête et pacificateur des peuples vaincus. C'est Jules César en Gaule. Trois cents légionnaires polonais gardent le château. L'étiquette est sévère. Les aides de camp ne dînent point journellement avec leur chef : c'est une exception et un honneur très recherché que d'être invité à sa table. Il prend ses repas en public, comme les souverains : on laisse entrer dans la galerie les Italiens qui viennent contempler le libérateur de leur patrie. Imposant, malgré une certaine gaucherie naturelle, Bonaparte reçoit les hommages en homme qui y aurait été de tout temps habitué. « Tout, rapporte un témoin, avait plié devant l'éclat de ses victoires et la hauteur de ses manières. » Les salons se prolongent sous une vaste tente dressée dans les jardins. Tout ce qu'il y a d'intelligent, d'ambitieux, d'intrigant et d'enthousiaste en Italie s'y presse et s'y mêle aux administrateurs et aux généraux français. Les diplomates étrangers viennent flairer les partages ou implorer les ménagements. Les diplomates français viennent prendre le mot d'ordre et quêter la faveur. Tout est aurore, tout est avenir en ce palais de la fortune.

Autour du général, une jeunesse animée, souriante à la vie. Exaltés par le succès, gâtés par les Italiennes étourdies elles-mêmes de ce printemps enchanté de leur pays, confiants dans leur destinée, encore tout palpitants de la crise épouvantable où ils sont nés à la vie, et du rêve merveilleux qui y a succédé sans transition, ils vivent dans le ravissement. « Que de grandeur, d'espérance et de gaieté! dit l'un d'eux. A cette époque, notre ambition était tout à fait secondaire, nos devoirs ou nos plaisirs seuls nous occupaient. » Lannes, Murat, Marmont, Berthier, rois, princes et ducs de demain, la famille de Bonaparte les rejoint : l'indigence hier, aujourd'hui le luxe, les fêtes, les hommages. Ce ne sont que carrosses sur les routes bordées de fleurs, barques lentes et molles sur les lacs bleus, miroirs mouvants du ciel. A côté de Joséphine, encore aveuglément adorée, Élisa, déjà mariée à Bacciochi, Pauline, « charmante, presque idéale », qui se marie à Mombello même avec Leclerc, reçoit 40,000 livres de dot et trouve un prêtre obligeant pour la bénir incognito dans la chapelle du palais.

Bonaparte est gai, joueur avec sa jeune cour, prodigue de récits et de ces contes fantastiques dont Gœthe, à son âge, aimait aussi à distraire sa mémoire trop encombrée de faits et son imagination trop impatiente de réalités. Il a ses récréations où il se montre affable et séduisant au possible. « A cette époque heureuse, rapporte Marmont, il avait un charme que personne n'a pu méconnaître;... l'un des hommes les plus faciles à toucher par des sentiments vrais,... un cœur reconnaissant et bienveillant, je pourrais même dire sensible. » Il court à cheval, il se plaît aux exercices violents, il dort beaucoup, il fournit un travail prodigieux, et quand il s'y livre, il devient inabordable.

C'est ainsi qu'il apparut aux contemporains, et c'est ainsi qu'à cette époque de sa vie, l'histoire doit le représenter, si elle ne veut rendre invraisemblable l'éblouissement qu'il jeta sur le monde. L'Italie fut la première à en ressentir l'effet. Les envoyés des souverains, les députés des villes se succèdent, avec des harangues emphatiques pour le général, des présents somptueux pour Joséphine. Les poètes y joignent leurs bouquets de métaphores et leurs couronnes de papier doré. L'improvisateur Gianni célèbre en trois chants le héros de l'Italie, et se déclare son poète césarien. Le vieux Cesarotti lui apporte sa traduction d'*Ossian*, et Bonaparte peut lire, en sa langue maternelle, son poète préféré. Monti, le sombre Monti de *Corinne*, l'auteur de cette diatribe fameuse contre la Révolution française, la *Bassvilliana*, passe de la malédiction au dithyrambe depuis que la Révolution s'est faite italienne. Il glorifie Bonaparte dans les premiers chants de son *Prométhée* : le héros y est dépeint comme le protagoniste de l'humanité contre le despotisme de Jupiter et la conjuration des aristocrates du vieil Olympe : « Par vous, la nature revivifiée renaît, et par vous aussi nous renaissons, nous autres Italiens purs, opprimés, mais non pas avilis. » Ugo Foscolo, plus hostile encore que Monti à la Révolution française, entre à son tour dans le chœur. Mascheroni envoie au général sa *Géométrie* avec une dédicace en vers : « Je me souviens, quand tu franchis les Alpes, nouvel Annibal, pour délivrer ta chère Italie... » Le Génois Serra ne s'exprime qu'en prose, mais cette prose ne laisse rien à envier aux versificateurs : il a mis sa signature à côté de celle du général sur une convention, et il s'écrie : « Le nom de Bonaparte uni au mien dans un document d'où dépend la destinée de ma patrie ! Cette idée si grande, si inattendue de ma part, s'empare de toute mon âme et agrandit la sphère de mes facultés... Épaminondas, Miltiade, Xénophon, ont combattu pour de petites républiques, et leurs noms marchent de pair avec les héros de l'empire romain ; vainqueur des Piémontais et des Impériaux, pacificateur de l'Europe, ces titres vous sont assurés, et vous égalent à ce que l'antiquité a de plus grand ou même vous mettent au-dessus. »

Tout l'encens des « philosophes » n'avait pas distillé, dans le siècle qui finissait, un parfum plus subtil et plus enivrant, dans les temples consacrés aux fameuses idoles du Nord : Frédéric et Catherine. Quoi de plus naturel qu'en ces temps d'illusion universelle, tout ce qui aimait la liberté acclamât ce jeune homme qui refaisait des peuples et semblait ranimer des âmes, après que l'Europe s'était laissé fasciner à ce point, par de simples constructeurs d'empires et destructeurs de nations ? Ce furent pour ceux qui les ont vécu des jours inoubliables, de ceux où l'on voudrait suspendre la vie ; mais la vie ne s'arrête point, et Bonaparte, loin de contenir les événements, était de caractère à les précipiter.

Un diplomate qui le visita, au mois de mai 1797, a

dit plus tard : « Ce n'était déjà plus le général d'une république triomphante; c'était un conquérant pour son propre compte. » Guerre, négociations, finances, il a, depuis un an, tâté, manié, pétri toutes les parties de l'État. Il a pris le pouvoir, il entend le garder. Il ne peut sans fierté, mais aussi sans irritation, comparer son proconsulat au commandement misérable et tiraillé qu'il exerçait à Paris : les caisses vides, la gêne dans les demeures; l'autorité disputée aux chefs militaires par les Directeurs, aux Directeurs par les députés, à tout le monde par la presse; les complots, les cabales, les factions, les dénonciations, le désordre partout. L'homme de gouvernement grandit en lui et déborde déjà sur l'homme de guerre. « Croyez-vous, — disait-il à Miot et à Melzi, en se promenant avec eux dans les jardins de Mombello, — croyez-vous que ce soit pour faire la grandeur des avocats du Directoire, des Carnot, des Barras, que je triomphe en Italie? »

Comme ses premières batailles lui ont ouvert la grande guerre, de Lodi à Rivoli, comme l'organisation de la conquête lui a ouvert le gouvernement des hommes, les correspondances des agents de la république à Rome, à Turin, à Gênes, à Florence, à Constantinople, lui ouvrent la diplomatie. Il la domine à Tolentino et à Leoben; partout il discerne des intérêts, des passions, et des hommes que l'on mène par ces passions et par ces intérêts, par la convoitise, par l'ambition, par la peur, que ce soient les oligarques de Gênes ou ceux de Venise, le roitelet de Sardaigne, l'empereur d'Allemagne ou le pape lui-même. A plus forte raison le Directoire. Il voit déjà ce conseil, comme ce conseil apparaîtra dans l'histoire, prosterné devant lui, passant de l'opposition sournoise à la flagornerie officielle : il le tient par l'argent et il le fait marcher à coups de démissions. Il lui suffira, pour le maîtriser et le supplanter, de vouloir avec clarté ce que les Directeurs ne veulent qu'avec confusion, et d'exécuter avec suite les desseins qu'ils ne font qu'entamer avec incohérence. Il n'avait pas besoin d'être grand érudit pour connaître la réponse du pape, alors arbitre des couronnes, aux envoyés de Pépin le Bref : « Qu'il valait mieux donner le titre de roi à celui qui exerçait la puissance souveraine. » L'histoire de la France et de l'Europe était un long commentaire de cette maxime; c'est à cette lumière que Bonaparte jugeait la Révolution française, et tout indiquait que ce chapitre-là se dénouerait comme les autres. Le titre importait peu à Bonaparte : Directeur, en attendant mieux, consul comme César, protecteur comme Cromwell, il ne se portait pas aux mots, mais aux choses, et aux plus prochaines. Il se sentit dès lors, comme il l'a dit plus tard, « important et redoutable ». « Que le Directoire, s'écria-t-il un jour, s'avise de vouloir m'ôter le commandement, et il verra s'il est le maître! » Voilà le fond de ses démissions réitérées. Le Directoire en avait le sentiment, et c'est pourquoi le Directoire capitulait toujours.

Depuis le commencement de la Révolution française, les prophètes politiques annonçaient que cette révolution s'incarnerait dans un homme, qui, par la Révolution même, materait la France et la gouvernerait avec plus de puissance que n'en avait jamais eu Louis XIV. Bonaparte le voit, comme Mirabeau et Catherine l'avaient deviné; mais avec son intuition toute romaine de l'histoire, il le conçoit plus clairement que les autres; il le sent surtout, de toute la véhémence de son ambition qui monte, car cette histoire qui se révèle à sa pensée, vit en lui et semble vivre pour lui. Il ne l'analyse pas, il ne s'en délecte point avec subtilité; il y marche, en écartant successivement les obstacles; il va à l'empire, comme Colomb atteignit le nouveau monde, croyant faire le tour de l'ancien. Les autres craignent, attendent ou cherchent à tâtons « l'homme » prédit et inévitable : il le connaît, il sera cet homme. Il se révèle à lui-même son ambition, comme sa destinée s'explique dans l'histoire.

II

Il surgit quand les grandes figures du siècle disparaissent à l'horizon. Catherine vient de mourir; Frédéric est mort depuis dix ans, mais son nom remplit toutes les mémoires, ses maximes nourrissent toutes les chancelleries; il est, aux yeux de tous, le type du politique moderne et le modèle de l'homme d'État. La place de dictateur de l'opinion est vacante en Europe; Bonaparte va s'y élever plus vite, d'un essor plus direct et plus large; il y planera de plus haut, mais il y arrivera par l'effet du même prestige. C'est avec l'esprit français, ravi à l'impéritie des gouvernants de la France, que Frédéric et Catherine avaient gouverné leur siècle : ils avaient détourné, au profit de leurs couronnes, cette « magistrature » que les conseillers de Louis XV s'étaient laissé dérober. La Révolution l'a reconquise tumultueusement à la France; Bonaparte va l'affermir en sa personne. Frédéric a été le roi philosophe, Bonaparte sera l'empereur révolutionnaire. Il le dira; il le croira; et longtemps les Français, longtemps les peuples d'Europe le diront et le croiront avec lui. C'est de la Révolution, en effet, qu'il tire toute sa force. Il absorbe la Révolution, il se l'approprie, il en éprouve les passions élémentaires (1); il confond en lui-même cet esprit d'expansion nationale et cet esprit de magnificence royale qui se mêlent si étrangement dans les imaginations populaires. Il continuera de proclamer avec la grande majorité des Français : Tout ce qui est conquis à la France est conquis à la liberté. Et il pensera : Je suis la France. Mais la France même, pour lui, restera pays de conquête. Il n'en sort pas; il y entre; il est fils d'étran-

(1) Voir les savantes et pénétrantes études de M. Frédéric Masson : *Napoléon inconnu*, t. I, *Notes sur la jeunesse de Napoléon, Napoléon et la Corse, l'État-major et l'Ecole militaire.* — « En lui la Révolution est accomplie avant que dans les faits elle soit commencée; car que se proposera la Révolution? faire table rase des institutions monarchiques. Or, pour Napoléon, ces institutions n'existaient pas... » T. I, p. 670 et suiv., et t. II, p. 500 à 505.

gers ; la langue française n'est pas sa langue maternelle, elle est pour lui la langue apprise de la civilisation, la langue européenne; la France n'est pas le coin de terre incomparable et sacré où dorment ses ancêtres; elle s'étendra partout où le portera son cheval de guerre et où perceront ses aigles romaines. Il conserve, en son for intérieur, je ne sais quoi d'insulaire et d'inaccessible, d'où il juge, s'impose et domine. C'est sa puissance : assez imprégné du génie français pour comprendre la pensée populaire et être compris du peuple; assez particulier, en son génie propre, pour se séparer des autres hommes, tout en se faisant, avec eux, peuple et armée, ce Corse s'empare de la France et s'identifie la Révolution française comme l'Allemande Catherine s'est emparée de la Russie, s'est faite orthodoxe et s'est identifié l'âme russe.

Bonaparte connaissait peu cette illustre Catherine; il ne la goûta jamais beaucoup : le génie, et surtout le génie politique, chez une femme, lui semblait monstrueux et l'offusquait. Mais il connaît à fond celui qui a été l'initiateur de Catherine dans les choses de l'État. La tsarine et l'empereur ont eu le même maître : ils sortent tous les deux de l'école de Frédéric. Bonaparte a lu les *Mémoires* du roi de Prusse, code du machiavélisme pratique; il a lu ses lettres à Voltaire, dernier mot de l'art d'exploiter les préjugés de l'opinion, la vanité des gens de lettres et les feux d'artifice de la presse. Bonaparte admire hautement Frédéric, et quand il le loue, il s'en assimile la forme de penser et jusqu'aux tournures de langage. « Une certaine fortune et de l'activité ont fait la base de mes succès, disait-il à l'envoyé de Prusse, en 1797; le grand Frédéric est le héros que j'aime à consulter en tout, en guerre comme en administration; j'ai étudié ses principes au milieu des camps, et ses lettres familières sont pour moi des leçons de philosophie. » Il avait au moins parcouru la *Monarchie prussienne* de Mirabeau; il avait lu Favier. En 1812, il disait encore à Narbonne : « Le dix-huitième siècle, hormis Frédéric, n'entendait rien à l'art de gouverner. Celui-là seul avait appris la politique en faisant la guerre. » La plus caressée de ses victoires sera celle qu'il remportera sur l'armée de Frédéric; l'épée du roi philosophe sera le plus précieux de ses trophées; dans son exil, il écrira le précis des guerres du roi de Prusse entre le précis des guerres de César, celui des guerres de Turenne et celui de ses propres guerres en Italie. Mais s'il admire ce roi, c'est en émule, pour le dépasser; sans être ébloui, surtout sans être dupe. Il juge Frédéric, comme Frédéric jugeait Henri IV et Louis XIV, s'inspirant de sa politique pour détruire, au besoin, sa monarchie. Il fera son pèlerinage à Berlin et au caveau de Potsdam, mais en équipage de guerre, botté et éperonné, avec cent mille fusils en guise de cierges. Leurs caractères, d'ailleurs, sont aussi dissemblables que les crises au milieu desquelles ils ont grandi et que le génie des temps où ils ont pénétré dans l'histoire (1).

(1) Rien de plus intéressant que de suivre parallèlement la formation du génie de Bonaparte et celle du génie de Frédéric à travers les épreuves de leur jeunesse : la souffrance, la médi-

Disciple d'Épicure, mais d'Épicure appris et compris dans Lucrèce, Frédéric, patient, constant, stoïque et mesuré, se donne pour idéal l'homme luttant contre la destinée et supérieur à sa destinée; il construit des machines souterraines et subtiles, il ne vise point à emmagasiner la foudre et la tempête; il proportionne ses explosifs à la force de ses canons : rien en lui de Prométhée. Quand le désastre le menace, c'est le suicide raisonné et apaisé de Caton qu'il envisage, non la chute titanesque et le plongeon dans l'abîme. Contraint de surprendre la fortune, de créer les occasions, de tourner les difficultés, général d'une armée de mercenaires, roi indigent d'un peuple sans génie, il a toujours navigué dans les passes périlleuses et s'est habitué, dès sa jeunesse, à ne compter que sur lui-même. Bonaparte a été, du premier coup, emporté par le courant, et ce courant est le plus véhément et le plus riche de puissance humaine que jamais l'histoire ait vu se déchaîner : c'est la Révolution française répandant dans toute une nation exaltée et généreuse les passions, les ambitions, les rêves de grandeur accumulés dans l'État par une monarchie de huit siècles, la plus conséquente qui ait régné. Cette France en fièvre de croissance, ces armées enthousiastes, voilà ce qui fait Bonaparte, par quoi il est tout, sans quoi, malgré son génie, il ne serait qu'un prodigieux et impuissant isolé.

---

tation, la solitude, la lutte, le travail acharné. Voir les belles études de M. Ernest Lavisse : *la Jeunesse du grand Frédéric, le Grand Frédéric avant l'avènement.*

Tant que le flux le pousse, il avance triomphalement; lorsque le flot s'arrête, il se sent sombrer. Il le sait, il l'a éprouvé déjà, aux tournants de sa campagne d'Italie, comme il l'éprouvera aux autres tournants de sa vie. Dans les premiers temps, encore tout ardents de la Révolution qui se transforme, mais qui enflamme encore les âmes, les mouvements commandés s'accomplissent comme d'eux-mêmes; toute estafette, envoyée partout, arrive; les lieutenants subissent le prestige du chef, parce que le chef personnifie l'esprit militaire qui les anime tous; ils préviennent, devinent, dépassent parfois ses ordres. C'est l'époque des prodiges spontanés. Plus tard, la lassitude venant, les ordres, mollement portés, s'égareront en route; on les attendra, on les recevra trop tard, on les exécutera sans verve et sans confiance; on n'y cherchera plus une inspiration, on n'y voudra trouver qu'une consigne. C'est alors que l'exécrable conseil de Moreau aux coalisés donnera tout son venin : « Attaquez partout où il n'est pas; refusez la bataille partout où il est. »

Le temps de sa vie où les circonstances le soutiennent le mieux est aussi le temps où il démêle le mieux les circonstances, et sait le mieux en profiter. Il ne prétend pas les créer selon ses besoins ou les plier à ses calculs. Il est méfiant : c'est qu'il discerne les obstacles, et que l'habitude du succès ne lui a pas fait encore oublier les conditions du succès. Il est tout frais sorti de sa Corse; il n'a pas émoussé cet instinct natif, fait de ruse et d'audace, que développent chez les insulaires les continuelles rivalités des familles, les embûches de tous les jours, la lutte pour la vie dans un pays plein de surprises, la montée continuelle par les sentiers étroits, glissants, vers les sommets où l'on ne s'élève qu'en rampant le long des précipices : nécessités qui surexcitent l'imagination en même temps qu'elles affinent la prudence et trempent la volonté. « Il n'appartient qu'à la jeunesse, disait-il à une amie, d'avoir de la patience, parce qu'elle a l'avenir devant elle. » Il le répète à ses lieutenants, il l'écrit au Directoire, aux ministres : « Le caractère de notre nation est d'être beaucoup trop vive dans la prospérité... Ce n'est qu'avec de la prudence, de la sagesse, beaucoup de dextérité, que l'on parvient à de grands buts... Du triomphe à la chute il n'est qu'un pas. J'ai vu, dans les plus grandes circonstances, qu'un rien a toujours décidé des plus grands événements (1). »

Pour ce rien qui décide de tout, il ne s'en remet qu'à lui-même, prévoyant, disposant les choses, souvent dans plusieurs données et avec plusieurs issues, et ne laissant au hasard, c'est-à-dire à l'indéterminé

(1) A Talleyrand, 7 octobre 1797. Il lui avait écrit le 26 septembre : « Tous les grands événements ne tiennent qu'à un cheveu. L'homme habile profite de tout, ne néglige rien de tout ce qui peut lui donner quelques chances de plus ; l'homme moins habile, quelquefois en en méprisant une seule, fait tout manquer. » Comparez Frédéric, *Considérations sur l'état de l'Europe*, 1738 ; *Histoire de mon temps*, 1775 : « La fortune, le hasard, sont des mots qui ne signifient rien de réel. — Saisir l'occasion et entreprendre lorsqu'elle est favorable... La politique demande de la patience, et le chef-d'œuvre d'un homme habile est de faire chaque chose en son temps... Celui-là qui a le mieux calculé sa conduite est le seul qui puisse l'emporter sur ceux qui agissent moins conséquemment... »

et à l'imprévu, que la part la plus minime. Plus tard, il y abandonnera davantage et de plus en plus. C'est alors qu'il parlera si souvent de son étoile et qu'il s'efforcera d'y croire. Ainsi se transformera sa croyance, vigilante et toute active d'abord, passive dans la suite, fataliste, superstitieuse même, dans ce qu'il appelle la destinée, le *fatum* des anciens, son Dieu des batailles, sa raison d'État divinisée, qu'il confond constamment, dans ses discours, avec la Providence. Les événements lui ouvrent si largement la voie, il se trouve toujours si prêt à en profiter, il découvre entre l'histoire de l'Europe et la prodigieuse aventure de sa vie des rapports si singuliers et si constants, qu'il en viendra à concevoir sa destinée comme une sorte de loi de la nature dont il est l'exécuteur. Il diminuera progressivement sa part consciente et volontaire dans sa propre vie, pour se représenter à lui-même comme l'instrument d'une volonté supérieure. « Plus on est grand, moins on doit avoir de volonté, dira-t-il à l'apogée de sa puissance : l'on dépend des événements et des circonstances ; moi, je me déclare le plus esclave des hommes ; mon maître n'a pas d'entrailles, et ce maître, c'est la nature des choses. » En 1797, au moment de l'essor, ce fatalisme natif l'assiège déjà dans les heures de crise où, tous ses préparatifs faits, il attend, en suspens, l'événement. Il écrit un jour au ministre des relations extérieures : « La loi de la nécessité maîtrise l'inclination, la volonté et la raison. » ... « Nous tenons la balance de l'Europe ; nous la ferons pencher comme nous voudrons, et même, si *tel est l'ordre du destin*, je ne vois point d'impossibilité à ce qu'on arrive en peu d'années à ces grands résultats que l'imagination échauffée et enthousiaste entrevoit, et que l'homme extrêmement froid, constant et raisonné, atteindra seul. »

D'où son audace à pousser la victoire et les accès de découragement qui, par moments, comme à Castiglione, semblent obscurcir son génie, brouillards passagers qui, à la Moskowa, à Waterloo, deviendront des nuages, s'abattront lourdement et l'envelopperont de nuit. Il les dissipe alors : il est jeune, il est heureux ; c'est Œdipe au tournant du chemin. La destinée est pour lui l'énigme à déchiffrer, le problème à résoudre, le plan à exécuter : elle commande, mais c'est à lui de comprendre et d'accomplir. Il obéit au destin comme ses lieutenants lui obéissent à lui-même, avec initiative et impétuosité; plus tard, il fera comme ses maréchaux : il suivra, l'esprit encombré, la pensée ralentie, affaissé sur son cheval. Ce sera le temps du grand reflux de la Révolution; la force des choses tournera contre lui. Il succombera, revenant de Moscou, pliant, désemparé, sous la tempête, mais se sentant toujours poussé d'en haut, comme lorsqu'il entrait en Russie avec le dernier déluge, et le vent dans ses voiles. A Mombello, il façonne sa vie selon les convenances du monde où il veut vivre. Il paraît aux peuples l'homme de la nécessité, parce qu'il accomplit ce que la masse des hommes juge alors nécessaire.

Il n'a besoin d'aucun effort pour s'approprier la morale des princes, et ce qu'on peut appeler le grand libertinage politique de l'ancien régime. Il l'aurait inventé s'il ne l'avait pas respiré partout. Sa seule ambition aurait suffi à lui révéler les données de la politique contemporaine, si des princes philosophes et des philosophes amis des princes n'avaient pris la peine de les dresser en maximes et de les exprimer en français pour les rendre plus claires et les répandre davantage. « Toutes les lois civiles et ecclésiastiques, déclare Voltaire, sont dictées par la convenance ; la force les maintient, la faiblesse les détruit, et le temps les change. » Voilà l'esprit des lois, tel que le distille l'*Essai sur les mœurs*, et Bonaparte en est nourri. « Plus je lis Voltaire, disait-il à Rœderer, plus je l'aime. C'est un homme toujours raisonnable, point charlatan, point fanatique. J'aime beaucoup son histoire, quoiqu'on la critique. » C'est de l'histoire, ainsi écrite et ainsi lue, qu'il dira quelques années après : « J'étudiai moins l'histoire que je n'en fis la conquête, c'est-à-dire que je n'en voulus et que je n'en retins que ce qui pouvait me donner une idée de plus, dédaignant l'inutile, et m'emparant de certains résultats qui me plaisaient. » Il lui plaît d'apprendre, et il juge bon de retenir cet enseignement que la force crée le droit des souverains, et que ce « droit » les met au-dessus de l'humanité. Ils se décident par d'autres raisons que l'homme privé. Il faut une religion officielle pour que le peuple obéisse et serve sans se corrompre ; il faut une morale publique pour que les hommes éclairés se soumettent et ne troublent point l'ordre social. La religion ainsi entendue, c'est la foi d'autrui ; la morale ainsi conçue, c'est l'honnêteté des autres : telles sont les mœurs du temps. Aussi spontanément que les conventionnels ont rapporté à la République les ci-devant droits du Roi, Bonaparte transporte à sa personne les règles de conduite des rois.

Il n'est point athée d'ailleurs; il répugne au néant, de toute l'extraordinaire intensité de son être. Il se soumet au mystère. Frédéric se piquait d'impiété, par orgueil royal et esprit d'aristocratie autant que par goût et par raisonnement. Napoléon, sous ce rapport, demeure peuple. Il éprouve pour lui-même ce besoin de culte extérieur, ce mysticisme sensualiste, cette « religion des cloches » qui occupent tant de place dans le néo-christianisme d'alors. « Mes nerfs, disait-il, étaient en sympathie avec ce sentiment. » Ajoutez les onctions qui consacrent le souverain et le font lieutenant de Dieu, les pompes qui frappent l'imagination des foules et ces grands spectacles du monde, où c'est entrer dans la gloire que de paraître comme acteur. « Dès que j'ai eu le pouvoir, je me suis empressé de rétablir la religion. Je m'en servais comme de base et de racine. » Il la conçoit ainsi dès ses premières rencontres avec les évêques d'Italie. César était grand pontife et présidait aux sacrifices, Charlemagne gouvernait l'Église, Pierre le Grand se fit maître de la religion de son empire : ce sont des parties essentielles dans l'histoire que Bonaparte a « conquise ».

III

« La vraie politique, écrit-il à Talleyrand, n'est autre chose que le calcul des combinaisons et des chances. » Débrouiller, dans les affaires, les rapports qui échappent aux autres hommes; démêler les incidents, que la politique doit gouverner, de l'allure générale, qui gouverne la politique; connaître, selon les enseignements de Frédéric, « les principes permanents des cours, les ressorts de la politique de chaque prince, les sources des événements », voilà à quoi s'applique Bonaparte, ou plutôt ce qui se révèle à lui par l'intuition continue de sa pensée, excitée par la vue des choses, alimentée sans cesse par les conversations, les confidences, les mémoires écrits, les rapports qui affluent autour de lui. Il s'accommode à la politique du siècle comme les conventionnels l'ont fait, spontanément et du premier pas, lorsque les révolutions les ont jetés au pouvoir. Il lui paraît aussi naturel, avec la Révolution française, par cette Révolution et pour elle, d'envahir, conquérir, rançonner, découper, démembrer les nations, reconstituer les peuples, qu'il semblait naturel à Louis XIV de disputer, de morceler et de partager les héritages des rois. Il applique au droit public nouveau les mêmes fins d'État que les rois de France appliquaient, la veille, et que les autres souverains continuent d'appliquer à l'ancien droit public. L'ancien et le nouveau régime peuvent entrer ainsi en collusion. On a formé le premier nœud à Bâle et à Berlin, en stipulant l'expropriation des territoires ecclésiastiques d'Allemagne; on forme le second à Leoben, en stipulant le partage des territoires de Venise, du Saint-Siège et des princes d'Italie.

Bonaparte se représente l'Europe découpée en tranches nettes, en relief et en mouvement, mais avec des dégradations singulières de saillies et de couleurs. Tout part de la France et gravite autour d'elle, comme autour de Rome sur une carte de l'Empire romain. En France, il voit des hommes, et ils sont tout; dans l'Italie du Nord, ce sont des enfants, et ils sont peu de chose; en Hollande, des commerçants affaissés; en Suisse, des bergers montagnards qui ne comptent plus guère; au delà, en Espagne, à Rome et à Naples, en Allemagne, en Pologne, des troupeaux humains, parqués dans des clôtures que les maîtres déplacent à leur gré; plus loin, en Russie, en Asie, à peine des âmes, rien qu'une végétation humaine plaquée sur le sol, une sorte de plaine verte, morne, indéfinie, où l'œil se perd, où la politique ne peut que s'égarer. Sur ce sol, l'édifice composite, la bâtisse confuse et chancelante des États et des cours, impuissants à s'unir, déchirés par les rivalités et les jalousies, tous convoiteurs de la terre et de la richesse d'autrui. Ils seraient invincibles en masse s'ils unissaient leurs forces pour une conquête commune, mais on peut les battre en détail en les divisant par l'avidité; ils sont d'ailleurs plus faciles à gagner qu'à vaincre. Des princes médiocres, des ministres rampant sur la routine. Bonaparte les juge avec toute la supériorité de la monarchie française qui les fascine, de la Révolution française qui les trouble, de son propre génie de conquête surtout et de sa force d'entreprise. Leur histoire, qu'il a lue et ramenée à quelques lignes très simples, gravées à jamais dans sa mémoire, se vivifie depuis un an qu'il est en commerce avec eux, commerce de batailles et de négociations. Il étend à tous, par analogie, l'expérience qu'il vient de faire en Italie.

Le premier point pour lui, c'est de donner la paix à la République : l'illusion de la paix est inséparable de celle de la liberté. Il le proclame très haut, et il invoque l'autorité suprême aux yeux des contemporains : « Comme le disait le grand Frédéric, écrit-il en juin 1797, il n'y a point de pays libre où il y a la guerre. » Il faut que cette paix soit brillante, qu'elle se conclue vite; mais la guerre doit en résulter par une nécessité si naturelle que le peuple se porte vers cette guerre nouvelle avec la conviction qu'en troublant la paix les étrangers lui prennent son bien, qu'il ne reste à frapper qu'un dernier coup et que l'on en va finir. C'est par là que Bonaparte et les Directeurs demeurent liés, et que les Directeurs resteront toujours à la discrétion de Bonaparte. Il ne se propose donc de signer avec l'Autriche qu'une suspension d'armes, qui tournera, suivant les nécessités, en association de conquêtes ou en reprise de lutte. « Lourds et avares », dit-il, les Autrichiens ne sont point dangereux pour nos affaires intérieures; ils n'en connaissent pas les ressorts; le plus sage serait de se les associer. Il les satisfera, et, par ce moyen, rompra la coalition. Il estime facile de les amener à composition. Il y a un terrain où il les rencontre et où ils ont le même intérêt que lui à s'arrêter : la république de Venise; Thugut veut la prendre, et Bonaparte veut la donner. Présent funeste, pense Bonaparte, que l'Autriche payera, en Europe, de sa vieille réputation de loyauté, et qui se détachera de soi-même, le jour où la France sera en mesure de le recueillir. Dépossédant, pour le prix de sa défection à la cause de l'Europe, un État aristocratique; trempant dans un partage avec les révolutionnaires, après avoir trempé dans deux partages avec les monarques, l'Autriche, déjà trop suspecte aux États faibles, leur deviendra odieuse. Elle aura déchiré de ses mains la charte européenne qui est la raison d'être de sa suprématie en Allemagne. Quelle leçon pour la Saxe, pour la Bavière surtout, si même la Bavière ne se trouve pas ébréchée! Il serait de l'intérêt de la République qu'elle le fût. Il convient que, complice en Italie, l'Autriche devienne associée en Allemagne; qu'après avoir dépouillé une alliée, elle livre ses co-États. Ses troupes évacueront Mayence et donneront la clef de l'Allemagne aux Français : pour cette ville, qui est à la République ce que Strasbourg était à Louis XIV, pour le consentement de l'empereur à la réunion à la France de toute la rive gauche du Rhin, Bonaparte ajouterait Salzbourg et Passau à Venise. Mais en fera-t-il un *ultimatum?* S'il tient à Mayence, il n'a pas sur l'article de la rive gauche du Rhin les vues absolues et obstinées du Comité et du Directoire. Il pense que celui qui tiendra Mayence arrivera nécessairement à Cologne. Le temps fera l'affaire mieux que tous les traités. La France a intérêt d'attendre.

Bonaparte ne partage ni l'engouement des politiques de Paris pour la grandeur de la Prusse, ni la manie déplorable qui pousse Sieyès et ses disciples à réformer la Constitution germanique. Les traités de Bâle et de Berlin stipulent en faveur du roi de Prusse d'amples indemnités destinées à payer son consentement à la réunion de la rive gauche du Rhin à la France. Il faudra donner des indemnités du même genre aux autres princes laïques possessionnés sur la rive gauche. « Culbuter le corps germanique, écrit-il le 27 mai, c'est perdre l'avantage de la Belgique, de la limite du Rhin; c'est mettre dix à douze millions d'habitants dans la main de deux puissances de qui nous nous méfions également. Si le corps germanique n'existait pas, il faudrait le créer tout exprès pour nos convenances. »

Mieux vaut que la France n'occupe point toute l'étendue de la Gaule, et que la Prusse demeure secondaire et précaire : la France sera plus assurée dans sa suprématie qu'elle ne le serait par toute la ligne du Rhin, en présence d'une Prusse concentrée et élevée au premier rang. La Prusse rentrera ainsi dans son rôle, qui est de faire contrepoids à l'Autriche. L'antique jalousie des deux cours s'aigrira de toutes les déceptions de la Prusse, qui aura, pour sa honte gratuite, abandonné à Bâle et à Berlin la cause de l'Empire, et verra sa rivale enrichie des États vénitiens. La France, respectant les États secondaires, redeviendra l'arbitre de l'Allemagne livrée par la Prusse, vendue par l'Autriche. Protectrice de la Confédération allemande et des républiques d'Italie, elle verra, en cas de guerre nouvelle, les routes de Vienne ouvertes devant elle, et la mauvaise volonté de la Prusse envers la France sera paralysée par la juste méfiance du corps germanique à l'égard des Prussiens.

Ses derrières assurés de la sorte, la Hollande enchaînée et entraînée, l'Espagne achetée avec la promesse du Portugal, il marchera au dénouement pour lequel tout l'ouvrage est composé, la destruction de l'Angleterre ou du moins de la monarchie anglaise; car il partage sur cet article la grande illusion des conventionnels, qui fut, un moment, la chimère de Danton : il distingue la nation anglaise de son gouvernement, il croit possible de les séparer (1). Il admire les Anglais, leur force, leur énergie, leur esprit d'entreprise; mais il s'imagine que, Pitt renversé, les whigs arrivant au pouvoir, en les aidant à ruiner l'aristocratie, il les gagnera à la paix républicaine. C'est une de ses idées dominantes dès Leoben, et tout le fond de la paix qu'il veut signer : « La ligue de l'oligarchie européenne étant divisée, la France en profitera pour

(1) Voir sa conversation avec Sandoz, en décembre 1797, dans Bailleu, *Preussen und Frankreich von 1796 bis 1807*, t. I, p. 165, — et Masson, *op. cit.*, t. I, p. 194; t. II, p. 304 à 512

saisir l'Angleterre corps à corps, en Irlande, au Canada, aux Indes. » Il écrira à Talleyrand, dès que la paix sera signée, développant, d'un coup, toutes ses vues : « Nous avons la guerre avec l'Angleterre; cet ennemi est assez redoutable... L'Angleterre allait renouveler une autre coalition... L'Anglais est généreux, intrigant et actif. Il faut que notre gouvernement détruise la monarchie anglicane, ou il doit s'attendre lui-même à être détruit par la corruption et les intrigues de ces actifs insulaires. Le moment actuel nous offre un beau jeu. Concentrons toute notre activité du côté de la marine, et détruisons l'Angleterre. Cela fait, l'Europe est à nos pieds (1). »

« Cela fait... » Pour l'essayer, il lui fallut renverser la proposition et commencer par mettre l'Europe à ses pieds, et « cela » même ne suffit point encore! Mais à quoi bon subjuguer l'Europe et détruire l'Angleterre, si ce n'est pour étendre au delà de l'Europe la suprématie conquise? En 1807, afin de liguer le continent contre l'Angleterre, Bonaparte insinuera à la Russie un partage de l'Empire d'Orient; en 1797, croyant possible de neutraliser le continent, il médite sur ce même partage, qui serait alors, non pas la condition, mais la conséquence de la destruction de l'Angleterre. C'est ici que commencera la « magnificence », et que s'accomplira, par le peuple souverain et au profit de la République, le rêve qui depuis les croisades hante les imaginations françaises. La Médi-

(1) 18 octobre 1797.

terranée a des portes, que l'on peut fermer aux Anglais. Il suffit de leur reprendre Gibraltar, ce sera le bénéfice de l'Espagne dans la victoire commune. La France occupera l'Égypte. Les esprits sont pleins de cette expédition; les cartons de la marine et des affaires étrangères en renferment plusieurs plans. L'écrit de Volney sur les velléités d'alliance russe, en 1788, est dans toutes les mémoires : « Un seul objet, dit l'auteur alors très populaire des *Ruines*, peut indemniser la France... la possession de l'Égypte. Par l'Égypte, nous toucherons à l'Inde, nous rétablirons l'ancienne circulation par Suez et nous ferons déserter la route du cap de Bonne-Espérance. » Talleyrand, qui travaille à reconquérir l'opinion, et prépare sa rentrée aux affaires, écrit un mémoire qu'il lira, en juillet, à l'Institut; il traite de l'expansion de la France, et il prête ce beau dessein sur l'Égypte au duc de Choiseul, « un des hommes de notre siècle qui ont eu le plus d'avenir dans l'esprit (1) ».

Bonaparte en avait davantage, et ce n'était pas pour fonder une colonie, « valant à elle seule toutes celles que la France avait perdues », qu'il songeait à aller en Égypte. Il a l'esprit tout plein de l'Orient, d'où vient toute gloire, de l'Égypte, des Indes, de l'antique passage par Suez : il a lu Raynal et le livre de Tott; il les a dépouillés, annotés; ces notes de jeunesse se réveillent dans sa mémoire, s'animent, se colorent et

(1) 13 juillet 1797. *Mémoires de Talleyrand*, t. V, p. 262. — *Lettre à Bonaparte*, 23 août. PALLAIN, *le Ministère de Talleyrand*, p. 124, 125.

se combinent en desseins politiques (1). « Les temps ne sont pas éloignés, écrit-il au Directoire, où nous sentirons que, pour détruire véritablement l'Angleterre, il faut nous emparer de l'Égypte... C'est en vain que nous voudrions soutenir l'empire de Turquie : nous verrons sa chute de nos jours... » En tout cas, il faut être à même « de le soutenir ou de nous faire notre part ». D'où l'importance extrême qu'il attribue à Ancône et aux îles Ioniennes : elles sont des stations naturelles sur la route du Levant. Il en est de plus profitables encore : — « Pourquoi ne nous emparerions-nous pas de l'île de Malte? » Le grand maître est mourant... Cette petite île n'a pas de prix pour nous. Avec l'île d'Elbe qui nous viendra « de l'héritage du Pape », la Sardaigne qui sera dans notre dépendance, Gênes qui nous sera subordonnée, « nous serons maîtres de toute la Méditerranée ». — Il importe que l'Autriche n'obtienne ni Raguse, ni les bouches du Cattaro : les Turcs et les Albanais, au besoin, s'y opposeront, soutenus par nous. A aucun prix, nous ne devons permettre que les Napolitains s'établissent à Ancône, surtout à Corfou, Zante et Céphalonie : ce doit être désormais « la grande maxime de la République ».

Bonaparte lance ces vues dans ses lettres au Directoire par fusées soudaines et éblouissantes, comme elles lui viennent à l'esprit; mais, à mesure qu'il les conçoit, il les définit, les précise, les dessine, et, lors-

(1) Voir Frédéric MASSON, t. I, *Manuscrits de Napoléon*, pièces XV, XVI, XVII, XXII, XXVII, XXXI, et t. II, 506 à 508.

qu'il les propose, il en a déjà entrepris la réalisation (1).

Dès qu'il a déclaré la guerre à Venise, il écrit au général Gentili de s'emparer des îles : « Vous aurez soin... de faire l'impossible pour nous captiver les peuples, ayant besoin de vous maintenir le maître, afin que, quel que soit le parti que vous preniez pour ces îles, nous soyons en mesure de l'exécuter. Si les habitants étaient portés à l'indépendance, vous flatteriez leur goût, et vous ne manqueriez pas, dans les différentes proclamations que vous ferez, de parler de la Grèce, d'Athènes et de Sparte. » Il adjoint à Gentili, pour l'aider à captiver les peuples, cinq ou six officiers du département de Corse qui sont accoutumés au manège des insulaires et à la langue du pays; « et pour remuer les cendres de Sparte et d'Athènes », le citoyen Arnault, homme de lettres distingué, qui observera ces îles et aidera Gentili « dans la confection des manifestes ». Bonaparte s'y applique lui-même. Il écrit au chef des Maniotes, « dignes descendants de Sparte », « petit, mais brave peuple, qui, seul de l'ancienne Grèce, a su conserver sa liberté ». Il leur parle en style classique : c'est son parler naturel, celui de son pays natal. Les îles sont occupées. Le 28 juin, à Corfou, le chef de la religion se présente à Gentili, un livre à la main : « Français, dit-il, vous allez trouver dans cette île un peuple ignorant dans les sciences et les arts; mais... il peut devenir encore

(1) *Lettres au Directoire*, 26 mai, 16 août, 13 septembre 1797

ce qu'il a été : apprenez en lisant ce livre à l'estimer. » Gentili ouvre le livre : c'est l'*Odyssée*. « L'île de Corcyre, écrit Bonaparte au Directoire, était, selon Homère, la patrie de la princesse Nausicaa. » Voilà un beau titre à occuper cette île et plusieurs autres, du même groupe : « Le citoyen Arnault, qui jouit d'une réputation méritée dans les belles-lettres, me mande qu'il va s'embarquer pour faire planter le drapeau tricolore sur les débris du palais d'Ulysse. »

Bonaparte demande partout des renseignements sur l'Égypte. Il pense que 25,000 hommes suffiraient à l'expédition. Ils respecteraient toutes les croyances : « Avec des armées comme les nôtres, pour qui toutes les religions sont égales, Mahométans, Cophtes, Arabes, tout cela nous est fort indifférent. » Tout, excepté les Anglais. « Camarades, écrit-il aux marins de l'escadre de Brueys, dès que nous aurons pacifié le continent, nous nous unirons à vous pour conquérir la liberté des mers. » Il est si fasciné de sa propre pensée, qu'il en vient à déclarer : « Les îles de Corfou, de Zante et de Céphalonie sont plus intéressantes pour nous que toute l'Italie ensemble (1) ! »

Quand il dit qu'il préférerait les îles à toute l'Italie ensemble, ce n'est qu'une boutade; il pense là-dessus comme pensera le Directoire : il préfère les îles et l'Italie, — ensemble. Et comme il s'empare des îles, il organise l'Italie. Il ne s'illusionne point sur les Ita-

(1) A Gentili, 26 mai; au chef des Maniotes, 30 juillet; au Directoire, 1er août, 16 août, à l'escadre, 16 septembre 1797.

liens; s'il ne les juge pas tous comme ceux des terres de Venise : « Population inepte, lâche et nullement faite pour la liberté (1) »; s'il ne se laisse point leurrer par les dithyrambes, les présents et les acclamations; si tantôt il les vante et tantôt les injurie, suivant qu'ils payent les contributions ou les refusent, s'enrôlent ou se dérobent au service militaire, hébergent les Français ou les massacrent, se soumettent ou conspirent, il se sent, au fond, lié à sa conquête, lié d'instinct par les affinités de ses origines et par l'attrait de ses plans d'avenir. Un Italien qui professait pour sa patrie le même intérêt, mêlé de mépris, que Bonaparte, qui rêvait aussi de se glorifier lui-même en la régénérant et de la régénérer en la bouleversant, Alberoni, avait dit : « L'Italie a besoin d'être guérie par le fer et le feu (2). » « Quant à votre pays », disait Bonaparte à Melzi, un de ses premiers confidents et agents en Italie, qu'il avait mandé à Mombello, « il y a encore moins qu'en France d'éléments de républicanisme... Vous le savez mieux que personne; nous en ferons tout ce que nous voudrons. Mais le temps n'est pas arrivé; il faut céder à la fièvre du moment, et nous allons avoir ici une ou deux républiques de notre façon. » *Transpadane, Cispadane, Ligurienne*, il les encourage, les ralentit, les manipule, les accroît, les sépare, les confond, selon les péripéties de la guerre et le cours des négociations avec l'Autriche. La

(1) Au Directoire, 26 mai 1797.
(2) Emile Bourgeois, *Mémoire sur Alberoni*, lu à l'Académie des sciences morales.

Lombardie en sera le modèle, si elles demeurent divisées; le centre, si on les rassemble. Le nom qu'il destine à la future Italie républicaine trahit le fond tout romain de sa pensée : *République cisalpine*, en souvenir de cette Gaule italienne, qui n'avait rien de gaulois et qui n'était cisalpine que pour Rome. Vainement, à Paris, lui objecte-t-on que le point de vue s'est déplacé, que Rome n'est plus dans Rome, que le peuple souverain a changé de capitale, et qu'il conviendrait que la province reçût un nom conforme à la place qu'elle occupe par rapport à la France : *République transalpine*. Bonaparte ne veut point céder, et parce que le nom lui agrée, et parce que, disait-il plus tard, « les vœux des Italiens étant constamment fixés sur Rome et la réunion de toute la Péninsule en un seul État, le mot *cisalpine* était celui qui les flattait et auquel il voulait se tenir, n'osant pas encore adopter la dénomination de République italienne ». Ainsi fera-t-il, en attendant qu'il crée un royaume d'Italie, s'en fasse souverain et proclame son fils roi de Rome, afin de satisfaire plus complètement les imaginations italiques.

Pour le reste de la Péninsule, il le tiendra en bride ou à la chaîne, suivant les conjonctures ou suivant la distance. Le Piémont doit être subjugué. Sous quelle étiquette? alliance ou annexion, monarchie vassale, république dépendante ou département français ? Cela importe peu : l'essentiel est que le Piémont, formant la ligne de retraite et tenant les passages, soit à la discrétion de la France. « Le roi, écrit Bonaparte au Directoire, est fort peu de chose, et dès l'instant que

Gênes, la France et le Milanais seront gouvernés par les mêmes principes, il sera très difficile que ce trône puisse continuer à subsister; mais il s'écroulera sous nous, et par le seul poids des événements et des choses... » « C'est un géant qui embrasse un pygmée et le serre dans ses bras, il l'étouffe, sans qu'il puisse être accusé de crime. C'est le résultat de la différence extrême de leur organisation (1). » Venise est à la question; Florence et Parme sont sous le joug. Le pape se meurt : à sa mort, une révolution est vraisemblable; le Bourbon de Naples voudra intervenir pour faire un pape et pour prendre Bénévent, Ancône, tout ce qu'il y pourra usurper. Bonaparte est d'avis d'avoir un représentant au conclave et de revendiquer pour la République le droit d'exclusion établi par les rois. Naples ne doit rien obtenir : « Il n'y a pas de cour plus furibonde et plus décidée contre la République... Ceux qui possèdent la Sicile et le port de Naples, s'ils devenaient une grande puissance, seraient les ennemis-nés et redoutables de notre commerce (2). »

Ainsi parle, agit et projette en Italie celui que Mallet du Pan dénonce à l'effroi de l'Europe comme le Charlemagne jacobin. Il écrit, en style d'empereur, aux petites républiques au nom de la grande. « Ce mot de « grande République » est son expression favorite; elle orne toutes ses dépêches (3). » Mallet du

(1) Au Directoire, 19 mai; à Talleyrand, 26 septembre 1797.
(2) Au Directoire, 19 et 30 mai, 1er et 24 juin 1797.
(3) André Michel, *Corresp. de Mallet du Pan*. Lettres du 10 mai et du 17 juin 1797.

Pan lit ces dépêches, par extraits, comme les lisait toute la France, dans les journaux, où le Directoire, soit pour expliquer ses propres actes, soit pour se glorifier des hauts faits de Bonaparte, les publie avec éclat. Ainsi s'impriment dans l'esprit des foules, à mesure qu'elles se forment dans l'esprit de Bonaparte, au loin, l'ébauche de l'empire d'Occident, et tout près, au premier plan, l'ébauche du gouvernement consulaire.

IV

Il manquait à Bonaparte, pour maîtriser tous les ressorts des factions, de connaître les royalistes. Le hasard fit tomber sous ses prises le plus redoutable et le plus entreprenant de leurs agents, le plus insidieux des conspirateurs et « le pire des drôles », dans un temps qui en comptait beaucoup : le comte d'Antraigues (1). Les émigrés avaient déjà tourné les yeux vers le petit « bamboche corse » qui travaillait si bien, et l'idée leur était venue tout de suite de le faire travailler pour leur compte. Ils n'avaient, il leur faut rendre cette justice, jamais songé à reconquérir la France par l'opinion : c'était le rêve, très chimérique,

(1) Voir Léonce Pingaud, *Un agent secret sous la Révolution et l'Empire*, 2e édition; Paris, Plon, 1894. — Cf. *Mémoires de Bourrienne*, t Ier

de quelques royalistes demeurés à l'intérieur, des « monarchiens » jugés et condamnés depuis longtemps par l'émigration. Les émigrés ne firent jamais fond que sur la force, et ils auraient préféré, ayant le choix, celle d'un général républicain à celle des armées étrangères. Pas plus que les républicains, ils ne reconnaissaient César, qui les enveloppait déjà; mais ils étaient obsédés de Monk. Tout homme qui surgissait dans la République se désignait à leurs insinuations : ainsi Dumouriez en 1793, Pichegru en 1795 et en 1796. Frotté avait tenté, en Vendée, d'entraîner Hoche; d'autres rôdaient autour de Moreau. D'Antraigues fut chargé du même office auprès de Bonaparte.

Il devait lui offrir l'épée de connétable et le duché de Milan. Il s'aboucha, à cet effet, avec un de ses compatriotes du Vivarais, qu'il désigne sous le nom de Boulard, et qui exerçait un commandement à l'armée d'Italie. Ce qu'il en tira de plus clair, ce fut à la question : Rappellerez-vous les Bourbons? cette réponse d'un général français : — « Il nous faut, si nous avons un prince, une race nouvelle qui nous doive le trône : l'ancienne nous exterminerait. » Bonaparte en fut instruit. Sut-il, en outre, qu'une autre espèce d'intrigant et d'espion, Montgaillard, avait demandé à Lallement, ministre de France à Venise, une lettre d'introduction près de lui; que cet agent se vantait de le circonvenir, qu'il avait dénoncé, à mots couverts, les pourparlers de Pichegru avec Condé et indiqué que d'Antraigues en possédait le secret? Toujours est-il que d'Antraigues fut désigné à Bonaparte comme tramant à Venise, sous le couvert de la légation russe, des complots contre les Français; il passait même pour l'un des instigateurs des *Pâques véronaises*.

Bernadotte et ses troupes investissaient les frontières vénitiennes et tenaient toutes les issues. D'Antraigues se décida à prendre la fuite; il ne se décida point à détruire ses papiers : le commerce des papiers est la dernière ressource des gens de sa sorte. Quand il partit de Venise avec l'envoyé de Russie, il emporta trois portefeuilles et les confia à sa femme, la fameuse Saint-Huberti. Aux avant-postes français, on arrêta les voyageurs : Mordvinov, l'envoyé russe, exhiba ses passeports et fut laissé libre; d'Antraigues, reconnu, fut arrêté. La Saint-Huberti cependant avait vidé deux des portefeuilles et en avait brûlé le contenu. Le troisième était fermé à clef : elle se fit scrupule de briser la serrure; elle pensait, a-t-elle dit, et l'on a bien de la peine à l'en croire, que ce portefeuille clos ne contenait que des notes de littérature. Le portefeuille fut saisi; d'Antraigues fut conduit à Milan et le portefeuille expédié à Mombello, où Bonaparte le fit ouvrir. Il y trouva une pièce inestimable pour lui : c'était, mis en récit dialogué par d'Antraigues, qui excellait à ces arrangements, l'histoire du complot de Pichegru. Le conquérant de la Hollande, encore pur aux yeux de beaucoup de républicains, devenu par une série d'évolutions adroites, de favori de Saint-Just, le coryphée du parti modéré et l'espoir du parti royaliste, porté par les élections à la présidence des Cinq-Cents, était en voie de s'élever à ce pouvoir civil demeuré, par la tradition du Comité de salut public, l'expression suprême du pouvoir dans la République. Il était donc, en France, l'un des hommes les plus considérables, et il se dressait, devant Hoche et devant Bonaparte, comme le plus redoutable des rivaux. Les papiers de d'Antraigues le livraient à Bonaparte ; ils le ravalaient, du coup, au niveau de Dumouriez, et, par contre-coup, ils compromettaient son ami Moreau. Ce général passait aussi pour pur, et, à défaut du prestige de Hoche et de Bonaparte, il donnait l'illusion d'un désintéressement qui n'était chez lui que le masque d'un caractère chagrin, ombrageux et hésitant.

L'homme qui rédigeait de si curieux mémoires devait être intéressant à connaître. Bonaparte fit amener d'Antraigues à Mombello. Artificieux, mais seulement dans les souterrains, effronté, mais seulement dans les écritures, d'Antraigues manquait de toute intrépidité au grand jour et quand sa vie était en jeu. Bonaparte eut vite fait de démasquer en lui, derrière un conspirateur sans vocation pour l'échafaud ni même pour la prison, un dramaturge politique, « gendelettre » policier, que sa vanité seule suffirait à livrer. D'Antraigues essaya de payer d'audace : il protesta contre son arrestation et contre l'ouverture du portefeuille. « Vous avez trop d'esprit, lui dit Bonaparte, pour ne pas comprendre que vous êtes attaché à une cause perdue. La révolution est faite en Europe, il faut qu'elle ait son cours. Si elle pouvait être arrêtée, c'eût été par des rois faits pour lui imposer; mais ces rois n'existent nulle part; leurs ministres sont des coquins ou des imbéciles; dans leurs armées, les soldats sont bons, mais les officiers sont mécontents, et ils sont battus : tout cela va finir. J'ai ouvert votre portefeuille parce que cela m'a plu : les armées ne connaissent pas les formes d'un tribunal. Je pourrais, s'il me convenait, vous faire traduire devant un conseil de guerre comme embaucheur de mon armée et me débarrasser de vous. »

Le voyant décontenancé, il le flatta et le renvoya rassuré, que dis-je? ébloui. C'était chez Bonaparte, comme chez Frédéric, le plus redoutable des prestiges de jouer au moins fin avec ses interlocuteurs, de leur donner l'illusion qu'il se laisserait leurrer par de belles paroles et embarquer dans une intrigue dont ils auraient la gloire et le profit. D'Antraigues était gagné (1). Sa prison s'adoucit singulièrement, mais Bonaparte garda dans ses mains une relation du complot de Pichegru écrite par d'Antraigues. Si ce récit n'était pas nécessairement authentique, il était autographe. Bonaparte l'expédia, le 10 juin, avec d'autres papiers, sans intérêt d'ailleurs, saisis sur d'Antraigues, destinés à encadrer la pièce principale et à y donner un cachet de véracité.

Les propos de d'Antraigues avaient appris à Bona-

(1) « Rien au monde ne lui coûte pour obtenir de l'homme qu'il croit lui être utile, et avec lui un marché se fait en deux mots et deux minutes. » Voir les lettres de d'Antraigues, citées par le général JUNG, *Bonaparte et son temps*, t. III, p. 192, 214.

parte ce qu'il désirait savoir sur les royalistes. « Il est bien facile d'abuser ce parti-là, disait-il, parce qu'il part toujours, non de ce qui est, mais de ce qu'il voudrait qui fût. Je recevais des offres magnifiques... Le prétendant m'écrivit même, de son style hésitant et fleuri... Quoi! consentir à se livrer sans condition aux princes de la maison de Bourbon!... changer notre drapeau victorieux contre ce drapeau blanc qui n'avait pas craint de se confondre avec les étendards ennemis! et moi, enfin, me contenter de quelques millions et de je ne sais quel duché (1)! » D'Antraigues, s'il s'y trompa un moment, ne s'y trompa pas longtemps : « Bonaparte, écrivit-il après s'être échappé de Milan, a été forcé de prendre le parti d'une des deux factions qui divisaient la France. Il a choisi celle de Barras, c'est tout naturel. Mais il détruira Barras ou l'asservira... Il veut la guerre ou une paix détestable... Il veut maîtriser la France, et par la France, l'Europe. Tout ce qui n'est pas cela lui paraît, même dans ses succès, ne lui offrir que des moyens... Cet homme abhorre la royauté; il déteste les Bourbons et ne néglige aucun moyen d'en éloigner son armée. »

Ce ne sont pas seulement les républicains qui ouvrent les voies au dictateur. Les plans que sa prudence et son habileté suggèrent à Bonaparte, Mallet du Pan ne cesse de les conseiller aux royalistes, tant

(1) *Mémoires de Mme de Rémusat*, t. Ier, p. 271. — *Souvenirs du baron de Barante*, t. Ier, p. 45.

la force des choses lui semble évidente et l'événement fatal : « C'est Paris, c'est l'autorité même qu'il faut attaquer, non avec l'armée de Condé, mais avec la baïonnette de l'intérêt, de l'espérance, de la sécurité... Il faudrait se faire un parti dans les conseils, traiter avec les conventionnels honnêtes », — lisez : modérés, — réunir tout le monde à un intérêt commun, donner à la France « un régulateur légal ». Bonaparte a intercepté plusieurs des lettres de Mallet; il a lu vraisemblablement la brochure : *Correspondance politique pour servir à l'histoire du républicanisme français*, qui a paru en 1796, et remarqué ces lignes qui résument son système de gouvernement : « Ce qui, avant tout, par-dessus tout, intéresse le peuple, ce sont les lois civiles et judiciaires... Là se place sa liberté, là il est père, époux, fils, héritier, donateur, donataire, vendeur, acheteur, maître, serviteur... Les lois civiles font seules le citoyen, car elles l'embrassent dans tous les rapports...; les lois politiques ne l'embrassent que dans une circonférence excentrique... » Voilà, arrivant de l'ancienne France, tout l'esprit de l'an VIII. « J'ai écrit pour la France, déclare Mallet; le Directoire aura beau faire, j'y pénétrerai... C'est une semence qui tombe sur un champ tout préparé. » Il disait plus vrai qu'il ne croyait dire, et sa logique l'emportait ailleurs que là où il voulait aller. Ce fut, avec bien plus d'éclat, la déconvenue d'un contemporain d'une bien autre envergure d'imagination et de génie.

Si Bonaparte n'eût eu précisément le don de démêler, dans la confusion des faits et des mots, les données de ses entreprises, un petit livre, dont tout le monde parlait alors, lui aurait révélé le secret de son avenir. Je veux parler des *Considérations sur la Révolution française*, de Joseph de Maistre. Elles avaient paru sans fracas en 1796, elles se répandirent l'année suivante, et Bonaparte les trouva à Milan en 1797. Il savait lire l'algèbre et traduire en réalités les abstractions mathématiques; il savait aussi interpréter les prophéties politiques, et ce livre en était une, la plus singulière et la plus pénétrante qu'aucun moderne eût composée. Les écrits des libéraux et leurs discours, ceux de Mounier, de Camille Jordan, de Necker, de Mme de Staël, de Benjamin Constant, qui tombaient sous les yeux de Bonaparte ne pouvaient que l'importuner : c'était la théorie des obstacles à son règne. Joseph de Maistre lui apporte la théorie du succès, et d'autant plus saisissante que de Maistre, prenant lui-même à la lettre ses visions et ses métaphores, croit prédire la restauration de la royauté. La Providence du catholique ultramontain porte les mêmes arrêts que le destin du général démocrate. Il n'y a de différence que sur les noms des personnes et l'étiquette du régime; mais le fond est identique, l'impulsion est la même, vers le même but. Bonaparte ne s'arrête point aux divergences de mots et de formes; il met son nom à la place de celui du roi, il découvre son gouvernement futur dans le tableau que Joseph de Maistre fait de la royauté de Louis XVIII, et ce livre, tout symbolique et invraisemblable, appliqué aux Bourbons, vaincus, proscrits, étrangers à la France nouvelle, devient réel, vivant, comme impérieux, appliqué au vainqueur de Vendémiaire et au conquérant de l'Italie.

D'ailleurs, les affinités sont profondes entre l'écrivain qui débute et le général qui commence sa carrière. Ils voient la vie avec la même optique, et plus ils y avanceront, tout en se combattant, plus leurs vues tendront à se confondre. Les *Soirées de Saint-Pétersbourg* dégagent la même notion de l'histoire que le *Mémorial de Sainte-Hélène.* L'empereur, tel que le concevra Napoléon, c'est le *Pape* de Joseph de Maistre sécularisé. La théocratie de l'un n'est que le césarisme de l'autre transfiguré. Pour tous les deux, la marche du monde procède de cette poussée mystérieuse des masses, de ce flux et de ce reflux de la mer humaine, qui apporte les hommes, les remporte, les soulève, les engloutit; dont Bonaparte se déclarera le produit, dont il se réclamera dans le succès, dont il s'excusera dans la défaite : « Je dépends des événements, j'attends tout de leur issue... »

Au premier chapitre des *Considérations,* il lit cette phrase : « La Révolution mène les hommes, plus que les hommes ne la mènent. » Puis ce coup de lumière sur Mirabeau : « Il se mettait à la suite d'une masse déjà mise en mouvement, et la poussait dans le sens déterminé... Il disait en mourant que, s'il avait vécu, il aurait rassemblé les pièces éparses de la monarchie. » Le fameux plan de Mirabeau n'est pas autre chose que la monarchie retranchée et bastionnée dans les institutions de l'an VIII, avec une liberté apparente, une police formidable, un roi de parade, un maire du palais omnipotent. Mirabeau eût été le Richelieu de cette monarchie, comme Bonaparte se proposait d'être celui de la République. Un trait de ce genre lui suffit pour discerner toute la chaîne de l'histoire, comme un éclair, dans la nuit, pour reconnaître les passages et les ondulations d'un pays. Il continue : La France dépérissait entre des mains incapables et corrompues; une grande épuration était nécessaire, un immense défrichement du sol, au besoin par l'incendie. « Il fallait que le métal français, dégagé de ses scories aigres et impures, parvînt plus net et plus malléable entre les mains du roi futur. » Les révolutionnaires n'ont travaillé que pour ce roi : « Par eux, l'éclat des victoires a forcé l'admiration de l'Univers... Le roi remontera sur le trône avec tout son éclat et toute sa puissance, peut-être même avec un surcroît de puissance. » Bonaparte a soutenu Robespierre. Il fallait soutenir Robespierre; la Providence le voulait ainsi, déclare de Maistre, pour la grandeur future de la France : « Le génie infernal de Robespierre pouvait seul opérer ce prodige... de briser l'effort de l'Europe conjurée. » Bonaparte soutiendra les Jacobins, jusqu'à ce qu'il les écrase; il combattra les royalistes et les évincera : cette politique est nécessaire. « Que demandaient les royalistes lorsqu'ils demandaient la contre-révolution faite brusquement et par la force? s'écrie de Maistre... Ils demandaient la conquête de la France, sa division, l'anéantissement de son influence et l'avilissement de son roi. » Comparez ce langage aux proclamations et aux lettres de Bonaparte, vous serez frappé de la ressemblance non seulement de la pensée, mais des termes. L'empire, magnifique, glorieux et funeste, est là tout entier.

Joseph de Maistre est un Voltaire à rebours; mais il a la méthode de Voltaire; il est l'antipode de Rousseau. Il ne met pas à l'envers le *Contrat social,* comme il fait pour l'*Essai sur les mœurs*, il le déchire. Son idée fondamentale est qu'il n'y a pas de contrat; les sociétés se fondent par une intervention de la Divinité. Les législateurs surgissent quand la Providence a décidé la formation plus rapide d'une constitution. Alors paraît « un homme revêtu d'une puissance indéfinissable : il parle, et il se fait obéir ». Il écrit peu; il n'est point un savant. Les grands législateurs « agissent par instinct et par impulsion plus que par raisonnement; ils n'ont d'autre instrument pour agir qu'une certaine force morale qui plie les volontés comme le vent courbe une moisson ». Leurs principes sont simples et leurs maximes péremptoires : le fait est le droit, la force crée ce droit, l'autorité le définit et l'exerce. L'homme abstrait n'existe pas; par suite, il n'a pas de droits. Ce qui existe, c'est la masse des hommes, le peuple. L'État livré aux corps privilégiés se brise en anarchie; livré aux individus, il se dissout et s'émiette. Point de liberté individuelle : l'État ne comporte qu'une liberté nationale. Le chef de l'État est la conscience vivante de cette âme diffuse qui est la nation. Il incarne la patrie. Le dévouement à sa personne est la forme sensible du patriotisme. Il porte en sa personne les traditions, les mœurs, les coutumes, les instincts, toutes les forces obscures et toutes les forces permanentes qui mènent l'histoire. Il les applique aux besoins du présent; il dicte les lois qui répondent aux désirs du grand nombre et en expriment la volonté. Il peut dire : Je suis le peuple, je suis la patrie! La liberté, c'est moi! Il est un comité de salut public perpétuel et concentré en une seule personne. Enfin, il est guerrier par essence : la guerre l'a suscité, la guerre le soutient. « La guerre fait vivre la République, la paix la fera mourir... Les Français réussiront toujours à la guerre sous un gouvernement ferme qui aura l'esprit de les mépriser en les louant et de les jeter sur l'ennemi comme des boulets, en leur promettant des épitaphes dans les gazettes. » La guerre, d'ailleurs, est de droit divin, elle est sacrée. « Il n'y a que violence dans l'Univers. » « Les véritables fruits de la nature humaine, les arts, les sciences, les grandes entreprises, les hautes conceptions, les vertus mâles, tiennent surtout à l'état de guerre... Tous les grands hommes... naquirent au milieu des commotions politiques... Le sang est l'engrais de cette plante qu'on appelle le génie. »

Voilà ce que Bonaparte lit dans ce livre des *Considérations*. C'est sa destinée développée en perspective par l'étrange prévision d'un prophète qui raisonne comme un géomètre. Il fera ce que les royalistes sont incapables de comprendre, il continuera, par la Révolution qui en décuple la force d'expansion, l'œuvre d'unité nationale et d'unité d'État préparée par l'ancienne monarchie; il coulera les principes de la Révolution dans le moule romain de l'antique législation française; il adaptera au service de l'État renouvelé les cadres de l'ancienne administration. Pour que la royauté émigrée pût accomplir la prophétie de Joseph de Maistre, il eût fallu un miracle; pour l'accomplir à son profit, Bonaparte n'a qu'à laisser les choses suivre leur cours et à écouter sa vocation : un coup d'État, le jour venu, décidera l'événement.

V

L'Italie est pour Bonaparte ce que la Gaule avait été pour César, non seulement la route du pouvoir, mais le champ de manœuvre et le champ d'expériences de l'empire. Il ne se borne pas à établir en Italie une marche, un poste avancé de la République; il s'y essaye au gouvernement de la République. Dans tout ce qu'il conçoit, entreprend, accomplit, dit, écrit alors, c'est la France qu'il envisage, c'est aux Français qu'il pense et qu'il s'adresse. C'est avec cette lumière de reflet qu'il faut étudier et qu'il faut comprendre ses proclamations, ses discours, ses mesures. Il organise la République cisalpine : il y met un Directoire et deux conseils, comme en France : les Directeurs de

Paris le veulent ainsi, tenant aux dehors de leur constitution; mais Bonaparte pousse, du premier coup, à ses conséquences naturelles, l'esprit de leur politique. Comme il se méfie du corps électoral italien, de l'esprit provincial, du fanatisme catholique, des mœurs et des vieilles coutumes rebelles à sa domination, il désigne lui-même, avant toutes élections, les membres du Directoire et les membres des assemblées, généralisant ainsi et tournant au système l'expédient inventé naguère par le Comité de salut public, pour se perpétuer dans le Directoire, et par la Convention pour se perpétuer dans les Conseils : il l'a fait prévaloir, à Paris, à coups de canon, en vendémiaire; il le prescrit, de son autorité de général en chef, dictatorialement, en Italie. Il ne peut rien attendre, en Italie, ni pour lui, ni pour la France, de ce qui a fait, en France, la force du gouvernement révolutionnaire : le petit peuple des villes, les paysans sont hostiles. Il appelle au pouvoir ce qui correspond, en France, aux hommes de 1789 : les bourgeois riches et éclairés, les propriétaires, les nobles « amis des lumières », les littérateurs, les juristes, les médecins, épris de démocratie, mais surtout jaloux d'autorité et avides d'emplois; il s'associe enfin le haut clergé qui se soumettra au pouvoir afin de reconquérir quelque chose du pouvoir. Le gouvernement, ainsi constitué, regagnera les paysans par l'influence des prêtres rassurés, et par l'effet du bien-être; quant au petit peuple des villes, ce sera l'affaire de la police et, au besoin, de la troupe. Bonaparte n'aura garde de confier aux conseils législatifs, même choisis par lui, la rédaction des lois fondamentales; il les fait préparer d'avance et il les décrétera : ainsi les lois civiles, qui établissent le régime nouveau des personnes et des biens, les lois d'impôt, les lois de recrutement, les lois d'administration, tous les ressorts de l'État futur. Tenant les citoyens dans ses mains, il s'attachera à les concilier, à les rapprocher, à effacer les haines locales et les factions dans la soumission commune au gouvernement.

« Je refroidis les têtes chaudes et j'échauffe les têtes froides », écrit-il au Directoire. Il développe son programme dans une lettre ou plutôt une instruction au gouvernement provisoire de Gênes : « Les gouvernements provisoires doivent exclusivement prendre conseil du salut public et de l'intérêt de la patrie... Il n'y a pas de confiance sous un gouvernement faible, il n'y a point de confiance dans un pays déchiré par les factions... La sagesse et la modération sont de tous les pays et de tous les siècles... Exigez que chaque citoyen soit à ses fonctions, et que personne ne rivalise avec le gouvernement... Empêchez toute espèce de coalition de citoyens. » Point de clubs, avec leurs affiliations lointaines, républiques dans la République. D'ailleurs, en rompant avec le passé, les citoyens ne rompront point l'unité de l'État et n'effaceront point les souvenirs de l'antique puissance de la patrie. Il fait relever la statue d'André Doria renversée par une émeute : « André Doria fut grand marin et grand homme d'État; l'aristocratie était la liberté de son temps. » — « Il faut avant tout, dit-il aux Milanais, resserrer les liens de fraternité entre les différentes classes de l'État. Réprimez surtout le petit nombre d'hommes qui n'aiment la liberté que pour arriver à une révolution; ils sont ses plus grands ennemis... L'armée française ne souffrira jamais que la liberté en Italie soit couverte de crimes. Vous pouvez, vous devez être libres, sans révolutions, sans courir les chances et sans éprouver les malheurs qu'a éprouvés le peuple français. Protégez les propriétés et les personnes, et inspirez à vos compatriotes l'amour de l'ordre et des lois... »

Ces discours, reproduits en France par les journaux, sont lus avec avidité; ils offrent à des nécessités très urgentes des solutions extrêmement simples. A part un petit groupe d'hommes, survivants de 1789, demeurés fidèles aux principes, patriotes très respectables, mais isolés, incompris de la foule, suspects au Directoire, personne ne se soucie plus de la liberté politique et n'est disposé à en accepter les conditions. Il ne s'agit, pour les gouvernants, que de liberté d'État; pour les gouvernés, que de liberté civile et d'égalité démocratique; le problème, pour les meneurs, est de rester les maîtres de la République et d'y personnifier, au pouvoir, la Révolution; pour la grande majorité des hommes, le problème est de jouir tranquillement des conquêtes de cette Révolution qui est le bien de tous et à laquelle tous ont tant sacrifié. Les missives d'Italie révèlent en Bonaparte un chef d'État, réaliste et pratique, égal au chef d'armée. Tout ce qui couve en France de vieil esprit romain et césarien, transformé par les rois en culte monarchique, ramené, par l'œuvre des terroristes et l'effet de la Révolution, à son caractère primitif, se réveille et devient pour la popularité de Bonaparte un merveilleux agent de propagande. « La République, écrivait-il au Directoire, qui fit publier la lettre en tête de la partie officielle de son journal, la République n'a pas d'armée qui désire plus que celle d'Italie le maintien de la constitution sacrée de 1795, seul refuge de la liberté et du peuple français. L'on hait ici et l'on est prêt à combattre les nouveaux révolutionnaires, quel que soit leur but. Plus de révolution, c'est l'espoir du soldat. » Les « nouveaux révolutionnaires », c'étaient les royalistes, les modérés, les « constitutionnels », les *libéraux;* plus de révolution, c'est-à-dire une révolution qui sera la dernière, parce que celui qui l'accomplira, d'accord avec l'opinion de la masse, ne permettra plus qu'on en accomplisse d'autres. Le Directoire l'essayera le 18 fructidor; Bonaparte la fera le 18 brumaire (1).

Sur cette pente, son esprit ne s'arrête pas; et déjà la constitution future s'esquisse dans sa pensée. Il relit Montesquieu; mais il ne le prend point à la lettre; il ne le tire point à l'absolu; il n'y voit que des notes et des observations sur les différentes institutions des

(1) Bonaparte au Directoire, 8 mai 1797; au gouvernement provisoire de Gênes, 16 et 19 juin 1797; aux Milanais, 10 décembre 1796; au Directoire, 18 décembre 1796. Comparez avec le texte de la *Correspondance*, n° 1319, l'extrait publié dans le *Rédacteur*, n° 387, et dans le *Moniteur*, t. XXVIII, p. 519.

peuples, celles de l'Angleterre en particulier; celles-là lui déplaisent fort : « Ce n'est qu'une charte de privilèges; c'est un plafond tout en noir, mais brodé en or. » Les pouvoirs y sont mal définis; ainsi pourquoi le législatif aurait-il nécessairement le droit de faire la guerre et de fixer l'impôt? Ces combinaisons sont impraticables en France. Dans une démocratie, où toutes les autorités émanent de la nation, ni la prérogative de l'impôt, ni celle de la guerre et de la paix ne doivent être enlevées à l'exécutif. Il n'y a de bien défini en France que la souveraineté; le reste n'est qu'une ébauche. Le pouvoir doit être considéré comme le vrai représentant de la nation. Il se divisera en deux magistratures : l'une qui surveillera et n'agira pas, le grand conseil de la nation : le législatif; l'autre qui agira, gouvernera, régnera : l'exécutif. L'exécutif sera nommé par le peuple; le législatif sera élu aussi par le peuple, mais le peuple ne pourra élire que des hommes déjà exercés aux affaires, ayant rempli des fonctions publiques. Les Conseils légiféreront, mais ils n'auront même pas la faculté de parler du gouvernement : « Le pouvoir législatif, sans rang dans la République, impassible, sans yeux et sans oreilles pour ce qui l'entoure, n'aurait pas d'ambition (1)... »

Bonaparte s'était convaincu par l'expérience qu'il

(1) Bonaparte à Talleyrand, 19 septembre 1797. — Voir, pour la genèse de ces idées, le curieux fragment publié par M. Frédéric Masson, *op. cit.*, t. I, p. 227 : *Projet de constitution de la calotte du régiment de la Fère*. Bonaparte sort à tout instant de son sujet et s'élance vers l'État, t. I, p. 233, 235; t. II, p. 508.

en faisait tous les jours, de la nécessité d'employer le clergé à l'établissement de l'autorité. La terreur qu'il avait répandue à Rome, l'approche d'une élection pontificale, lui fournissaient une occasion, qui peut-être ne se renouvellerait plus, d'obtenir du Saint-Siège des concessions indispensables à la restauration du catholicisme en France, et que le Saint-Siège cependant avait obstinément refusées à des princes catholiques comme Joseph II et le duc de Parme. Bonaparte avait médité sur l'avortement de la « constitution civile » et sur le contresens de la persécution religieuse : le clergé sortait de la Révolution avec un prestige moral que ses privilèges et ses richesses lui avaient enlevé sous l'ancien régime. La Terreur avait ramené le christianisme aux supplices, aux prisons, à la pauvreté, aux catacombes; elle lui avait rendu l'attrait du mystère, le péril de la foi, la majesté du martyre; elle l'avait retrempé et rajeuni de plusieurs siècles. Le souffle religieux qui s'élevait venait des profondeurs du peuple français. Il y avait là des forces à détourner et à capter. César pourra, avait encore dit de Maistre, « s'asseoir sur une croix renversée; mais vienne l'Hercule chrétien, soutenu de toute la puissance de la foi populaire, il étouffera César ». Louis XVIII n'a rien d'un Hercule; le nouveau César est né catholique. Il n'aura garde de laisser au prétendant ce ciment des nations et ce levier d'État. « Ne perdez jamais de vue, écrit-il au gouvernement de Gênes, que, si vous mettez d'un côté la religion, je dirai même la superstition aux prises avec la liberté, la première l'emportera dans l'esprit du peuple. »

Or c'était le temps où, à Paris, les Conseils, subissant l'impulsion des électeurs, rétablissaient la liberté des cultes; la France semblait s'acheminer vers la seule constitution religieuse qui fût d'accord avec son nouveau régime; la liberté de conscience allait enfin former le couronnement des libertés politiques dont elle aurait dû être la condition fondamentale. Les évêques constitutionnels qui restaient attachés à la révolution de 1789 et qui avaient conservé leur foi, préparaient la réunion d'un concile; ils s'efforçaient de ménager une transaction avec le Saint-Siège, d'accorder l'Église gallicane avec elle-même et avec Rome. Une solution aussi libérale, — encore que paradoxale dans ce temps-là, — n'était point pour plaire à Bonaparte. Il était de son intérêt de profiter de la disposition des esprits, mais de ne la point laisser dériver vers une constitution religieuse à l'américaine. Son instinct césarien lui montra que la principale résistance à cet essai d'Église libre se trouverait à Rome, et que c'était à Rome qu'il trouverait son principal appui pour former une nouvelle Église d'État. Rome lui saurait gré de lui épargner le mauvais exemple d'un quasi-schisme. Rome payerait aussi cher et aussi volontiers la ruine définitive de l'Église gallicane que la restauration du catholicisme en France : elle payerait par la soumission de l'ancien clergé réfractaire.

Elle semblait disposée. Elle était mise à sac par

les exactions des commissaires du Directoire; elle était exténuée. Pour exécuter le traité de Tolentino, écrivait Cacault, il faudrait faire de cette ville un vaste mont-de-piété. Bonaparte, sans rien céder sur le chapitre des objets d'art et des manuscrits, se montra enclin, sur l'article de l'argent, à des ménagements. Le pape répondit par des politesses. Les commissaires du Directoire, se sentant surveillés de près, imaginèrent de faire leur cour à Joséphine avec quelques statues qu'ils achetèrent sur leurs bénéfices. Le pape les fit rembourser, donna 3,000 écus romains, prit ainsi le présent à son compte et annonça l'envoi d'un collier de camées. « Le moment actuel, écrivit Bonaparte, le 3 août, est l'instant propice pour commencer à mettre à exécution cette grande œuvre où la sagesse, la politique et la vraie religion doivent jouer un si grand rôle... Le pape... pensera peut-être qu'il est digne de sa sagesse, de la plus sainte des religions, de faire une bulle ou mandement qui ordonne aux prêtres de prêcher obéissance au gouvernement et de faire tout ce qui sera possible pour consolider la constitution établie... » Ce sera « un grand acheminement vers le bien », vers la réconciliation des prêtres entre eux et vers les mesures qui pourront « ramener aux principes de la religion la majorité du peuple français ». Il demandait une réponse prompte; c'est qu'il n'y avait point de chapitre où il se sentît moins d'accord avec le Directoire, et que, s'il voulait faire prévaloir sa politique religieuse, il ne le pouvait que par les moyens qui lui avaient jusqu'alors réussi, l'initiative personnelle, le fait accompli, la menace d'une démission et l'appel au public. « Si j'étais le maître, disait-il, nous aurions le concordat demain. » Ce concordat était dès lors aussi arrêté dans sa pensée que l'étaient les bases de la Constitution de l'an VIII et les données de la politique extérieure du consulat et de l'empire.

VI

Restait l'armée, instrument de sa grandeur future, garantie de son pouvoir, par laquelle il arriverait et se soutiendrait plus tard, mais où il apercevait, en même temps, les plus redoutables obstacles à son avènement dans le présent, et les plus dangereuses oppositions à son gouvernement dans l'avenir. Il connaissait, pour les avoir éprouvés à ses débuts et pour les éprouver plus violemment que jamais en cette crise de sa vie, les conflits d'ambitions et les rivalités des généraux. Il n'était pas le seul à destiner à un chef d'armée la première place dans la République; mais la plupart des généraux se jugeaient hors d'état de la briguer pour eux-mêmes; ils voulaient qu'au moins aucun de leurs compagnons d'armes ne l'occupât. Ils préféraient obéir au pouvoir civil, soit en le redoutant, comme au temps des comités, soit en le méprisant, comme ils faisaient sous le Directoire. Cependant toute la force des choses, toute l'impulsion guerrière donnée à la Révolution, toutes les nécessités du gouvernement et de la guerre poussaient à l'avènement d'un général. Bonaparte pénétrait ces contradictions, il les pesait et il comptait ses rivaux. Pichegru était dès lors perdu, Moreau était réduit par ses indécisions au rôle subalterne de prête-nom des mécontents. Hoche restait grand et très redoutable; il s'agissait de le devancer ou de le supplanter. Quant aux autres, on les mènerait avec de la gloire, des grades, des dignités, et, — l'expérience n'était dès lors que trop souvent concluante, — avec de l'argent. Bonaparte devinait l'hostilité chez Bernadotte, le plus politique des militaires, et l'un de ceux qui flattaient le plus l'autorité civile, cherchant à la surprendre faute de pouvoir l'usurper. Il sentait de la jalousie chez Masséna, grand homme de bataille, avide dans la vie privée, nul dans la politique. Il savait que d'armée à armée, du Rhin à l'Italie, et, dans la même armée, de division à division, les chefs se décriaient et cabalaient les uns contre les autres. Il connaissait les ressources de l'esprit de corps et ce correctif des rivalités militaires, le désir de se glorifier soi-même en un chef même envié; « ainsi à l'armée d'Italie, dit un contemporain, où, par amour de l'égalité, on voulait de la gloire sans partage, un chef sans rival et le monopole des faveurs et des grâces, ce qui avait fait considérer le général Hoche comme une sorte d'usurpateur (1) ».

(1) Thiébault, *Mémoires,* t. II, p. 102, 117. — Miot, *Mémoires,* t. Ier, p. 171.

Bonaparte comprenait qu'il lui serait plus facile de les entraîner à la guerre que de les satisfaire dans la paix et de les tenir obéissants. Pour les dominer, il lui faudrait, tout en sortant de leurs rangs et en demeurant solidaire de leur fortune, se mettre à part et au-dessus d'eux. Ils murmureraient sans doute, mais ils se soumettraient, et ils reporteraient sur les compagnons d'armes restés leurs émules ces rivalités auxquelles leur chef commun aurait su se rendre inaccessible. Le roi, dans l'ancien régime, commandait les armées et était en dehors des armées; cette partie de la souveraineté avait été, comme les autres, transportée au peuple; le Comité de salut public l'avait exercée. Bonaparte résolut dès lors d'être le pouvoir civil suscité par l'armée, tout-puissant par l'armée, mais supérieur à l'armée même par le suffrage du peuple et le caractère national de sa magistrature. Il noierait ainsi l'armée dans le peuple dont il se déclarerait l'émanation et le représentant. C'est là une de ces conceptions maîtresses. D'où l'importance qu'il attribue, en Italie, à ses combinaisons de gouvernement, ses caresses aux savants et aux hommes de lettres, ses ménagements pour le clergé, enfin et par-dessus tout le renom de pacificateur qu'il recherche. La paix faite, un de ses premiers soins à Paris sera de se faire nommer membre de l'Institut; il affectera d'en porter le costume dans les cérémonies publiques et, quand il paraîtra en militaire, de réduire l'uniforme au strict nécessaire : un chapeau sans panache, un habit à peine galonné, une redingote flottante. « C'est un si grand malheur, pour une nation de trente millions d'habitants et au dix-huitième siècle, d'être obligée d'avoir recours aux baïonnettes pour sauver la patrie! » écrit-il à Talleyrand; et au Directoire : « J'ai mérité par mes services l'approbation du gouvernement et de la nation; j'ai reçu des marques réitérées de son estime. Il ne me reste plus qu'à rentrer dans la foule, reprendre le soc de Cincinnatus et donner l'exemple du respect pour les magistrats et de l'aversion pour le régime militaire qui a détruit tant de gouvernements et perdu plusieurs États (1). » « Son projet, a raconté Regnault de Saint-Jean d'Angely, était de se faire élire membre du Directoire. Comme il n'avait que vingt-huit ans et que la constitution exigeait quarante ans d'âge pour être nommé Directeur, on devait proposer au conseil des Cinq-Cents de déclarer éligible, par exception, le vainqueur d'Italie, le pacificateur. Le général Bonaparte, peu en peine, une fois parvenu au pouvoir, de s'y établir en maître, n'en demandait pas davantage (2). »

(1) Bonaparte à Talleyrand, 19 septembre; au Directoire, 10 octobre 1797.

(2) Conversation recueillie par M. DE BARANTE, *Souvenirs*, t. I, p. 45. — « Ses habitudes, ses goûts, ses manières, ses discours, ses proclamations, ses moindres paroles, sa nature enfin et jusqu'*au dédain qu'il afficha longtemps pour la tenue militaire*, révélèrent partout ses idées, ses espérances et ses désirs d'usurpation. » (*Mémoires du général Thiébault*, t. III, p. 60.) — « Dans tous les pays, la force cède aux qualités civiles... J'ai prédit à des militaires, qui avaient quelques scrupules, que jamais le gouvernement militaire ne prendrait en France... Ce n'est pas comme général que je gouverne, mais parce que la nation croit que j'ai les qualités civiles propres au gouverne-

Ainsi, dans ce printemps et cet été de 1797, se complète l'éducation politique de Bonaparte et se fixent ses desseins d'avenir. On saisit ici dans leur genèse, on arrête pour ainsi dire au passage les idées qui deviendront dominantes dans sa vie et, par suite, pendant près de vingt ans, dans l'histoire de France. Nulle part on n'aperçoit mieux comment ces idées procèdent de celles qui flottaient alors dans les esprits, et des circonstances dont tout le monde subissait l'influence.

Bonaparte arrivera parce qu'il sera prêt à donner à la grande majorité des Français et à la plupart des gouvernements de l'Europe ce qu'ils attendront alors; parce qu'à leur tour ils reconnaîtront en lui leur maître et lui attribueront ce qu'il voudra pour lui-même : le gouvernement de la république en France et, pour la France, la suprématie du continent. Carnot exprimait une opinion générale lorsqu'il écrivait à Bonaparte, le 3 janvier 1797 : « Vos intérêts sont ceux de la République, votre gloire celle de la nation entière. Vous êtes le héros de la France entière. » Bonaparte gagnera les paysans et les bourgeois par la sécurité du travail, la garantie de l'ordre, la jouissance assurée des biens nationaux, le code civil, une administration vigilante, une justice égale pour tous;

ment; si elle n'avait pas cette opinion, le gouvernement ne se soutiendrait pas. Je savais bien ce que je faisais lorsque, général d'armée, je prenais la qualité de *membre de l'Institut* : j'étais sûr d'être compris, même par le dernier tambour. » Discours au Conseil d'État, 1802, recueilli par THIBAUDEAU, *Mémoires sur le Consulat*, p. 79.

il tiendra les anciens jacobins par la crainte de la contre-révolution; il se les associera en leur distribuant ce qu'ils aiment par-dessus tout, l'exercice du pouvoir; il tiendra les anciens nobles par un bonheur qu'ils ne connaissent plus : vivre dans leur maison, retrouver leurs familles, refaire leur fortune; l'armée par les grandeurs, les richesses, les enivrements de la conquête, les délices de la paix; tous par l'illusion de cette paix glorieuse et de la France prospère dans les frontières de la Gaule. Aux Italiens émancipés, il donnera des assemblées, des pompes nationales, l'opéra triomphal de la liberté; à l'Autriche, aux Bourbons d'Espagne, aux princes allemands, des territoires à usurper, des peuples à partager; à l'Église, un concordat; au Directoire enfin, en attendant qu'il le renverse, la force, l'argent, le prestige sans lesquels ce gouvernement ne peut subsister. Voilà tous les éléments du 18 Brumaire groupés. Un observateur intelligent des choses de France écrivait dès le mois de janvier 1797 : « Qu'un homme de génie paraisse, et tout sera asservi (1). » Bonaparte s'ouvrit de ses desseins à Miot, à Mombello. Dans une conversation, qui est comme une page anticipée de ses Mémoires, il résume les vues qui réglèrent sa conduite dans les deux grandes affaires de l'automne, le coup d'État de fructidor et le traité avec l'Autriche : « Je ne voudrais quitter l'Italie que pour aller jouer en France un rôle à peu près semblable à celui que je joue ici, et le

(1) Rapport de Sandoz, 12 janvier 1797. BAILLEU, *op. cit.*

moment n'est pas encore venu : la poire n'est pas mûre. Mais la conduite de tout ceci ne dépend pas uniquement de moi. Ils ne sont pas d'accord à Paris. Un parti lève la tête en faveur des Bourbons ; je ne veux pas contribuer à son triomphe. Je veux bien affaiblir un jour le parti républicain, mais je veux que ce soit à mon profit. En attendant, il faut marcher avec le parti républicain. Alors, la paix peut être nécessaire pour satisfaire les badauds de Paris, et si elle doit se faire, c'est à moi de la faire. Si j'en laissais à un autre le mérite, ce bienfait le placerait plus haut dans l'opinion que toutes mes victoires. »

CHAPITRE III

LA QUESTION DES LIMITES ET LE COUP D'ÉTAT (1)

I

Pendant que Bonaparte négociait et signait les préliminaires de la paix avec l'Autriche, les Directeurs, fort impatients d'en recevoir la nouvelle, spéculaient sur cette paix future; ils se demandaient qui en ferait les frais, l'Allemagne ou l'Italie, et avec qui ils en partageraient les bénéfices, la Prusse ou l'Autriche, l'une et l'autre vraisemblablement. Convaincus que par la Prusse seule, et avec la Prusse, ils arriveraient à leur objet, la réunion totale de la rive gauche du

(1) Manuscrits des Affaires étrangères. — Procès-verbaux du Directoire. — Correspondance de Napoléon; *Correspondance inédite du général Bonaparte.* — Sybel, *Histoire de l'Europe pendant la Révolution française,* trad. franç., t. V et VI. — Hüffer, *Œstreich und Preussen gegenüber der französischen Revolution.* — Franchetti, *Storia d'Italia,* t. I. — Correspondance de Thugut; Correspondance de Talleyrand, publiée par M. Pallain; Correspondance de Sandoz, publiée par M. Bailleu; Correspondance du général Dommartin, par M. de Besancenet; Mémoires de Thibaudeau, Larevellière-Lépeaux, Lavalette, Bourrienne, Talleyrand, Carnot. — La Sicottière, *Frotté.* — Bonnal, *Chute d'une République.* — Trolard, *De Montenotte au pont d'Arcole, de Rivoli à Magenta.* — Victor Pierre, *le 18 Fructidor.*

Rhin; continuant d'ailleurs à confondre, dans leurs desseins, le bouleversement du Saint-Empire et l'hégémonie de la Prusse dans l'Allemagne du Nord avec la suprématie de la France en Europe, ils s'entêtaient à attirer dans leur jeu Frédéric-Guillaume qui s'y dérobait toujours. « Le roi de Prusse dictera la paix, disait Delacroix à l'envoyé prussien, Sandoz; je dis plus, et je parle au nom du Directoire : il dépend de lui de s'emparer du Hanovre et de ceindre la couronne impériale. » Carnot exprimait au même agent les mêmes pensées : « Il est une vérité constante et que les événements futurs confirmeront : les deux cours impériales (Russie et Autriche) n'auront jamais d'autre système que d'abaisser la maison de Brandebourg, et la France républicaine n'aura jamais que celui d'élever sa considération et sa puissance (1). » La Prusse, à ce moment, n'avait qu'un mot à dire, et les Directeurs commençaient, pour le plus grand profit de cette monarchie, à tailler dans le grand en Allemagne, à séculariser les ecclésiastiques, à médiatiser les laïques, c'est-à-dire à concentrer les territoires et à réunir les peuples.

En Italie, sans y marcher d'un pas aussi décidé, ils inclinaient de plus en plus, à mesure que s'étendait la conquête et que la victoire se prononçait, vers une politique analogue. Mais si les conséquences de cette politique devaient être les mêmes en Italie qu'en

(1) Rapports de Sandoz, 3 et 18 avril, dans Bailleu; 7 avril, dans Hüffer, p. 321.

Allemagne, le motif, en Italie, était plus noble et plus conforme aux principes de la Révolution française. Il ne s'agissait pas de « faire un empereur » et de dessiner des royaumes comme au temps du maréchal de Belle-Isle; il s'agissait d'émanciper un peuple. Le projet était ancien. D'Argenson l'avait suggéré à Louis XV : « concentrer, disait-il, les puissances italiques en elles-mêmes, en chasser les étrangers », et former, entre ces puissances, une association « comme il y en a une germanique, une batavique et une helvétique (1) », tel était ce dessein que Napoléon III devait reprendre en 1859. Il n'y avait à y changer que quelques mots, à mettre : république, là où d'Argenson écrivait royaumes, grands-duchés ou duchés, pour le ramener à cette idée d'une « ceinture d'États libres » que caressaient les politiques du Directoire. Larevellière-Lépeaux s'était fait le coryphée de cette entreprise. Il y pensait depuis longtemps, dit-il, lorsque, le 16 décembre 1796, le Directoire ordonna que les manuscrits de d'Argenson seraient tirés du *Bureau du triage des titres* pour être déposés dans ses archives. Larevellière lut les chapitres relatifs à l'Italie et y trouva la confirmation de ses vues. Ce n'était point l'unité de l'Italie qu'il proposait; c'en était la préparation. Mais le Directoire ignorait encore s'il ne serait pas contraint de restituer la Lombardie ou d'abandonner les Légations

(1) *Mémoires de d'Argenson*, t. IV, p. 266, 464 et suiv. Cf. *Mémoires de Larevellière-Lépeaux*, t. II, p. 218, 270, 280, 302.

à l'Autriche. Il y était résigné, en cas de nécessité absolue. Dans ce cas, il eût été déloyal de promettre à ces peuples une indépendance qu'on n'était pas sûr de leur garantir; il eût été coupable de les exposer à des vengeances en cas de retour de leurs anciens maîtres. D'autre part, on ne pouvait les laisser dans une anarchie aussi fâcheuse pour eux que nuisible à la rentrée des contributions et réquisitions dont vivait l'armée française. Il était donc opportun de leur donner une organisation au moins provisoire. Cette organisation aurait, en outre, l'avantage de former des cadres de nation et d'État pour le cas où les Italiens, rendus ou cédés à l'Autriche, refuseraient de se soumettre et « réuniraient leurs efforts pour se soustraire au joug » de l'empereur. Larevellière essaya de concilier toutes ces vues et dressa un projet d'instructions à Bonaparte, qui fut approuvé, le 7 avril, par les Directeurs.

Ces instructions sont curieuses à un double titre : elles conseillent précisément à Bonaparte ce que, dans l'intérêt de son proconsulat italien, il jugeait utile d'accomplir; elles ouvrent, par contre-coup, des aperçus sur les idées des Directeurs, en matière de liberté politique et de gouvernement. Le régime auquel les instructions du 7 avril proposent de soumettre l'Italie annonce celui auquel Bonaparte, après le 18 brumaire, soumettra la République française. « Le Directoire croit, comme vous, qu'il ne faut pas laisser les assemblées primaires se réunir. » Une constitution calquée sur la nôtre conviendrait à ces peuples, à condition de restreindre, en matière de finances, les prérogatives du Corps législatif; mais il n'y aurait pas lieu de faire élire ce Corps législatif avant le départ des troupes françaises; dans tous les cas, il importera de restreindre le nombre des députés. « Quelque grand que soit un État, un conseil de 120 personnes et un autre de 60 feront tout aussi vite et tout aussi bien les lois, et même beaucoup mieux que des corps plus nombreux. » Elles seront mieux faites encore et plus vite sans députés. « Notre propre exemple nous apprend combien il est funeste d'attendre tout cela (la réforme des lois et des impôts) d'un nouveau Corps législatif qui, par mille causes diverses, se traîne pendant un temps considérable dans la carrière législative, et surtout des finances, avant d'y marcher, et laisse, pendant de longues années, un gouvernement naissant dans le marasme, et toujours en danger de périr. » Donc, point de constitution, des règlements « que vous publierez toujours comme général en chef... La volonté législative, tant que nous occuperons le pays militairement, ne doit être manifestée que par vous seul. » Il nommera à tous les emplois; il fera disposer par des commissions, formées par lui et composées chacune de trois membres, toutes les lois relatives à la justice, à l'administration, aux finances, à l'armée, à la police, etc. Il les publiera et les fera exécuter. La dépêche se terminait, d'ailleurs comme toutes les autres, par des adulations et par un blanc-seing : « Le Directoire s'en rapporte entièrement à vous... Il est convaincu, quelle que soit l'issue, que vous aurez toujours été dirigé par votre attachement sincère à la République... Puissent nos vœux se réaliser en faveur de la liberté de cette partie de l'Italie, et vous aurez ajouté à la gloire d'un grand capitaine la gloire non moins satisfaisante et non moins solide du bienfaiteur et du législateur d'un peuple libre. »

Le plan du Directoire s'appliquait aux Cispadans et aux Transpadans, réunis en une seule république. Mais s'arrêterait-on à cette limite? Le Directoire rêvait d'une Italie « libre jusqu'à l'Adriatique ». On en parlait à Paris, on le disait très haut à Milan. Dans quelle mesure les Directeurs approuvaient-ils les menées révolutionnaires des agents lombards et des émissaires français qui agitaient les villes de la Terre ferme? Si la Lombardie était érigée en république avec les Légations, Venise ne serait-elle pas fatalement destinée à indemniser l'empereur? Les Vénitiens auraient été bien aveugles et bien sourds s'ils ne s'étaient point préoccupés de ce double péril qui les menaçait, révolution ou démembrement, les deux peut-être. Leur envoyé à Paris, Querini, recueillait les bruits les plus alarmants. « Il ne se passe pas de jour, écrivait-il au commencement d'avril, où je ne sois *amaramente cruciato.* » Il avait en portefeuille des instructions datées du 27 août 1796, qui prévoyaient cette extrémité et l'autorisaient à employer les derniers expédients. Il alla trouver Barras et l'adjura d'ordonner aux généraux français de ne pas intervenir dans les affaires intérieures de la république de Venise. « Étant plus forts que vous, répondit

Barras, c'est à nous de commander... La République de Venise peut perdre tous ses États d'Italie pendant notre occupation. » Querini saisit la nuance. « Il faudrait, écrivait-il le 8 avril, de 6 à 7 millions; mais deux en numéraire suffiraient; on fournirait le reste en obligations. » Il s'aboucha avec un des nombreux « courtiers » qui passaient pour avoir la confiance de Barras; c'était un certain Wiscowich, Dalmate d'origine. « Le sort de Venise est dans vos mains, lui dit ce politique officieux. Le Directoire est partagé... deux de ses membres combattent les mesures révolutionnaires, deux les approuvent, le cinquième reste indécis... moyennant un subside, la solution serait infailliblement favorable à la Seigneurie. » L'officieux exigeait, séance tenante, une provision. Querini se débattit et finit par promettre 600,000 francs en lettres de change et 24,000 francs de commission; mais il signifia que le payement n'aurait lieu que sur l'engagement formel d'évacuer les territoires vénitiens et de faire cesser les menées révolutionnaires. Barras promit d'écrire à Bonaparte et de remettre à Querini une copie de la lettre. La promesse n'était pas plus tôt donnée que l'officieux reparut : Barras se trouvait dans l'impossibilité de livrer la copie. Querini demanda qu'au moins les lettres de change ne fussent point escomptées avant que les engagements eussent reçu un commencement d'exécution. Barras à cette nouvelle entra dans une indignation dont son courtier rapporta l'écho à Querini. Toutefois, moyennant 100,000 livres de plus, l'ex-vicomte consentit à laisser suspecter son honneur : — « Il recevra Querini et fournira un papier qui vaudra un engagement; sinon, conclut l'officieux, Venise est perdue ! » Querini, épouvanté, signa pour 700,000 livres de traites et reçut, en échange, une lettre du secrétaire du Directoire certifiant que les Directeurs avaient donné des instructions conciliantes à Bonaparte : le secrétaire assurait, en outre, l'ambassadeur « des intentions amicales et pacifiques du gouvernement français ». Cet échange de papiers eut lieu le 20 avril; quant aux intentions « amicales et pacifiques » du Directoire, elles se traduisirent dans une lettre que Delacroix écrivit à Clarke, le 22 : « — Vu le désir que la nation manifeste pour la paix, mandait ce ministre, le Directoire autorise, quoique à regret, son plénipotentiaire à consentir à l'évacuation du Milanais et du Mantouan, mais en observant les délais nécessaires pour nous permettre de châtier les Vénitiens s'ils refusent de réparer leurs torts; il faudra stipuler l'expulsion des Anglais de tous les ports autrichiens; l'empereur devra consentir la cession de toute la rive gauche du Rhin, ou au moins le démantèlement de Mayence; quant au dédommagement de l'empereur, le Directoire n'envoie à son représentant aucun ordre impératif. Clarke s'inspirera de l'esprit de ses instructions et s'entendra avec le général Bonaparte. » Cette dépêche donne le dernier mot du Directoire, avant les préliminaires de paix.

II

Le courrier qui apportait cette convention arriva à Paris le 29 avril, au soir. Les sentiments des Directeurs furent très mélangés. Tant que la paix demeurait douteuse, ils s'accordaient pour la réclamer; dès qu'elle paraissait possible, les belliqueux élevaient leurs prétentions; à peine signée, elle leur parut insuffisante. Bonaparte, dirent-ils, s'est trop hâté de conclure; les victoires de l'armée du Rhin permettaient d'obtenir de plus grands avantages. « Je me livre à la joie que m'inspire la paix rendue à ma patrie, raconte Carnot; Le Tourneur la partage; mais les triumvirs rugissent : Larevellière est un tigre; Reubell pousse de gros soupirs; Barras, désapprouvant le traité, dit cependant qu'il faudra bien l'accepter », sauf à le qualifier d'« infâme ». Cette épithète s'appliquait, non au principe des indemnités en hommes et au partage des terres, mais à la quantité d'hommes et de terres attribuée à l'Autriche. Cependant les Directeurs tombèrent vite d'accord qu'il fallait aller au plus pressé; le plus pressé était de satisfaire l'opinion publique, par suite, de ratifier les préliminaires. Ils les ratifièrent donc séance tenante, avec l'arrière-pensée de filer la négociation de manière à tirer de cette convention ce que les articles ne contenaient point ou ne stipulaient qu'obscurément : les frontières naturelles.

La communication faite, le 30 avril, aux Conseils ne mentionna pas les articles secrets, c'est-à-dire le démembrement et le partage de la république de Venise; quant aux articles patents, elle les enveloppait, à dessein, dans une équivoque : l'empereur, dit le Directoire, renonce à la Belgique, consent à l'indépendance de la Lombardie et « reconnaît les limites telles qu'elles ont été décrétées par les lois de la République ». Le traité se tenait à la lettre des décrets et ne considérait que les décrets dits constitutionnels, c'est-à-dire ceux d'octobre 1795; la frontière reconnue embrassait les Pays-Bas, Liège et le Luxembourg. Le public interpréta le message du Directoire selon l'esprit de 1795; il y voulut voir la cession de toute la rive gauche du Rhin. La joie déborda : chacun se crut à la veille du succès de son parti. Pour les Directoriaux, c'était l'affermissement du Directoire; pour les modérés, la fin de la guerre et du règne des Jacobins. Tout le monde, d'un même mouvement, acclama Bonaparte, vainqueur de l'Autriche et pacificateur de la République.

Le Directoire trouva qu'on l'acclamait trop. En même temps que le traité, il avait reçu la lettre du 19 avril, par laquelle Bonaparte donnait sa démission et demandait un congé pour revenir en France. « Ma carrière civile sera, comme ma carrière militaire, une et simple », disait-il. Les Directeurs, estimant qu'il jouait trop au proconsul en Italie, redoutant qu'il ne voulût se découper une sorte de gouvernement indépendant, de « protectorat », en Lombardie, persuadés qu'il se prêterait mal à une négociation destinée à annuler ou à transformer les préliminaires signés par lui, crurent habile de le prendre au mot et publièrent, le 2 mai, un extrait de sa lettre du 19 avril, annonçant son retour. « La joie de revoir Bonaparte, — disait, en commentant cette lettre, l'officieux *Rédacteur,* — la joie de revoir Bonaparte au sein de la France et de Paris, sera pure et dégagée des inquiétudes que des malveillants n'ont pas craint de semer au profit des factions. Les factieux de toute espèce n'auront pas d'adversaire plus redoutable, le gouvernement d'ami plus fidèle. » Bonaparte, de son quartier général d'Italie, pénétrait mieux l'opinion de Paris que les Directeurs de leur cabinet du Luxembourg; il était déjà, et de bien haut, leur maître, dans l'art de manier la presse et d'entraîner les esprits. Sa lettre, publiée comme il y avait compté, produisit l'effet qu'il en attendait, et cet effet tourna à la confusion des Directeurs. « Bonaparte est devenu une seconde autorité dans le gouvernement français », écrit Sandoz. On mande, dans le même temps, à Mallet : « Bonaparte a annoncé son retour. Il est, en ce moment, pour les Jacobins, les fanatiques, les philosophes, bien supérieur à Charlemagne (1). » Le Directoire comprit son erreur et jugea qu'il valait mieux avoir Bonaparte occupé en Italie qu'en congé à Paris;

(1) Rapports de Sandoz, 15 mai, BAILLEU, I, p. 127. — *Lettres de Mallet du Pan,* 10 mai, André MICHEL, II, p. 277.

que, si redoutable que fût sa carrière militaire, « sa carrière civile » le serait bien davantage; que, pour étendre les préliminaires, il faudrait des victoires, de l'audace, de l'habileté, beaucoup de force, autant de ruse, nombre d'usurpations; et que sans Bonaparte on se trouverait privé de tous moyens d'action et de persuasion. Ceux des Directeurs qui désiraient s'en tenir aux préliminaires, comme Carnot, opinèrent que Bonaparte devait rester en Italie pour y hâter la conclusion de la paix définitive; ceux qui désiraient étendre les préliminaires, comme Reubell et Larevellière, opinèrent qu'il y resterait pour forcer la main à l'empereur et obtenir la cession de toute la rive gauche du Rhin. Les Directeurs continuaient ainsi de dériver dans le courant qui portait Bonaparte, et toutes leurs mesures tournaient à livrer le Directoire à ce général en attendant qu'ils lui livrassent la République.

Non seulement ils ne restreignirent point ses pouvoirs, mais ils les augmentèrent. « Nous sommes satisfaits de la sagesse de votre négociation... », écrivirent-ils, le 4 mai. Ils désireraient le voir revenir afin de lui donner les témoignages dus au grand nom qu'il s'est fait dans l'histoire de la guerre et de la liberté; mais sa présence en Italie est nécessaire « pour consolider le nouvel ordre de choses qui va s'établir... ». La République lombarde ne peut se constituer sans lui, « puisque l'établissement de cet État libre est un des principaux fruits de ses victoires ». Enfin, devançant ses désirs et ouvrant la voie à la plus machiavélique de ses combinaisons, ils ajoutent : « Un autre motif qui doit prolonger quelque temps encore votre séjour dans ces contrées, c'est l'éclat que le gouvernement vénitien a donné à sa haine contre la France. Prenez envers lui toutes les mesures qu'autorise l'insurrection qui vient de se manifester; allez, s'il le faut, jusqu'à Venise, et rendez-nous compte de vos dispositions, afin d'instruire le Corps législatif de la nécessité où vous aurez été d'en agir hostilement à l'égard de cette puissance perfide. »

Ainsi, pour le passé, approbation complète; pour l'avenir, carte blanche. Le 6 mai, des pleins pouvoirs sont envoyés à Bonaparte et à Clarke; Clarke n'est plus qu'adjoint à la négociation. L'objet de cette négociation, disent les Directeurs, est d'amener l'empereur, par des avantages qu'on lui fera, à stipuler la cession de la rive gauche, comme préliminaire à la paix de l'empire. Nous n'évacuerons l'Italie que quand l'Autriche aura évacué Mayence. Toutefois, frappé un moment par les arguments de Bonaparte, le Directoire renonce à bouleverser l'Allemagne. Il ne faut, dit-il, accorder de territoires allemands à l'empereur que s'il renonce à des territoires équivalents en Italie; il a assez reçu; il serait dangereux de le fortifier davantage, et d'autant plus que « le roi de Prusse en voudrait tout autant ». Venise, réduite aux lagunes, devait, d'après les préliminaires, être indemnisée avec les Légations. Le Directoire annule cette clause : Venise doit être non seulement châtiée, mais conquise . « Les hostilités qu'elle a commencées autorisent le général en chef à prendre toutes les mesures de rigueur que les circonstances exigent. » Le Sénat sera invité à réunir cette république aux Légations, formées en république cispadane ; s'il refuse, « le général en chef doit aller en avant pour l'occupation de la Terre ferme et l'exécution des préliminaires ». « Le Directoire exécutif donne à cet effet les pouvoirs les plus étendus » aux généraux Bonaparte et Clarke... Ces généraux, étant sur les lieux et traitant directement avec les mandataires de l'empereur, « peuvent mieux que personne juger quelles sont les conditions les plus avantageuses à la République qu'il est possible d'obtenir, et quels sont les moyens d'y arriver promptement... Les présentes instructions ne sont pas tellement impératives qu'ils ne puissent s'en écarter, si le bien de la République l'exige. » Le Directoire voulait présenter aux conseils les mesures de guerre contre Venise, l'invasion, la révolution et le démembrement de cette république comme des faits de guerre, nécessités par les circonstances, et dont Bonaparte porterait toute la responsabilité. Si la popularité du général en était ébranlée, ce serait coup double pour le Directoire, qui rejetterait sur lui l'odieux de la spoliation, et en recueillerait le bénéfice. Les Directeurs se gardèrent donc de révéler le secret de ces instructions ; mais les gens bien informés se doutèrent de la vérité. « La république de Venise, écrit Sandoz, le 1er mai, éprouve ici les plus fortes tracasseries depuis quelques jours ; je soupçonne presque qu'on veut faire servir quelque partie de son territoire à procurer du dédommagement à l'empereur... »

Bonaparte n'attendait pas davantage. Les instructions du Directoire n'étaient que le commentaire de ses lettres. Les Directeurs lui commandaient de faire ce qu'il avait résolu d'accomplir, et, pour l'imprévu, ils s'en remettaient à lui. Quant à Venise, Carnot, dans une lettre qu'il adressa à Clarke, le 5 mai, marqua finement les nuances de la conquête et indiqua les apparences à ménager. « Malgré le droit que les hostilités de la république de Venise nous donnent de traiter à ses dépens, il convient d'éviter soit une déclaration de guerre formelle, soit une stipulation qui prononce une cession positive ou une garantie de ce territoire à l'empereur. Ce territoire n'étant pas notre propriété, nous ne pouvons le donner, surtout dans nos principes républicains sur l'indépendance des peuples. Mais l'empereur, étant assez fort pour prendre possession du pays et s'y maintenir, doit se contenter de la déclaration positive et formelle que nous ne nous opposerons pas à ce qu'il fera. Je crois cela essentiel. » Carnot attribuait une part de l'État vénitien à l'empereur, comme naguère il attribuait le Hanovre au roi de Prusse : pourvu que le prince s'en emparât par la force des armes, les principes du droit public seraient respectés. Il allait de soi que, si Bonaparte conquérait Venise, cette république deviendrait notre propriété, et le droit de conquête nous permettrait dès lors d'en disposer, sans que ni les peuples, ni leur indépendance ni les principes du droit public eussent à en souffrir. Le Directoire se range à cette opinion. « Nous vous avons autorisé, écrit-il le 12 mai, à y employer sans ménagement (à Venise) tous les moyens de sûreté militaire qui seraient nécessaires. Ainsi toutes les dispositions que vous avez faites pour assurer, dans cette crise, le salut de l'armée, ont notre approbation; et le Directoire exécutif vous autorise de nouveau à prendre les mesures que vous jugerez les plus efficaces pour mettre ce perfide gouvernement dans l'impuissance de commettre de nouveaux attentats. » Le Directoire ne laisse aucun doute sur le sens et la portée de ces ordres, et il montre comment il entend, le cas échéant, s'acheminer au partage par la répression : « Il sera utile d'en donner connaissance (de vos mesures contre Venise) aux plénipotentiaires de l'empereur et d'agir, dans cette circonstance, de concert avec eux, afin que les négociations de la paix ne soient point troublées. »

Le même jour, le Directoire invite Bonaparte à « faciliter les progrès » des transports des œuvres d'art d'Italie en France. Le 19, Charles Delacroix mande au général que des princes étrangers, — le roi George entre autres et le duc de Modène, — ont fait des placements immenses sur la banque de Venise : Delacroix estime que le droit de la guerre nous autorise à saisir ces capitaux. « Permettez-moi, poursuit ce prévoyant ministre, de vous rappeler l'arsenal... Il serait aussi beau qu'utile de faire arriver à Toulon et ces navires et ces munitions, ainsi que l'escadre que les

Vénitiens entretiennent toujours à Corfou. » A cette même date, le *Moniteur* publie une correspondance d'Italie prédisant « la destruction totale » de « la plus ancienne des aristocraties ». Les Directeurs cependant feignent l'hésitation, presque le mécontentement; ils évitent de communiquer aux Conseils les dépêches d'Italie qui motivent les mesures qu'eux-mêmes ont approuvées. Sandoz écrit que Bonaparte provoque la ruine de Venise et que le Directoire s'y refuse. Il ajoute : « Bonaparte n'attendra pas peut-être le décret du Corps législatif et marchera sur Venise. » Mais tandis que les Directeurs se plaignent, à Paris, d'avoir la main forcée, ils écrivent, le 19 mai, au général : « La singularité des circonstances qui accompagnent la chute de ce perfide gouvernement est remarquable, et il ne nous reste déjà plus qu'à recueillir de cet événement tous les avantages qu'il présente au profit de la République française et de la liberté italique. Cette conquête offre à l'armée... des ressources considérables... il doit même en résulter des sommes disponibles pour le trésor national... La marine vénitienne doit surtout contribuer à la restauration de celle de la République. »

Bonaparte devançait toujours les ordres du Directoire, lorsqu'il ne les dictait pas. Par les instigations de ses émissaires secrets et des agents lombards, par l'aveuglement des démocrates vénitiens et la pusillanimité des oligarques, une révolution s'accomplit à Venise. Le 14 mai, sous prétexte de rétablir l'ordre et d'assurer la fondation de la liberté, Baraguey d'Hilliers entre dans la ville avec ses troupes. Les démocrates lui font une réception théâtrale et somptueuse; le patriarche prêche l'obéissance au pouvoir établi et conseille de rendre à César ce qui n'appartient déjà plus à la cité; le *Ghetto* est en fête : les juifs sont assimilés aux citoyens; les aristocrates fuient, ou se cachent et tremblent; le petit peuple demeure morne et hostile. C'est l'ordinaire spectacle des entrées triomphales dans les villes italiennes. Cependant Bonaparte n'oublie ni l'arsenal, ni le trésor. L'arsenal est pauvre, le trésor est vide. Il ne reste guère dans l'un et dans l'autre que des antiquités; mais quelques-unes sont des chefs-d'œuvre, ainsi les fameux chevaux du char du soleil. Berthollet, assisté par le peintre milanais Appiani, parcourt les musées et les églises, et fait son choix de trophées d'art. Le 16, Bonaparte reçoit, à Milan, des députés vénitiens, et il signe avec eux un traité qui légalise l'occupation de la ville par les troupes républicaines, promet le châtiment des fauteurs des révoltes contre les Français, prépare une entente en vue d'échanger des territoires, stipule trois millions en numéraire, trois autres en agrès maritimes, trois vaisseaux, deux frégates, vingt tableaux et cinq cents manuscrits. Le nouveau gouvernement de Venise n'étant ni reconnu, ni même constitué, l'ancien n'existant plus, le traité demeurait soumis au bon plaisir du Directoire. Les engagements que prenait Bonaparte n'étaient qu'un leurre, un moyen de décevoir, à la polonaise, les imaginations des Vénitiens jusqu'à l'arrivée des Autrichiens. Il ne devait subsister de ce traité de Milan que la partie des obligations vénitiennes, Bonaparte les fit exécuter par provision. Ses agents procédèrent immédiatement aux réquisitions d'argent, de munitions, de vaisseaux et d'objets d'art. La main qui écrivit plus tard : « La dynastie des Bourbon et la dynastie des Bragance ont cessé de régner », put écrire dès le mois de mai 1797 : « Il n'existe plus de lion de Saint-Marc. » Quant aux imprudents Vénitiens qui, se déclarant « ivres de joie et pénétrés de la plus vive reconnaissance », acclamaient « le magnanime libérateur, l'immortel Bonaparte », nul, dans l'armée de ce général, ne se faisait illusion sur leur sort. Un des officiers les plus purs de cette armée, une sorte de second Desaix, Dommartin, écrivait, le 16 mai : « Le général Bonaparte a vengé l'humanité et le sang français ; toutes les provinces vénitiennes sont confisquées : notre armée les occupe, et nous pourrons nous en servir pour dédommager l'Autriche des autres pertes qu'elle a faites. »

Le Directoire n'eut garde de ratifier le traité, mais il en approuva l'exécution anticipée. « Vous pouvez, écrivit-il à Bonaparte le 26 mai, vous pouvez mieux que personne juger ce qu'il est utile et possible de faire. Ce que vous avez exécuté, dans les circonstances les plus délicates, et notamment à l'égard de Venise, donne au Directoire les plus grandes espérances. » Le territoire de la république de Venise devait être partagé entre la république lombarde et l'empereur; le lot de l'empereur serait en proportion de ce que ce prince consentirait à céder sur la rive gauche du Rhin (1). Delacroix affirmait que les plus puissants souverains de l'Allemagne s'attendaient que nous obtiendrions cette rive gauche; le fait est que ces princes s'étaient mis dans le cas de tirer de grands bénéfices de l'opération. Pour y décider l'Autriche, Delacroix allait, le 16 mai, jusqu'à lui abandonner une partie des îles du Levant. Quant au Rhin, si l'on ne pouvait avoir le tout, on se contenterait d'une ligne tirée de la Meuse au fleuve, et embrassant Aix-la-Chapelle, Verviers, Spa, Trèves, Coblentz, Mayence. Ce tracé avait été envoyé au Directoire par Hoche : ce général aurait préféré l'annexion totale, mais, disait-il, si l'on adoptait ce tracé, « nul n'aurait rien à dire ». Le Directoire le transmit à Bonaparte, le 31 mai, en le déclarant « judicieux ». C'est, à peu près, la limite de Campo-Formio.

III

L'exécution des préliminaires était, dès lors, une chose assurée en Italie. Il n'en était pas de même à

(1) Delacroix à Clarke, 31 mai; à Bonaparte, 3 juin 1797. « Quant aux arrangements relatifs à l'Italie, le Directoire, en procurant à la République transalpine Mantoue, Brescia, jusqu'à l'Adige, consentirait à ce que Venise (la ville) appartînt à l'empereur. »

Paris. Le Directoire n'y disposait pas des mêmes moyens de persuasion, et il ne pouvait pas, à son grand regret, traiter le Corps législatif ainsi que Bonaparte traitait le sénat et les démocrates de Venise. La République était entrée dans une crise aiguë. A l'intérieur, entre les factions, tout était mensonges et embûches; on ne pouvait pas discuter sans se démasquer, et se démasquer sans se perdre; les factions se rejetèrent sur les affaires extérieures. De même qu'au début de la Révolution, en 1790, la question de paix et de guerre, la question des limites devint, en 1797, une question de pouvoir. Les républicains cherchaient à garder le pouvoir par la guerre et par la conquête; les monarchistes cherchaient à s'en emparer en promettant la paix. L'affaire de Venise fournit un prétexte à discours, à cabales, à dénonciations réciproques : les belliqueux, se parant du beau motif d'une révolution démocratique, dissimulant la spoliation sous la propagande, rêvant, du reste, grâce à quelques grands coups de sabre de Bonaparte, d'exterminer les Autrichiens, de garder toutes les terres de Venise, de les adjoindre à la Lombardie et d'en faire une Batavie italienne; les pacifiques, se targuant de l'indépendance des peuples, des libertés publiques, du respect du droit des gens pour discréditer Bonaparte, montrer en lui le boutefeu d'une guerre indéfinie, enlever au Directoire son principal appui dans l'opinion, l'alchimiste et le magicien qui lui fabriquait de l'or et du prestige.

Les nouveaux élus — le nouveau tiers, comme on disait — apportaient dans les conseils un état-major de futurs sénateurs de l'empire et de futurs pairs de France de la monarchie restaurée. Sauf, et c'était un grand point, le parti de l'émigration et de l'alliance étrangère, toutes les nuances de la contre-révolution y figuraient. De la droite au centre, ces députés n'étaient, au fond, d'accord entre eux que sur quatre points : faire la paix, renverser le Directoire, expulser les Jacobins, et se débarrasser des généraux républicains. Cet accord des opposants suffit à réunir tous les hommes qu'ils prétendaient supprimer ou supplanter dans l'État, c'est-à-dire tous les hommes que leurs convictions, leurs actes, leurs intérêts liaient à la Révolution, tous ceux qui avaient fondé la République, et pour lesquels la « République sans républicains » signifiait la proscription, la ruine, la persécution, la perte de leurs grades, l'abandon de leurs espérances, l'anéantissement de leurs principes, l'humiliation et l'assujettissement de la patrie. Cette coalition s'étendait des membres des anciens comités et des régicides aux modérés de la Convention et aux généraux des armées; elle solidarisait Barras et Hoche, Bonaparte et Larevellière-Lépeaux. Entre ces factions acharnées, parce qu'elles luttaient pour la vie, la place d'un parti de politiques et de libéraux n'était pas encore faite; la conciliation ne semblait possible que dans l'obéissance. Ceux qui essayèrent alors des tempéraments se condamnèrent pour longtemps à l'impopularité, à l'impuissance, à l'exil. Ce fut le sort de Carnot, qui, proscrit en 1797 avec les royalistes, par les régicides, mourut, proscrit, en 1816, par les royalistes, avec les régicides.

La nouvelle majorité se manifesta par l'élection au Directoire de Barthelémy, à la place de Letourneur, Directeur sortant. Le choix était significatif : c'était la paix, et l'arrivée au gouvernement du parti que l'on qualifiait depuis 1795 de « faction des anciennes limites ». Par contre-coup, cette élection rejeta du côté du Directoire ceux des constitutionnels, anti-jacobins déclarés, qui, tout en souhaitant la paix, ne la jugeaient solide et digne qu'avec la limite du Rhin. Barthelémy ne justifiait ni ces espérances ni ces alarmes. Ce diplomate de carrière et de tradition, négociateur expert et correct, n'était ni homme d'État ni homme d'action. Il s'était toujours tenu prudemment à l'écart de la Révolution qu'il comprenait peu. D'ailleurs, s'il avait eu, sous le règne du Comité, le courage de la dépêche et du conseil, courage fort louable, car il ne laisse pas d'être rare dans les chancelleries, il était entièrement dépourvu du courage civil, même du simple sang-froid. Il n'avait ni esprit de parti pour lui tenir lieu de caractère, ni caractère pour lui tenir lieu de convictions politiques. Il voulut, ayant peur de tous, ménager tout le monde. Il se laissa compromettre dans des complots dont il n'attendait que des malheurs. Il ne fut même pas, dans le Directoire, un appui pour Carnot, qui réclamait la paix modérée avec d'autant plus d'insistance qu'il y voyait la première condition d'un retour vers la modération à l'intérieur.

Il y eut entre les Directeurs une première escarmouche, le 16 juillet, à propos des ministres. Cette discussion éclaire singulièrement l'avenir. Si le coup d'État qui se préparait alors est l'antécédent de celui de Brumaire, les propos qui furent, ce jour-là, tenus par les futurs auteurs de la révolution de Fructidor sont une introduction à la constitution de l'an VIII. Carnot, qui présidait, proposa de renvoyer les ministres des affaires étrangères, de la justice, de la marine et des finances, parce que « tel lui paraissait être le vœu de la majorité du Corps législatif ». Reubell s'y opposa, en fait et en droit : en fait, le vœu de la majorité ne lui était pas connu ; en droit, ce vœu ne pouvait pas se faire connaître : « Que si, par malheur, dit-il, il pouvait exister une majorité qui voulût se mêler du renvoi et de la nomination des ministres, la République serait, par cela même, dans une véritable anarchie, puisqu'un seul pouvoir aurait usurpé tous les autres (1). » « Je ne reconnais point au Corps législatif un droit que lui refuse la constitution, répliqua Carnot; mais sans accord entre le Directoire et la majorité du conseil, la constitution ne peut marcher... » — La majorité ! s'écria Larevellière, mais elle pourrait être dirigée par des hommes corrompus et vendus à l'étranger ! D'ailleurs, fût-elle au moins composée d'hommes probes, il résulterait de ces principes « une telle versatilité dans les maximes du gouvernement et des changements si

(1) « Ce pouvoir législatif, sans rang dans la République, impassible, sans yeux et sans oreilles pour ce qui l'entoure, n'aurait pas d'ambition... » Bonaparte à Talleyrand, 19 septembre 1797.

fréquents dans les chefs des différentes administrations, que l'anarchie serait la suite inévitable de cette seule cause ». Barras déclara que, comme Reubell et Larevellière, il voulait sauver la liberté et la République ; qu'en conséquence, il repoussait « avec indignation toute espèce d'influence » exercée par le Corps législatif. La conclusion fut que l'on changea les ministres, mais pour en prendre d'autres plus décidément opposés encore à la majorité des Conseils. Ces hommes qui parurent propres à affermir la liberté, selon Barras, Reubell et Larevellière, étaient Pléville-Le Pelley à la marine, Lenoir à la police, François à l'intérieur, Talleyrand aux relations extérieures et Hoche à la guerre. Ce dernier choix décelait tout l'esprit de la combinaison.

La constitution n'offrant aucun moyen à la majorité de faire prévaloir ses volontés et n'ouvrant aucune solution légale au conflit, on marchait fatalement à l'expédient qui, depuis le 14 juillet 1789, avait tranché toutes les grandes crises : une journée, c'est-à-dire l'appel à la force. Mais la force n'était plus dans la foule révolutionnaire, et les journées tournaient au coup d'État militaire. Depuis germinal an III, l'insurrection reculait devant l'armée. En vendémiaire an IV, l'insurrection était contre-révolutionnaire, et l'armée parut comme l'image de la République. En messidor an V, personne n'attendait plus rien que de l'intervention des soldats, et chaque faction en cherchait un qui la pût servir de sa vaillance et de son prestige. Les « clichyens » et les contre-révolutionnaires avaient Pichegru. Moreau se réservait, tout le monde le ménageait, personne n'avait confiance en lui. Le Directoire ou plutôt les triumvirs, désormais en lutte avouée avec leurs collègues, ne pouvaient opposer au conquérant de la Hollande que le libérateur de l'Alsace, le pacificateur de la Vendée ou le conquérant de l'Italie, Hoche ou Bonaparte. Bonaparte était nécessaire en Italie, pour les négociations, et il semblait trop envahissant aux triumvirs. L'armistice rendait Hoche disponible; ce général inquiétait moins, on l'appela. Il accourut et prépara, par des mouvements concertés de ses troupes, l'investissement du Corps législatif. Mais à peine sa nomination fut-elle connue, qu'une clameur s'éleva dans les Conseils. Les mouvements des troupes furent dénoncés à la tribune, le 20 juillet; Hoche n'avait pas l'âge requis pour être ministre; il dut donner sa démission. Le Directoire rejeta sur lui toute la responsabilité des mesures. Hoche quitta Paris et rejoignit son armée de Sambre-et-Meuse. Le 31 juillet, on proposa aux Cinq-Cents de le mettre en accusation. L'affaire était manquée avec lui : il s'était découvert trop tôt. Les triumvirs furent contraints de se rejeter sur Bonaparte.

Bonaparte avait auprès d'eux un avocat d'autant plus insinuant qu'en travaillant pour le général en chef de l'armée d'Italie, il travaillait pour lui-même. Talleyrand, rentré depuis peu en France, n'avait recherché le ministère que par contenance, pour assurer sa sécurité dans le présent, ménager sa fortune dans l'avenir. Les façons des triumvirs lui répugnaient, leur politique lui semblait funeste. Il essaya, au début, de leur en indiquer, avec toutes les précautions d'une exquise politesse, les inconvénients et les dangers. Les triumvirs le renvoyèrent brutalement à son encrier et à ses papiers. Son affaire n'était point d'avoir des idées, de posséder des connaissances et de donner des conseils; elle était de rédiger et de requérir, selon les formes, de dresser en belle écriture de chancellerie leurs décrets souverains et d'en tirer, pour la galerie, de belles déductions selon la lettre du droit public. Talleyrand se soumit avec aisance, mais non sans ironie, et rendit en mépris caché ce qu'il recevait d'affronts. Les triumvirs parurent, dès lors, goûter sa manière de servir. Ce ci-devant évêque, grand seigneur et homme de cour, se fit le secrétaire de Reubell et de Larevellière-Lépeaux. Il délaya, tant qu'ils voulurent, en son style coulant et élégant d'homme du monde; il effaça, recommença, raisonna, déraisonna, motiva, réfuta, argumenta contre les peuples, argumenta pour les peuples, avec un inépuisable scepticisme; se consolant, çà et là, par une parenthèse subtile, par quelques repentirs adroitement dissimulés, qui n'avaient de sens que pour lui et d'intérêt que pour les futurs mémoires où il referait l'histoire, à sa façon, et prouverait qu'il n'avait jamais été dupe de personne, surtout de lui-même. Les Directeurs, à ses yeux, n'occupaient la scène que pendant l'entr'acte : ils tomberaient dans leurs propres trappes et s'enfonceraient dans les dessous dès que le rideau serait levé et que la véritable pièce recommencerait. Talleyrand, comme tout le monde, attendait l'homme qui ferait le dénouement; mais, mieux que tout le monde, il discerna l'homme et il alla droit à lui.

Dès le 24 juillet, il écrivit à Bonaparte pour lui annoncer sa nomination, et il ajouta: « Justement effrayé des fonctions dont je sens la périlleuse importance, j'ai besoin de me rassurer par le sentiment de ce que votre gloire doit apporter de moyens et de facilités dans les négociations. Le nom seul de Bonaparte est un auxiliaire qui doit tout aplanir. Je m'empresserai de vous faire parvenir toutes les vues que le Directoire me chargera de vous transmettre, et la renommée, qui est votre organe ordinaire, me ravira souvent le bonheur de lui apprendre la manière dont vous les aurez remplies. » Bonaparte était homme à goûter ce chef-d'œuvre de flatterie raffinée et à se pénétrer de l'insinuation qui se dégageait de l'entre-deux des lignes. Aucun signe ne lui avait peut-être si nettement montré le progrès qu'il avait fait dans l'opinion et la place qu'il avait prise dans l'État. Avec Talleyrand, c'était un monde nouveau, mal connu de lui, encore prestigieux, celui de la fameuse Constituante, qui se joignait à son cortège et lui offrait ses services. Bonaparte resta longtemps sous le charme de ce premier encens de la vieille France, encore que déclassée, défroquée et travestie. C'est, en partie, le secret d'une étrange faiblesse qu'il conserva jusqu'à sa chute, et dont il eut à se repentir. Une correspondance suivie s'engagea entre lui et le nouveau ministre; il s'habitua à faire de Talleyrand le confident de ses desseins; et, très vite, il en vint à lui donner des ordres sous couleur de lui demander des conseils. Talleyrand devina et agit en conséquence. Il se fit l'intermédiaire de Bonaparte auprès des Directeurs, auprès de l'opinion parisienne, auprès de ce monde de nouvellistes, de spéculateurs, de conspirateurs, d'intrigants qui remplissaient déjà ses antichambres; dans les salons, surtout, qui se rouvraient et où se tramait le grand complot de tout le monde, celui des gens impatients de revivre, de se divertir, de s'enrichir, de secouer le cauchemar de 93, de finir la Révolution à leur profit, de refaire une société qui serait fermée aux irréconciliables de l'émigration et de la Terreur, mais qui s'ouvrirait aux émigrés soumis et aux jacobins apaisés.

Bonaparte avait, en outre, à Paris, pour le renseigner, un de ses officiers, Lavalette, homme d'esprit et de tact, dévoué corps et âme, et qui avait pied dans le monde des opposants; assez suspect au Directoire, mais d'autant plus précieux à Bonaparte. Avec cet informateur et cet ambassadeur *in partibus*, il ne risquait point de faux pas. Il put travailler à coup sûr, dans la crise qui se préparait et qu'il jugeait nécessaire. Il s'accommoda de façon à se rendre indispensable aux triumvirs sans se livrer à eux, et à tirer parti de leur opération sans se compromettre dans l'aventure. S'il eût hésité, du reste, l'imprudence des « avocats » l'eût décidé contre les Conseils. Les orateurs se déchaînèrent contre lui avec les mêmes dénonciations, les mêmes invectives que contre Hoche. Il eut Dumolard, comme Hoche avait Willot et Dufresne. Il répondit avec éclat, identifiant publiquement la cause de la République avec celle des armées, et la cause des armées avec sa propre cause. L'anniversaire du 14 juillet lui en fournit une première occasion. Cet anniversaire provoqua, dans toutes les armées, sauf dans celle de Moreau, où la réserve du chef atténuait l'ardeur des régiments, des adresses véhémentes. Celles de l'armée d'Italie dépassèrent toutes les autres par l'intensité de la couleur et par la violence des menaces. Marmont alla porter le mot d'ordre dans les divisions; elles y répondirent par un écho formidable. « Tremblez! écrit la division d'Augereau : de l'Adige au Rhin et à la Seine, il n'y a qu'un pas... Vos iniquités sont comptées, et le prix en est au bout de nos baïonnettes! » « La route de Paris offre-t-elle plus d'obstacles que celle de Vienne? » écrivit la division Masséna. Bernadotte, était-ce instinct de roi latent? se montra seul modéré; mais Joubert: « Il faut que les armées purifient la France; nous passerons comme la foudre. » Bonaparte enfin, dans une proclamation à l'armée: « Les mêmes hommes qui ont fait triompher la patrie de l'Europe coalisée sont là. Des montagnes nous séparent de la France; vous les franchiriez avec la rapidité de l'aigle, s'il le fallait, pour maintenir la constitution, défendre la liberté, protéger le gouvernement et les républicains... Les royalistes, dès l'instant qu'ils se montreront, auront vécu... » Il envoya le tout au Directoire, le 15 juillet:

« L'indignation est à son comble dans l'armée... citoyens Directeurs, il est imminent que vous preniez un parti. Il n'y a pas un homme qui n'aime mieux périr les armes à la main que de se faire assassiner dans un cul-de-sac de Paris... Je vois que le club de Clichy veut marcher sur mon cadavre pour arriver à la destruction de la République. N'est-il plus en France de républicains?... Vous pouvez, d'un seul coup, sauver la République, deux cent mille têtes peut-être qui sont attachées à son sort, et conclure la paix en vingt-quatre heures; faites arrêter les émigrés; détruisez l'influence des étrangers. Si vous avez besoin de force, appelez les armées. Faites briser les presses des journaux vendus à l'Angleterre, plus sanguinaires que ne le fut jamais Marat... Quant à moi... s'il n'y a point de remède pour faire finir les maux de la patrie, pour mettre un terme aux assassinats et à l'influence de Louis XVIII, je demande ma démission. »

Il y avait des moyens, et c'étaient précisément ceux qu'il possédait : de l'argent et des soldats. Cependant Lavalette lui mande de Paris « qu'il ternirait sa gloire », en mettant lui-même la main au coup d'État; « qu'on ne lui pardonnerait pas de se lier avec le Directoire pour opérer le renversement de la constitution et de la liberté ».

Bonaparte pense au lendemain du coup d'État; ce lendemain sera son jour. Le succès même du Directoire rendra le Directoire odieux; le retour à la révolution jacobine sera impopulaire; les modérés, à peine remis de la crainte d'une rentrée des émigrés, tomberont dans la peur des Jacobins. Le pouvoir appartiendra à l'homme qui rassurera tout le monde, contre tous les excès. Il faut donc que les triumvirs triomphent des royalistes, mais qu'ensuite ils se détruisent eux-mêmes : Bonaparte les aidera à anéantir l'ennemi commun, puis, cet ennemi abattu, il se fera contre eux le chef des mécontents, des déçus, de tous ceux que la tyrannie et l'incapacité des gouvernants dégoûteront et effrayeront. Plus patient et plus perspicace que Hoche, il n'eut garde de se livrer au Directoire. Il jugea que son épée serait déplacée dans ce qu'il qualifiait une « guerre de pots de chambre ». L'armée devait tout décider, mais en paraissant obéir et n'obéir qu'aux lois. Elle n'apparaîtrait que pour sauver la constitution ; elle laisserait aux Directeurs la responsabilité du complot et du sophisme ; mais le personnage de sabreur naïf et grossier n'était point l'affaire de Bonaparte. Tout en se réservant de marcher sur Paris si les choses tournaient trop mal, il estima suffisant d'y envoyer un homme de main, qui tiendrait, à l'égard du Corps législatif, l'emploi, fort utile et peu glorieux, d'Abner dans la tragédie classique. Il avait à sa disposition un des plus brillants parvenus de la Révolution, bon tacticien, batailleur intrépide, mais tête creuse, suffisant, général avec un panache de tambour-major et une faconde de sans-culotte, la politique d'un matamore et « la plus forte lame de France ».

Le 27 juillet, Bonaparte écrivit au Directoire que le général Augereau avait demandé de se rendre à

Paris « où ses affaires l'appelaient ». Ces affaires étaient d'envahir une assemblée au nom de la liberté, de violer la constitution afin de régénérer la République, de le dire, de le croire et d'empoigner les gens qui n'approuveraient pas. Cette arrivée d'Augereau s'annonçait à propos, le lendemain de la déconvenue de Hoche. Bonaparte, comme toujours, avait saisi le joint et opéré au bon moment. Augereau cria partout, sur son chemin, et à Paris, dès son arrivée, qu'il venait exterminer les royalistes. Il confia à Barras que l'armée ne demandait qu'à épurer les conseils, que Bonaparte était prêt à la mettre en mouvement, et qu'il tenait plusieurs millions à la disposition des défenseurs de la liberté. Les triumvirs reprirent de l'aplomb. Ils avaient Bonaparte avec eux : la République était sauvée! Sandoz écrivait le 11 août : « Le général Bonaparte jouit aujourd'hui de la plus grande faveur dans le Directoire... J'en ai été témoin... » Les Directeurs Reubell et Larevellière le désignent « comme le bouclier de la constitution présente ».

De part et d'autre, on se prépare au combat, mais on s'épie, on s'attend. Chaque faction espère que l'autre commettra quelque imprudence grossière et trébuchera dans son propre filet, ce qui permettra de l'assommer juridiquement. Les meneurs des Conseils hésitent à enrôler des hommes, à engager l'action, craignant de donner prise sur eux. Les hommes de main se présentent, cependant. Frotté pénètre dans Paris; des chouans déguisés s'y faufilent à sa suite, et, au milieu d'eux, La Trémouille, Bourmont, d'Autichamp, Brulart, Rivière, Polignac, les « Messieurs » du complot de 1804. Toutefois ils se sentent si impopulaires, si réprouvés par l'immense majorité des Français, qu'ils n'osent se découvrir. Tout leur plan consiste à bâcler avec Pichegru et les siens une sorte de machine constitutionnelle, à étiquette républicaine, moyennant quoi ils s'empareront des places et des commandements; puis ensuite, s'ils sont en force, grâce aux Condéens qui se rapprochent de la frontière, et à la neutralité bienveillante des puissances étrangères, ils expulseront les républicains et rétabliront la monarchie. Rien ne décèle mieux l'impuissance des royalistes que cette impossibilité où ils étaient de concevoir, même en cas de succès, l'espoir d'une restauration par l'opinion publique. Ils ne pouvaient compter que sur les alliances du dehors, sur un coup de force auquel ils se mêleraient subrepticement et sur une révolution républicaine d'apparence, seul moyen de faire accepter, par le peuple, le coup d'État qu'ils tâcheraient plus tard de détourner à leur profit.

En attendant que l'on en vienne aux mains, on se dénonce et on s'injurie furieusement : les directoriaux l'emportent contre les clichyens, les Conseils contre le Directoire et les factieux, les Directeurs entre eux, avec des invectives de portefaix. On n'a de leurs délibérations que des lambeaux : ils semblent détachés d'un roman de Restif de la Bretonne. Ce sont presque toujours les affaires du dehors qui les mettent aux prises; sur celles du dedans ils ne s'expliquent même plus; mais comme il faut bien discuter sur les autres affaires et envoyer des instructions à Lille où Malmesbury négocie, à Udine où les plénipotentiaires autrichiens arrivent, on discute, les passions s'échappent et les colères éclatent. Le 14 août, Barras raconte à Lavalette qu'ils se sont « empoignés » au sujet des préliminaires de Leoben et des lettres de Bonaparte. « J'ai, dit-il, défendu Bonaparte. J'ai dit à Carnot : « Tu n'es qu'un vil scélérat, tu as vendu la République, et tu veux égorger ceux qui la défendent, « infâme brigand ! Tu n'as pas un pou sur ton corps « qui ne soit en droit de te cracher au visage !... » Carnot se lève, apostrophe Barras, le traite d'aventurier, de bête ; il proteste contre ses accusations. « Je jure que ce n'est pas vrai ! s'écrie-t-il en levant la main. — Ne lève pas la main ! riposte Barras, il en dégoutterait du sang ! » Ils sont au moment de se jeter l'un sur l'autre : on les sépare. Talleyrand était présent, et l'on s'explique qu'à cette école il ait affermi son impassibilité naturelle. Les sorties de Napoléon le trouveront cuirassé. En me racontant la scène, écrit Sandoz, il avait l'air de dire : « Dans quel moment suis-je entré en place ! le moyen de travailler utilement au retour de la tranquillité générale ! »

Le fait est que rien d'utile ne se peut faire ni même tenter. Tous les rapports que Talleyrand soumet au Directoire, les dépêches qu'il rédige ne sont que pour occuper le tapis ; l'esprit seul en est à noter, et cet esprit est d'étendre de plus en plus les préliminaires, jusqu'à les déchirer au besoin : éloigner l'empereur de l'Italie, l'agrandir en Allemagne pour qu'il y soit aux prises avec la Prusse, également agrandie, payer la rive gauche du Rhin par des sécularisations sur la rive droite, sinon, indemniser l'empereur en Italie, à condition que la France garderait la ligne de l'Adige : « dans ce cas, la cession formelle de Venise importerait peu au Directoire ». A tout prix, conserver les îles : « Rien n'est plus important que de nous mettre sur un bon pied dans l'Albanie, en Grèce, en Macédoine et autres provinces de l'Empire turc d'Europe, et même toutes celles que baigne la Méditerranée, comme notamment l'Égypte, qui peut nous devenir un jour d'une grande utilité. » Au reste, ces indications n'ont rien d'impératif : « Ce sont des instructions et non des ordres. Le Directoire a une entière confiance en vous et se repose sur votre sagesse comme sur votre gloire (1). » Les triumvirs se réservent, une fois le Directoire épuré, de « tracer à l'empereur le cercle de Popilius ». Thugut, qui connaît aussi ses auteurs, espère bien s'échapper de ce cercle classique; il compte pour s'en délivrer sur la révolution qui couve à Paris.

(1) Rapport de Talleyrand, 13 août; *Instructions aux généraux Bonaparte et Clarke*, 19 août; *Talleyrand à Bonaparte*, 23 août 1797. *Corr. inédite*, t. VII, p. 220. — PALLAIN, p. 110, 122.

IV

L'empereur avait ratifié les préliminaires sans plus d'empressement que n'avaient fait les Directeurs; mais de même que le Directoire jugeait nécessaire de flatter l'opinion en laissant espérer la limite du Rhin, François II trouve opportun de rassurer l'Allemagne et de relever son crédit en annonçant la paix sur le principe de l'intégrité de l'Empire. Cette annonce a d'autres avantages : elle met en méfiance les Prussiens qui voient les sécularisations leur échapper; elle permet à l'Autriche, le cas échéant, de se faire payer plus cher la cession de la rive gauche. Consentir cette cession sera, en effet, pour l'empereur, une sorte de parjure, l'honneur y sera engagé, et le préjudice que souffrira la vieille réputation de loyauté de la cour de Vienne ne pourra être compensé que par beaucoup de terres, peuplées de beaucoup d'hommes. Thugut d'ailleurs préférait, toujours comme le Directoire, ne rien donner, tout reprendre et y ajouter Venise. Il n'en désespère pas. Que le parti « des anciennes limites » triomphe à Paris, c'est la paix immédiate, et, après cette paix, un gouvernement paralysé par les factions, sans gloire, sans prestige, une Pologne démocratique; Bonaparte sera désavoué, destitué, abandonné tout au moins, et enfin, Bonaparte n'est pas invincible.

La pensée de derrière la tête, qui sera la pensée permanente de l'Autriche, après tous les traités : Campo-Formio, Lunéville, Presbourg, Vienne; qu'elle n'abandonnera jamais, et qu'elle réalisera en 1814, se fait jour à ce lendemain de Leoben. Le comte Cobenzl écrit de Pétersbourg, à Thugut, le 4 mai : « D'après la manière dont on nous représente la position actuelle des Français et les énormes armements qui se font chez nous, on devrait les croire perdus, si on ne diffère pas à les attaquer. Un succès bien complet contre Bonaparte, si on en profite, pourrait avoir de grandes suites, vu le peu de monde qu'il doit avoir laissé en Italie, et alors il ne devrait plus être impossible de faire directement la paix, sans que la monarchie perde rien de ses anciennes possessions, ou en recevant des équivalents plus à notre portée pour les Pays-Bas, si leur restitution est impossible. »

C'est bien l'avis de Thugut; mais pour atteindre ce grand objet, il faudrait l'aide de l'Europe. Or le tsar Paul ne veut entendre parler ni de subsides ni de corps auxiliaire; les Anglais semblent vouloir faire une trêve, et d'ailleurs en négociant avec eux on risque de traiter sur le pied du *statu quo ante :* les Français dans leurs anciennes limites, les Autrichiens avec leurs Pays-Bas; ni troc de Bavière, ni partage de Venise. D'autre part, les belliqueux peuvent l'emporter à Paris; Bonaparte peut continuer son jeu de hasards et de surprises victorieuses; qu'on le laisse faire, il révolutionnera l'Italie, il annexera les Légations, Venise même, ou, s'il la donne, il ne la livrera que dépouillée et, qui pis est, démocratisée. Dans cette hypothèse, si la France exige, en tout ou en partie, la rive gauche du Rhin, l'Autriche veut en être payée en Italie : il convient donc de protester contre la réunion des Légations à la Cispadane, d'occuper Raguse et tout ce qu'on pourra le long de l'Adriatique, de s'armer et d'attendre, de pied ferme, en se nantissant, les événements de Paris.

Gallo et Merveldt arrivèrent à Udine le 10 août; Clarke s'y trouvait déjà; Bonaparte s'en rapprocha et vint, le 17, s'établir à Passariano. Persuadé que les Autrichiens spéculaient sur les agitations de Paris, il était décidé à les pousser dans leurs retranchements. Voulant la paix, il lui importe de la conclure de façon que le Directoire ne puisse pas en attribuer le mérite au coup d'État et s'en glorifier. De cette façon seulement il pourra, au lendemain de ce coup d'État, se présenter à la France comme l'arbitre des partis et le grand pacificateur, au dedans et au dehors. Tout l'y convie. Lavalette, qui dîne avec Mme de Staël chez Talleyrand, rapporte que « pendant tout le dîner ses éloges au vainqueur de l'Italie avaient toute l'ivresse, tout le désordre et toute l'exagération de l'inspiration. En sortant de table, la société se dirigea vers un cabinet pour y voir le portrait du héros, et comme Lavalette reculait pour laisser entrer Mme de Staël : — Comment, dit-elle, oserai-je passer devant un aide de camp de Bonaparte? » Fontanes lui adresse une épître, imitée, presque parodiée de la fameuse lettre de Malherbe à Richelieu : « Vous aimez la gloire, et cette passion ne s'accommode pas des petites intrigues et du rôle compirateur subalterne auquel on voudrait vous réduire. Il paraît que vous aimez mieux monter au Capitole... Je crois bien que votre conduite n'est pas très conforme aux règles d'une morale très sévère; mais l'héroïsme a ses licences : et Voltaire ne manquerait pas de vous dire que vous faites votre métier d'illustre brigand comme Alexandre et comme Charlemagne... Le théâtre de l'Italie est déjà trop étroit pour la grandeur de vos vues. Je rêve souvent à vos correspondances avec les peuples de la Grèce... Je ne serais point étonné que vous eussiez conçu le projet hardi de planter à la fois l'étendard français sur les murs du Vatican et sur les tours du Sérail... Ce serait une étrange manière de renouveler l'empire d'Orient et celui d'Occident. Mais vous m'avez accoutumé aux prodiges... (1). »

Les journaux sont remplis d'appels à César. Les lettres arrivent à Bonaparte, de toutes mains et comme de tous les étages de la Révolution. C'est l'évêque Grégoire : « Au milieu de vos triomphes, il vous reste une gloire nouvelle à recueillir, c'est de concourir à éteindre les divisions religieuses ou plutôt antireligieuses qui déchirent la République. » C'est le ci-devant marquis et toujours maître intrigant, Chauvelin, qui en appelle « à l'immortel Bonaparte », « aujourd'hui que la Constitution et la liberté semblent avoir tant besoin de

(1) SAINTE-BEUVE, *Portraits littéraires*, t. II, p. 247, article Fontanes.

secours et d'appui ». C'est Aubert-Dubayet, ambassadeur à Constantinople, qui s'adresse au général, comme tous ses collègues d'ailleurs, pour demander le mot d'ordre. C'est Carnot enfin : « La République ne sera fondée que par la paix ; la paix enchantera les Français et finira les maux de la République. Concluez-la et venez. Le peuple français tout entier vous appellera son bienfaiteur. Venez étonner les Parisiens par votre modération et votre philosophie. Il n'y a que Bonaparte redevenu simple citoyen qui puisse laisser voir le général Bonaparte dans toute sa grandeur. » Bonaparte est prêt à sacrifier Carnot aux triumvirs, parce que le triomphe du parti avec lequel Carnot succombera ramènerait la monarchie ; mais les royalistes éliminés, Bonaparte profitera de l'illusion populaire que manifeste l'« organisateur de la victoire » ; c'est grâce à cette illusion que Bonaparte, acclamé comme citoyen, se fera dictateur de la République (1).

Les conférences recommencèrent le 31 août, et, de part et d'autre, on se plaignit de la violation des préliminaires. Les Autrichiens prétendirent mener de front, dans un congrès, en Allemagne, les négociations de la paix de l'Empire et celles de la paix d'Italie. Bonaparte vit le piège : les Allemands refuseraient la cession de la rive gauche et fourniraient à l'Autriche des arguments pour élever ses prétentions en Italie. Il

(1) Lettres d'Aubert-Dubayet, 1er août ; de Chauvelin, 12 août ; de Grégoire, 30 août ; de Carnot, 17 août 1797. *Corr. inédite*, t. V et t. VI.

déclara que la paix d'Italie se ferait avant celle d'Allemagne, et la préjugerait en réglant l'affaire du Rhin. Ce fut au tour des Allemands de résister. Merveldt objecta ses instructions. « Si vos instructions portaient qu'il fait nuit actuellement, s'écria Bonaparte, vous nous le diriez donc! » Alors ils découvrirent leur jeu et réclamèrent, pour leur maître, les trois Légations, Mantoue, Venise et toute la Terre ferme. « A combien de lieues votre armée se trouve-t-elle de Paris? » leur répondit Bonaparte. Ils répliquèrent en lui demandant ce qu'il pensait de cette armée. « Vos propositions, répliqua-t-il, signifient que l'empereur veut se faire couronner roi de Rome; je vous assure que quinze jours après l'ouverture de la campagne, je serai à Vienne, et, à mon approche, le peuple, qui a déjà cassé, la première fois, les glaces de M. Thugut, cette fois-ci le pendra. » Il demanda des renforts à Paris et donna ostensiblement des ordres de marche pour le 23 septembre.

Cette conférence avait eu lieu le 5. La veille (18 fructidor), le coup d'État s'était accompli à Paris. Bonaparte en fut informé le 12 septembre; il en effraya les Autrichiens, qui s'adoucirent aussitôt. On convint que, si l'empereur reconnaissait à la République les limites constitutionnelles, avec Mayence et une partie de la rive gauche du Rhin, il aurait Venise et la Terre ferme jusqu'à l'Adige. Les Autrichiens demandèrent à consulter leur cour, et Merveldt partit pour Vienne.

Les journaux et les lettres de Paris confirmèrent les pronostics de Bonaparte. Talleyrand lui écrivit, le

6 septembre : « Paris est calme, la conduite d'Augereau parfaite, on voit qu'il a été à bonne école... On est sorti un instant de la constitution, on y est rentré, j'espère pour toujours. » C'était la vérité officielle. En réalité, la place était nettoyée des brouillons royalistes; mais c'était pour s'encombrer des brouillons jacobins, et au point de vue où se plaçait Talleyrand tout serait bientôt à recommencer. Ce n'était pas le coup d'État de Bonaparte. Le général s'applaudit d'y avoir employé un comparse, et d'y voir Hoche compromis. Les suites lui parurent à la fois impolitiques et dangereuses. Après avoir écrasé les royalistes, le Directoire proscrivait les modérés et recommençait à persécuter le clergé. Ces mesures inintelligentes devaient révolter, tôt ou tard, l'opinion et produire une explosion de mécontentement plus grave encore que celle du dernier printemps. En attendant, les Directeurs gouvernent par les seuls moyens à leur portée : la guerre de réquisitions au dehors, la terreur sournoise au dedans, c'est-à-dire les moyens de la Révolution, sans les nécessités de la Révolution, sans l'invasion à repousser, l'intégrité de la France à défendre, l'unité nationale à sauver.

Bonaparte juge la guerre périlleuse. Marchant sur Vienne, il peut vaincre, sans doute, si l'armée du Rhin pousse hardiment en Allemagne; mais il n'a pas confiance en cette armée : elle est lente, le commandement y est divisé. Il n'entend d'ailleurs partager avec elle ni l'honneur de la guerre ni la popularité de la paix. Enfin si elle ne marche pas ou si elle marche mollement, si les Autrichiens qui se sont refaits ont un élan d'audace, si l'archiduc a un éclair de génie, Bonaparte peut être écrasé. Il ne risquera point cette partie. Il a l'avenir devant lui; il a encore le temps d'être prudent. Il traitera, et d'autant plus vite qu'il voit, au ton des lettres de Talleyrand, par celles que Maret lui fait tenir de Lille, que la négociation avec l'Angleterre va se rompre. L'Angleterre rejetée dans la guerre, c'est de l'argent pour l'Autriche qui n'en a plus, et un soutien pour Thugut, que tout le monde abandonne. La paix faite avec l'Autriche, Bonaparte attendra, en luttant contre l'Angleterre, l'inévitable remous que causeront l'incapacité et les excès du Directoire.

Il s'y prépare. Autant il avait montré d'ardeur à pousser les Directeurs au coup d'État, autant il montre de réserve à les en féliciter. Il ménage ses clients de demain qui, n'ayant plus d'espoir qu'en lui, doivent nécessairement lui revenir. Il multiplie, par l'écho de ses discours aux Cisalpins et aux Génois, par ses avis directs à Talleyrand et aux Directeurs nouvellement élus, les conseils politiques : « De l'énergie sans fanatisme, des principes sans démagogie, de la sévérité sans cruauté... » « Il est une petite partie de la nation qu'il faut vaincre par un bon gouvernement... » Il écrit à Augereau : « Qu'on ne fasse pas la bascule et qu'on ne se rejette pas dans le parti contraire. Ce n'est qu'avec de la sagesse et une modération de pensée que l'on peut asseoir d'une manière stable le bonheur de la patrie. »

Il s'aperçoit qu'on l'espionne; Lavalette l'avertit que le Directoire le trouve tiède; Augereau lui écrit que les Directeurs vont lui commander la guerre à outrance; Talleyrand et Barras lui envoient des avis qui se résument en ces mots : « Expulser les Autrichiens de l'Italie. » Il répond par une mise en demeure. Sans Venise, écrit-il aux Directeurs, il doute que la paix soit possible : aux Directeurs de choisir; les destinées de l'Europe dépendent de leur décision. Mais cette décision, il la leur dicte. Il force les nuances, augmente les périls, exagère les ressources de l'ennemi, diminue les siennes : il déclare que, si le Directoire veut recommencer la guerre, l'armée du Rhin doit entrer en campagne quinze jours avant celle d'Italie; le roi de Sardaigne doit fournir 10,000 hommes; le Directoire doit ratifier sans délai le traité conclu avec ce prince. Surtout, répète-t-il, qu'on ne s'illusionne pas sur la force des républiques italiennes; ces républiques demandent tout et donnent très peu de chose. « Si nous retirions, d'un coup de sifflet, notre influence morale et militaire, tous ces prétendus patriotes seraient égorgés par le peuple. Ce n'est pas lorsqu'on laisse dix millions d'hommes derrière soi, d'un peuple foncièrement ennemi des Français, par préjugé, par l'habitude des siècles et par caractère, que l'on doit rien négliger. » Il le sait d'instinct et d'expérience; l'événement, en 1799, ne le démontrera que trop; mais il sait aussi que le Directoire a des préjugés contraires, et il ajoute : « Si l'on ne m'en croit pas, je ne sais qu'y faire. » Enfin l'argument sans réplique : « Je vous prie de me remplacer... La situation de mon âme a besoin de se retremper dans la masse des citoyens. Depuis trop longtemps, un grand pouvoir est confié dans mes mains. Je m'en suis servi, dans toutes les circonstances, pour le bien de la patrie; tant pis pour ceux qui ne croient point à la vertu (1)!... »

V

L'une des premières pensées du Directoire « épuré » avait été pour Bonaparte; l'un de ses premiers actes, dans la journée même du coup d'État, fut de révoquer Clarke, suspect de connivence avec Carnot, et de déclarer Bonaparte seul chargé des négociations; c'était dans la confiance que Bonaparte tracerait, de son épée, le fameux cercle de Popilius. Mais les jours passent; les courriers d'Italie se font attendre; le Directoire ne reçoit ni de félicitations ni de serments, ni surtout d'argent. Des lettres de l'armée rapportent que Bonaparte, si réservé avec le Directoire, se montre, au contraire, très prolixe avec son entourage et blâme hautement les proscriptions. Les Directeurs passent du mécontentement à la crainte. Barras demande à Auge-

(1) Bonaparte au Directoire, 19, 21, 25 septembre; à Talleyrand, 26 septembre 1797.

reau des garanties en espèces. Cependant, comme on ne peut se passer de Bonaparte, et qu'on espère encore une fois le brider, après l'avoir employé à vaincre, on lui expédie courrier sur courrier, notes sur notes.

Le Directoire, malgré l'expérience de ses déconvenues successives, considère l'alliance comme faite avec le roi de Prusse et spécule en conséquence : grâce à ce prince et à ses alliés, on aura la majorité dans la Diète ; la Diète cédera la rive gauche du Rhin, et l'Autriche sera forcée de ratifier la cession. Par suite, on pourra l'expulser de l'Italie. De ce côté donc, plus de complaisances. Les Directeurs, qui redoutent tout de Bonaparte, estiment cependant que tout est possible par lui, ne comprenant point que plus ils lui demandent, plus ils le grandissent, et que plus ils obtiennent de lui, plus ils abdiquent entre ses mains. Ils ne ratifieront pas le traité avec le Piémont : à quoi bon les 10,000 Piémontais, puisqu'on aura les Prussiens et que l'Autriche sera, par les nouveaux exploits de Bonaparte, réduite à merci ? Le royaume de Piémont subira une révolution ; il n'appartient pas à la France de l'en garantir. « Le Piémont deviendra ce qu'il pourra, entre la France et l'Italie, l'une et l'autre libres. » Bonaparte dit qu'il a besoin d'hommes ; à défaut des 10,000 Piémontais réguliers que promettait le traité, il embauchera des Piémontais irréguliers !... Quant à la paix avec l'empereur, le Directoire veut la limite du Rhin ; il veut l'expulsion totale des Autrichiens de l'Italie ; il veut que l'empereur évacue Raguse, renonce à Venise et se contente de l'Istrie et de la Dalmatie, auxquelles on joindra, au besoin, des terres allemandes, l'évêché de Salzbourg et l'évêché de Passau. Le Directoire le veut, mais il sait qu'il ne le peut pas. C'est pourquoi Talleyrand, qui expédie, le 15 septembre, ces ordres belliqueux, y ajoute cette réserve qui en contient tout l'esprit : « Tel serait l'ultimatum du Directoire, si toutefois vous êtes en mesure de soutenir la proposition. Sinon, vous marquerez au gouvernement ce que vous pouvez tirer de la négociation. Vous avez carte blanche... »

Pour faciliter les choses et mettre Thugut à la question, le Directoire recourt encore une fois au procédé de « chantage », déjà tenté vainement par le maître drôle Poterat, en 1795 et en 1796, par Clarke en 1796 et en 1797 : si Thugut persiste à refuser la paix, on divulguera, partout, dans les journaux, le secret de ses affiliations avec la France, de ses pensions sur la cassette, et on le dénoncera comme s'étant vendu à l'Angleterre après s'être vendu à Louis XV. Cette insinuation, écrit Talleyrand le 17 septembre, est portée par un « exprès de confiance ». Cet exprès était, vraisemblablement, le citoyen Bottot, secrétaire intime de Barras et son âme damnée, que le Directoire dépêcha le même jour en Italie pour observer les dispositions de l'armée et celles du général, s'expliquer avec Bonaparte, dissiper ses préventions, le surveiller en un mot, le gagner s'il était possible, et rapporter, soit un pacte d'alliance, soit des chefs d'accusation.

Toutes ces combinaisons reposent sur deux hypothèses : l'alliance prussienne, or les Prussiens déclinent l'alliance; la marche des armées de Sambre-et-Meuse et du Rhin, et ces armées ne marchent pas. Moreau, devenu suspect pour avoir connu les complots de Pichegru, et ne les avoir révélés qu'après le 18 fructidor, a été remplacé par Hoche, qui a eu ainsi, un moment, les deux armées dans la main. Mais Hoche meurt le 19 septembre. Le Directoire ne s'en déconcerte pas : il décerne de magnifiques funérailles au héros; puis, comme Augereau devenait gênant à Paris et prétendait siéger au Directoire, il lui donne le commandement de l'armée d'Allemagne « pour arrêter ses pernicieux desseins, le récompenser et l'écarter en même temps ». Toutes ces raisons n'en faisaient pas un général d'armée capable de remplacer Moreau et Hoche. Ne recevant d'ailleurs ni réponses ni avis de l'armée d'Italie, les Directeurs continuent de raisonner dans le vide, prenant leurs instructions pour des victoires, élevant le ton d'un courrier à l'autre, augmentant les exigences, restreignant les concessions, déclarant possible ce qui leur semble souhaitable, tenant pour accompli ce qu'ils ont ordonné et prenant le silence de Bonaparte pour un consentement de la destinée.

Larevellière-Lépeaux présidait alors le Directoire et tenait la plume. Ses dépêches rappellent les beaux jours de Brissot. Le 21 septembre, il mande à Bonaparte de conserver à la France les îles Ioniennes et les bouches de Cattaro : la République sera ainsi en mesure de brider l'ambition de la maison d'Autriche du côté de l'Albanie, de la Bosnie, du Montenegro, de l'Herzégovine. Le 23 septembre : l'Autriche convoite Malte, elle ne doit point l'obtenir; les vues de Bonaparte sur l'Égypte sont « grandes, et l'utilité doit en être sentie »; la France déjouerait par là les entreprises des Russes et des Anglais dans la Méditerranée. Le Directoire, du reste, ne veut plus rien donner, les principes s'y opposent : « Nous ne sommes pas entrés en Italie pour nous faire marchands de peuples. » « On ne peut plus penser au moindre ménagement envers la maison d'Autriche, qu'il faut attaquer par tous les moyens. Sa perfidie, son intelligence avec les conspirateurs de l'intérieur, sont manifestes. » Le 27 : les Autrichiens ont occupé Raguse, il faut en prendre acte pour occuper Malte; cette occupation devient légitime. Le 29, le Directoire arrête des instructions « irrévocables » : c'est l'Italie libre jusqu'à l'Isonzo : l'Istrie et la Dalmatie, tout au plus, et si l'on ne peut l'éviter, Salzbourg et Passau, à l'empereur; mais le Directoire, délivré de l'« influence autrichienne », ne veut point renouveler « l'erreur monstrueuse du traité d'alliance de 1756 »; il ne veut pas livrer l'Italie. Tel est son *ultimatum*, « déjà trop favorable à l'Autriche ». Le Directoire n'y changera rien. « Il préfère les chances de la guerre. » Ce sera la guerre à coups de révolutions, en Italie, en Allemagne même : « Que la maison d'Autriche se repente de son opiniâtreté... en perdant pour jamais la plus belle partie de ses États héréditaires. » Venise doit savoir que l'on combat pour elle; l'Italie doit fournir des hommes et de l'argent... Cependant les Directeurs eurent comme une sorte de pressentiment de leurs chimères, et ils terminèrent leur dépêche par cette réflexion, la seule partie sérieuse de leur manifeste illusoire : « Le Directoire connaît votre position; il ne s'abuse pas sur l'état de vos forces : vous ne pouvez compter que sur vous-même et sur votre armée accoutumée à vaincre. »

Bonaparte était bien, pour l'avenir, de l'avis des Directeurs : il voulait prendre le Piémont, organiser l'Italie et la tenir en dépendance, y adjoindre Venise avec toute sa terre ferme, toutes ses lagunes et toutes ses côtes, expulser les Autrichiens de Raguse et des bouches de Cattaro, s'assurer des communications avec l'Albanie, soustraire la Bosnie et l'Herzégovine à l'ambition de l'empereur, s'emparer de Malte et s'établir en Égypte; tous ces desseins germaient dans son esprit comme dans celui des Directeurs et s'y enchaînaient par une sorte de nécessité; mais, tandis que dans l'imagination des Directeurs ces idées se groupaient, comme en cohue, confuses et vacillantes, elles s'ordonnaient dans l'esprit de Bonaparte à mesure que, l'une après l'autre, il en réalisait les conditions de succès. C'était, chez les anciens conventionnels et chez le général, la même conception disproportionnée de suprématie européenne. Le Directoire en prescrivait l'exécution à coups de décrets sans en donner les moyens, et comptant sur Bonaparte, pour faire l'impossible, il le lui commandait aveuglément. Bonaparte qui voulait accomplir l'entreprise, en voyait les moyens, calculait les étapes et mesurait les coups à la portée de son bras.

Les lettres qu'il avait envoyées à Paris, du 19 au 25 septembre, réveillèrent les Directeurs de leur rêve. Ils prétendaient faire très grand; mais le premier pas, de quoi tout le reste dépendait, était impossible sans Bonaparte : guerre, paix, victoires, argent, conquêtes, ce général tenait tout en sa main. Les grands chefs d'armée avaient disparu ou étaient écartés. Bonaparte subsistait seul, grandissant dans l'opinion, par l'évanouissement de ses émules autant que par ses propres triomphes. Le Directoire fit ce qu'il avait toujours fait depuis 1796 : il se prosterna. Quoi! Bonaparte a douté d'eux et de leur confiance! écrivent-ils le 30 septembre : « Vous avez dû entendre le citoyen Bottot. Citoyen général, craignez que les conspirateurs royaux, au moment où peut-être ils empoisonnaient Hoche, n'aient essayé de jeter dans votre âme des dégoûts et des défiances capables de priver votre patrie de votre génie... Le Directoire exécutif croit à la vertu du général Bonaparte, il s'y confie... » Mais Bonaparte ne peut parler de repos ou de démission. La Constitution est en péril si de misérables intrigues « empêchent la République de s'élever à ses destinées; s'il faut renoncer aux résultats de la conquête de l'Italie ». « Si la France n'est pas triomphante, si elle est réduite à faire une paix honteuse, si le fruit de vos victoires est perdu, alors, citoyen général, nous ne serons pas seulement malades, nous serons morts... »

Bonaparte a prévu leur réponse, et il a déjà pris ses mesures. Il serre le filet autour de Venise, disposant les choses de manière que les Autrichiens n'aient qu'à tirer la corde. Il confisque tout ce qui se peut emporter. La docilité des démocrates vénitiens lui rend l'opération facile. Il prépare l'occupation de Malte et menace les Autrichiens dans l'Adriatique. Son jeu est de grossir les difficultés à Paris, afin qu'on y accepte la paix, et d'intimider les Autrichiens par l'appareil de la force, afin qu'ils consentent à signer. Il multiplie ses déclarations, qui deviennent comminatoires : « Le Directoire est indigné des menées ridicules du cabinet de Vienne... dit-il aux plénipotentiaires autrichiens. Si vous avez trouvé à Leoben un refuge dans notre modération, il est temps de vous faire souvenir de la posture humble et suppliante que vous aviez alors... Avant les préliminaires, vous n'avez pas voulu reconnaître la République française ; à Leoben vous avez été obligé de reconnaître la République italienne : prenez garde que l'Europe ne voie la République de Vienne ! »

Si effaré que l'on fût à Vienne, on ne l'était pas encore au point d'y craindre la république; mais l'occupation de la ville par les Français suffisait à effrayer le peuple. Le gouvernement trouva que ce serait faire un coup de maître d'écarter ce péril et en même temps de s'arrondir en Italie. Thugut raisonnait et spéculait comme les Directeurs : prendre le moins possible, et ménager l'avenir. Donc exiger Venise et toutes ses dépouilles, plus Raguse, Cattaro, Salzbourg, Passau; tâcher de conserver à l'Empire la rive gauche du Rhin dans sa plus grande partie, s'en faire un mérite aux yeux des Allemands; abaisser la Prusse qui avait trafiqué de la terre allemande; la décevoir dans ses ambitions de sécularisation; et, si l'on devait, à toute extrémité, consentir la cession totale de la rive gauche, observer la maxime de Marie-Thérèse dans les affaires de Pologne : « Agir à la prussienne, en conservant les apparences de l'honnêteté », c'est-à-dire abandonner en secret le Rhin aux Français, s'en faire payer d'avance en bonnes terres épiscopales ou abbatiales, puis publiquement garantir l'intégrité de l'Empire, renvoyer les accords définitifs à un congrès, y agiter les esprits, y fomenter une ligue de résistance, amener les Allemands à refuser le Rhin aux Français : ensuite, le temps faisant son œuvre, renouer avec les Anglais et les Russes une seconde coalition; moyennant quoi, on chasserait les Français d'Italie et d'Allemagne, on recouvrerait les pays perdus, la Belgique et le Milanais, on troquerait la Belgique contre la Bavière, et l'on recevrait de l'Europe délivrée, à titre d'indemnité légitime, ces mêmes terres d'Italie et d'Allemagne, Venise, l'Istrie, la Dalmatie, les Légations, Salzbourg, Passau, que la maison d'Autriche aurait fait le sacrifice d'accepter de la main des révolutionnaires, en compensation de ses pertes. Voilà le plan de Thugut. Ce sera celui de Metternich; l'Autriche le réalisera, en partie, en 1814. Ainsi dans le même temps où le Directoire prescrit à Bonaparte la politique de 1799 et de 1805, l'Autriche se propose les desseins qui lui feront rompre successivement les traités de Campo-Formio, de Lunéville et de Presbourg.

En attendant, Thugut ne cesse pas de vitupérer

contre le « tripot des brigands de Paris ». Tout dépend, en effet, de l'issue des disputes et dissensions entre le Directoire et les Conseils. « Nous ne pouvons, disait Thugut, espérer de rendre Bonaparte et le Directoire raisonnables que par la sujétion où les mettent ceux qui demandent la paix en France. » Il tâche d'opposer à Bonaparte Moreau, qui semble accessible, et il charge M. de Vincent de faire à ce général « des insinuations ». On sait à Vienne que Moreau est « du nombre des modérés et des bien pensants », qu'il déteste Hoche et Bonaparte : on le prendra par cette jalousie, en lui montrant dans Bonaparte le seul obstacle à la paix. Si Carnot s'échappe et se met à la tête des modérés, si Moreau est assez maître de son armée, il est possible que le Directoire soit contraint de bâcler la paix, de rappeler Hoche et Bonaparte à l'intérieur. Ce serait la guerre civile, et l'on aurait enfin cette Pologne française que l'Autriche attend depuis 1790, où il n'y aurait plus, comme dans l'autre Pologne, qu'à se pencher pour prendre.

Sur ces entrefaites, Thugut apprend, coup sur coup, que les Jacobins ont triomphé à Paris; que Moreau est rappelé; que Pichegru est arrêté. Il n'y a plus à compter sur la guerre civile, et il faut ajourner les grandes combinaisons jusqu'au moment où la France sera de nouveau déchirée, où l'Angleterre et la Russie seront en meilleures dispositions. Il ne reste plus dès lors qu'à tirer de Bonaparte le meilleur parti que l'on pourra, c'est-à-dire les clauses les plus confuses possibles pour l'affaire du Rhin, et autant de terre italienne qu'il sera possible d'en extorquer. L'empereur François écrit à Bonaparte, le 20 septembre, pour témoigner de son désir de la paix; premier pas de ce souverain vers l'homme à qui il devait céder tant de ses provinces, abandonner la suprématie impériale et, finalement, donner sa fille en mariage. Cette fois, il ne s'agit plus de traîner les conférences en chicanes de formes et de délayer des notes de principes : ni Gallo, ni Merveldt ne suffisent plus. Thugut envoie à Bonaparte un homme de confiance, le plus habile et le plus réputé de ses négociateurs, le comte Louis Cobenzl, récemment revenu de Pétersbourg. Bonaparte avait affronté les plus illustres généraux de l'Empire et les avait battus; mais, dans les négociations, il n'avait eu affaire qu'à des comparses : il les avait trop aisément déconcertés. Il allait, pour la première fois, se trouver en présence d'un partenaire de grande surface et de haute allure, d'un des hommes de cour les plus recherchés, d'un des diplomates les plus considérés dans les chancelleries, qui avait appris à lire avec Kaunitz, qui avait fait ses premières classes, ses « humanités », à l'école de Frédéric, et complété ses études à la cour de Russie. Cobenzl passait, à juste titre, pour expert dans les grandes affaires et versé dans le droit public : il avait négocié deux partages de la Pologne, et il allait reprendre avec Bonaparte le démembrement de Venise au point où il l'avait laissé naguère avec la grande Catherine (1).

(1) Lettres de Thugut à Colloredo, 5 août-1er septembre 1797; VIVENOT, *Thugut*, t. II. — SYBEL, *trad.*, t. V, p. 122 et suiv. HÜFFER, p. 379 et suiv.

CHAPITRE IV

LE TRAITÉ DE PAIX

Très laid, très gros, le regard louche, le front dégarni, les cheveux couverts d'une couche épaisse de poudre; fort infatué de ses succès de beau causeur et de comédien de société; obséquieux avec les princes, tranchant, en affaires, avec les ministres; possédant ce vernis voltairien qui était le bon ton de l'homme éclairé, « l'honnête homme » de ce temps-là; habile diplomate, diplomate à conversations et à dépêches plutôt qu'à idées et à ressources; au fond petit homme d'État, le comte Louis Cobenzl avait alors quarante-quatre ans. Il imaginait qu'il aurait vite fait d'éblouir de son prestige et de mettre au pas le « petit Corse » dont toute l'Europe ne parlait tant que parce que cet aventurier n'avait pas encore trouvé son maître.

Il arriva, le 26 septembre au soir, à Udine où logeaient les Autrichiens, et il en informa aussitôt Bonaparte. Celui-ci, estimant que le choix d'un négociateur de marque annonçait enfin l'intention de discuter sérieusement, crut bon de prendre les devants et de mettre la haute courtoisie de son côté. Le 27, à deux heures, entouré d'une escorte brillante, il se rendit à Udine (1). Après les compliments d'usage, Cobenzl le pria de l'accompagner dans son cabinet et lui remit la lettre de l'empereur. Bonaparte la lut; au lieu d'en paraître flatté, il releva avec un air de désagréable surprise la première phrase, où François II se plaignait que la France prétendît s'écarter des préliminaires de Leoben. « La République française, dit Bonaparte, n'a jamais demandé autre chose que d'exécuter les préliminaires; mais vous leur donnez une interprétation qui ne peut être admise; c'est vous qui, par vos lenteurs et vos difficultés éternelles, y avez toujours mis obstacle. » Cobenzl protesta : — Sa cour prenait les articles au sens littéral; d'ailleurs son maître lui avait donné les pouvoirs les plus étendus pour traiter, en ce sens-là, et le plus tôt possible. « C'est, dit-il, la seule [base] que nous puissions admettre, à moins que l'on ne substitue aux articles devenus impossibles par des événements auxquels nous n'avons aucune part, d'autres arrangements qui pussent également nous convenir. » Cet *à moins que* contenait tout l'esprit des instructions de Cobenzl et donnait ouverture à toutes les insinuations. Bonaparte poussa droit au fait : — Pourquoi s'obstiner à parler d'un Congrès européen?

(1) Rapport de Cobenzl, 28 septembre; Bonaparte à Talleyrand, 28 septembre 1797. Les rapports de Cobenzl, conservés aux Archives de Vienne, ont été publiés, en très larges extraits, par M. Hüffer. M. Hüffer les a traduits en allemand. Je dois à son obligeance la communication du texte original, qui est en français.

Qu'ont à faire les alliés respectifs dans cette négociation? Il s'était prêté à cette idée de congrès, à Leoben, par condescendance pour Gallo, mais, ajouta-t-il: « il aurait été contre toute raison d'appeler l'Europe à être témoin d'un acte aussi scandaleux que celui du dépouillement de la République de Venise. » Cette pointe sentait son Frédéric; Cobenzl n'en voulut pas paraître déconcerté; il avait, pour riposter, un arsenal de répliques à la Kaunitz : « Le démembrement de la République de Venise nous a été proposé par vous; l'empereur ne se prête jamais à rien qui ne puisse être connu de toute l'Europe, et ce démembrement est moins scandaleux que le changement opéré dans le gouvernement de Venise, contre la teneur des préliminaires. » Changement était un euphémisme; Bonaparte en goûta la délicatesse, et il y eut, entre Cobenzl et lui, sur ce propos, quelques passes de coquetterie. — Le « changement » n'est point notre ouvrage, mais celui du peuple qui partout a le droit de chasser les tyrans, dit Bonaparte; ce qui donna à Cobenzl l'occasion de répondre « qu'il avait trop haute opinion des talents de M. le général Bonaparte pour croire que, dans un pays qui fourmillait de ses troupes, il pût se passer quelque chose de contraire à ses intentions ». Bonaparte prit le compliment en bonne part. « Les préliminaires, poursuivit-il, n'ont rien stipulé sur le gouvernement de Venise. » Puis, se rappelant sans doute comment les rois avaient opéré, par trois fois en Pologne, et comment, d'après le droit public, c'étaient les spoliés qui devaient consentir eux-mêmes leur ruine, afin de la légitimer : « C'est, dit-il, avec les commissaires de la République de Venise qu'il faudra traiter de la cession, pour la rendre légale. » Cobenzl ne le contesta point, en principe; mais, fit-il observer : « Nous ne pouvons reconnaître la République de Venise avant d'être en possession de toutes nos indemnités. »

C'était un cercle vicieux, puisque Venise fournissait la principale de ces indemnités. Pour démembrer cette république, Bonaparte en avait changé le gouvernement; et l'Autriche, sous prétexte qu'elle n'avait pas reconnu le gouvernement nouveau, ne le jugeait pas autorisé à démembrer juridiquement la République. Bonaparte trouva que Cobenzl « extravaguait ». « Voilà donc, reprit-il, toute la négociation accrochée; comment voulez-vous que nous fassions, si vous refusez de traiter avec les plénipotentiaires vénitiens? — C'est avec vous, repartit Cobenzl, que nous avons à traiter; c'est vous qui nous avez assuré des dédommagements et qui les avez rendus nécessaires en vous appropriant ou en disposant de nos possessions; c'est vous qui êtes en possession, c'est donc à vous à nous les remettre, conformément à l'engagement que vous avez pris. » C'était ce que l'on appelait, dans le jargon des chancelleries, rejeter sur autrui l'odieux du partage. Cobenzl était fort adroit à ce jeu; mais Bonaparte para le coup : « La République française a reconnu les plénipotentiaires vénitiens, et dès lors elle ne peut consentir à ce que l'Autriche s'empare de Venise. » Ce fut à Cobenzl de se récrier :

« Si vous faites toujours comme cela, comment voulez-vous qu'on puisse négocier? — Soit, dit Bonaparte, revenons aux textes : il est écrit que vous aurez Venise quand nous aurons Mayence. » Il s'ensuivit une prise très vive. Cobenzl allégua l'article V qui stipulait l'intégrité de l'Empire; Bonaparte riposta par l'article VI qui reconnaissait pour limites à la France les pays réunis en 1795. « L'intégrité de l'Empire, dit-il, s'entend de soi-même : dans la mesure où il n'y est point dérogé par le traité, et le traité y déroge. » Cobenzl le contesta : « L'empereur n'a reconnu et n'a pu reconnaître que la réunion à la République française de ses propres territoires, la Belgique et le Luxembourg; sur les autres, par exemple sur Mayence, il n'a pas le droit de se prononcer. — Mais, dit Bonaparte, l'empereur a déjà transigé sur Modène; il a accepté la transaction pour l'évêché de Liège; la Belgique d'ailleurs fait partie du cercle de Bourgogne; ce qu'il a consenti pour un cercle, il le peut consentir pour les autres. » Cobenzl répondit : « Il faut distinguer; pour Modène, on avait stipulé un échange. » Sur ce mot Bonaparte s'emporta, voyant bien où s'acheminait la conversation, et que l'unique objet de Cobenzl était de se faire offrir davantage : « Il avait été trop facile, on lui faisait perdre son temps sans nul égard! Or, il s'estimait l'égal de tous les rois! on l'amusait par des prétentions de congrès, par de fausses interprétations de préliminaires... » Cette sortie rendait à Cobenzl ses avantages; il savait payer de contenance. Pendant qu'il se répandait en solennelles protestations de loyauté, Bonaparte s'apaisa. — « La République française, dit-il, ne se départira jamais de l'exécution des lois décrétées par elle; avec les moyens qu'elle a, elle peut, en deux ans, faire la conquête de toute l'Europe. » Puis, sur l'observation de Cobenzl qu'en ce cas l'Europe n'aurait qu'à se garantir par tous les moyens possibles, il reprit : « Je ne dis pas que ce soit l'intention de la République française; mais nous ne ferons pas la paix sans Mayence, et nous ne rendrons pas les forteresses d'Italie sans Mayence. — Et moi, je ne signerai pas la paix sans la stipulation de la prompte évacuation de toutes les provinces qui doivent nous appartenir. — De cette manière votre séjour à Udine ne sera pas de longue durée, et ce sera la dernière raison des rois et des États qui décidera. — L'empereur, déclara Cobenzl, désire la paix, mais il ne craint pas la guerre. Quant à moi, j'aurai au moins la satisfaction d'avoir fait la connaissance d'un homme aussi célèbre qu'intéressant. »

Dans ce premier entretien, Bonaparte et Cobenzl avaient touché tous les points litigieux et reconnu leurs positions. La question était de savoir lequel des deux serait assez tenace ou assez menaçant pour contraindre l'autre à reculer. Ils se rendirent chez Gallo, pour la conférence officielle. Elle dura près de cinq heures. Cobenzl « rabâcha les mêmes choses »; Bonaparte argumenta obstinément. Ces conférences officielles, qui se succédèrent régulièrement, ne furent que la mise en notes et en protocoles des observations échangées dans les entretiens particuliers. Elles ne donnent que la répétition, sans lumière, sans costumes, sans décors, de la pièce qui se composait dans les entr'actes. Lorsque l'on eut signé le procès-verbal, on s'en alla dîner chez Gallo, qui, ce jour-là, traitait tout le monde. Après le dîner, au moment où il savait que « les Allemands parlent volontiers », Bonaparte entreprit de nouveau Cobenzl, et ils firent encore assaut pendant plusieurs heures. Bonaparte, par tactique et par penchant, parut s'abandonner; il parla beaucoup et de toutes choses. Il parla de Pichegru, espérant induire les Autrichiens en quelque indiscrétion; il parla de son propre rôle en Vendémiaire; il parla des émigrés, de la famille royale et impériale; « il n'y mit point d'aigreur », remarque Cobenzl, sans se douter que cette famille serait un jour celle de son étrange interlocuteur. « Il développa, ajoute l'ancien partenaire de Catherine, ses idées sur les mesures révolutionnaires avec cette suite et cette précision qui caractérisent sa manière de voir et qui le rendent si dangereux pour la tranquillité générale. » — « L'empereur est mal servi, dit Bonaparte, désireux de piquer Cobenzl et de l'animer contre Thugut; s'il n'avait pas différé la paix, il serait à présent en possession de son lot; l'échange qu'il fait pour les Pays-Bas et la Lombardie est si avantageux que Joseph II n'aurait pas hésité à y donner les mains, même sans aucune guerre; le changement survenu à Venise doit être considéré comme un changement de règne, arrivé par ordre de succession; tous les États sont soumis à de pareilles variations, et dans les États monarchiques, la volonté seule du souverain en produit d'aussi considérables. Témoin les changements opérés par Joseph II. » Ce général de vingt-huit ans, ce parvenu républicain savait tout, comme d'intuition et par droit de conquête. Sans même prendre le temps de s'en étonner, Cobenzl en vint à parler avec Bonaparte comme il l'aurait pu faire avec la grande Catherine, non certes avec sincérité, mais sans circonlocutions, la main ouverte et cartes sur table : « Pourquoi, dit-il, la France s'attache-t-elle à ce point à la fortune de la Prusse? Son intérêt n'est-il pas au contraire de se rapprocher de l'Autriche pour s'opposer ensemble aux ambitions de cette monarchie? Je ne vois pas pourquoi vous voulez toujours favoriser à nos dépens des républiques que vous avez cependant moins d'intérêt de ménager que nous. » Les précautions oratoires semblaient épuisées, et il fallait en venir aux propositions positives, fixer des prix, marquer des lots; aucun des deux interlocuteurs ne voulait dire le premier mot. « Déboutonnez-vous donc, répétait Bonaparte. — C'est à vous, répondait Cobenzl, de vous déboutonner, et puisque vous voyez des obstacles à la paix, à indiquer les moyens de les lever. »

Bonaparte revint chez lui à Passariano, persuadé que, moyennant la ville de Venise et la ligne de l'Adige, les Autrichiens reconnaîtraient les limites constitutionnelles de la République, et consentiraient, en outre, à la cession de la plus grande partie de la rive gauche du Rhin, avec Mayence. Le point était, « pour sauver les apparences », d'amener Cobenzl à déclarer que l'exécution des préliminaires était impossible. Ces « apparences » n'intéressaient, en France, que les Conseils; en Allemagne, que la Diète. C'est pour ces assemblées, pour les journaux, pour l'opinion du public que furent rédigées les notes et que furent dressés les protocoles de la négociation. Cependant, toutes formelles qu'elles demeurèrent, ces conférences officielles n'en furent pas moins fort agitées. Le 28, Bonaparte mit les Autrichiens en demeure de nommer, avant le 1er octobre, un plénipotentiaire qui s'aboucherait avec ceux des républiques de France et de Venise, et d'ouvrir la discussion sur l'article VI des préliminaires, l'article des limites de la France. La conférence avait lieu chez lui. — On paraît, dit-il aux Autrichiens, ne vouloir que rassembler des prétextes de rupture; on marche sur deux lignes parallèles; il faut se rapprocher. — Il conclut que les préliminaires, étant interprétés de part et d'autre d'une façon différente, devaient être considérés comme nuls, et que le travail était à refaire. Cobenzl maintint que les préliminaires étaient valables, mais qu'ils étaient susceptibles de modifications. « C'est à la France, répétait-il, de proposer les moyens de conciliation. » Ce jeu d'éventail et ce manège de fausse pudeur, à l'autrichienne, ne laissaient pas d'impatienter Bonaparte. Cobenzl comptait sur l'impétuosité du jeune général pour brusquer la déclaration et réduire l'Autriche à une violence qu'elle était fort impatiente de subir. Ils expédièrent les protocoles, dînèrent en compagnie de leurs collègues, et, comme le premier jour, reprirent le propos après dîner (1).

« Croyez-vous de bonne foi, dit Cobenzl, que vos propositions sont le moyen de parvenir à la paix? L'extension que vous donnez au sens des préliminaires, la prétention de vous approprier Mayence et une partie de la rive gauche du Rhin, d'ôter à l'Empire sa principale barrière, ne dévoilent-elles pas un système d'envahissement qui n'aurait plus aucune borne? » Bonaparte protesta que la France, contente de ses succès, resterait dans ses limites et ne ferait plus la guerre que pour sa défense. « Quelle sûreté pouvons-nous en avoir, repartit Cobenzl, si les stipulations des préliminaires ne sont pas remplies? » Puis, venant à l'article qui le préoccupait le plus dans les affaires d'Allemagne, et bien plus, assurément, que l'intégrité de l'Empire, il poursuivit : « D'ailleurs, quand tous les motifs possibles ne se réuniraient pas pour empêcher l'empereur de donner les mains à ce que vous demandez, la seule considération que ce serait fournir au roi de Prusse un prétexte pour s'agrandir en Allemagne suffirait pour l'en détourner. » Pour la première fois, Cobenzl se découvrait; Bonaparte soupçonnait ce défaut de la cuirasse; dès qu'il l'aperçut, il en profita : « Le roi de Prusse, dit-il, a reconnu pour nous la rive gauche du Rhin. Il a des droits sur nous pour avoir été le premier à quitter la coalition ; nous avons avec lui des engage-

(1) Lettres particulières de Cobenzl à Thugut, 30 septembre; Bonaparte à Talleyrand, 10 octobre 1797; HÜFFER, p. 393; SYBEL, t. V, p. 124.

ments très récents; il ne discontinue pas de nous faire toutes les instances et toutes les offres possibles. Mais si nous nous arrangeons avec vous, alors nous n'avons pas besoin de lui rien laisser prendre. »

Le rôle que Bonaparte prêtait à la Prusse était précisément celui que lui attribuait la cour de Vienne. La façon cavalière dont il proposait de rompre ces engagements redoutables, entre le roi de Prusse et la République, donna à Cobenzl la plus haute idée de la liberté d'esprit et de la bonne éducation politique du général. Ce Corse, décidément, entendait les affaires. « Vous y engageriez-vous par un article secret, répliqua-t-il aussitôt, avec promesse formelle de faire cause commune avec nous contre lui, s'il voulait faire une acquisition quelconque en Allemagne ? — Pourquoi pas ? répondit Bonaparte. Je n'y vois aucune difficulté, si nous sommes d'accord sur tout le reste; mais, en cas contraire, il faudra bien que nous nous réunissions à lui. » Il ajouta même que, pour sa part, il préférait l'alliance autrichienne, mais qu'à Paris on se méfiait de la cour impériale : les retardements de cette cour, son jeu de conférences et de protocoles font soupçonner l'idée qu'elle se prépare à la guerre; le roi de Prusse, au contraire, négocie avec chaleur. « Dans de pareilles circonstances, les journées deviennent des années; pour que la paix réussisse, il faut qu'elle se fasse sous huit jours. »

Cobenzl essaya encore une fois des récriminations : on ne se prête à rien, on exagère les prétentions, on ne tient nul compte de nos convenances, bien plus, on nous refuse ce qui nous a été solennellement promis! « Mais que voulez-vous donc en Italie? demanda Bonaparte. — Rien que ce que nous donnent les préliminaires. » Bonaparte demeura pensif. Cobenzl reprit : « Je n'ai jamais conçu pourquoi vous vous êtes tant opposé à ce que nous passions le Pô. Je ne vois pas l'intérêt qu'y a la France. — Celui de vous empêcher d'être les maîtres de l'Italie. — C'est-à-dire que vous prétendez vouloir être nos amis... et vous ne voulez vous prêter à rien de ce qui peut nous convenir. — Mais encore une fois, qu'est-ce que vous pouvez désirer d'ultérieur en Italie? — Les trois Légations. — Oui, et Venise aussi! et Mantoue aussi! — Sans doute, et ce serait encore bien peu pour obtenir notre tolérance sur une partie de ce que vous voulez en Allemagne. — Nous sommes loin de compte, car je serais perdu à Paris, si je vous donnais les Légations. — Et moi, je mériterais d'être mis dans une forteresse si je ne m'opposais pas à ce que vous ayez jamais Mayence, et quoi que ce soit de la rive gauche du Rhin. »

Ils disputaient, mais c'était sur le même terrain, et par toutes ces feintes ils se rapprochaient cependant. Après cette escarmouche, ils firent une pause. Ils tombèrent d'accord que l'Empire était une institution à ménager, et qu'il n'était de l'intérêt ni de la France ni de l'Autriche d'en faire une seconde Pologne. — « Vos prétentions sur une partie de la rive gauche du Rhin ne le prouvent guère », fit observer Cobenzl. Sur ce, l'assaut recommença. « Le Rhin, déclara Bonaparte, est la limite naturelle de la France; c'est ce qui faisait l'ancienne Gaule, et tant que nous ne l'aurons pas, nous ne pourrons pas être bien liés avec vous. — Comment! non contents de ce que vous demandez de la rive gauche du Rhin et que nous ne pouvons pas accorder, vous pensez à l'occuper tout entière! C'est à quoi nous ne consentirons jamais. » Bonaparte savait désormais le moyen de les convertir : c'était de déchirer les traités de Bâle et de Berlin, et de recoudre ces traités en les retournant au profit de l'Autriche. « Nous ne vous demandons pas la rive gauche, dit-il; nous négocierons là-dessus à la paix de l'Empire. Songez que presque tous les princes de la rive gauche du Rhin, ou se sont arrangés avec nous, ou ne demandent qu'à y procéder. — Et comment combineriez-vous ce projet chimérique avec ce que vous me disiez tout à l'heure sur les prétentions de la Prusse? — Nous nous engagerons à lui rendre ses provinces transrhénanes, et si cela ne lui suffit pas, nous lui ferons la guerre, conjointement avec vous. »

Bonaparte avait déclaré, un instant auparavant, que la République exigeait la rive gauche entière; il alléguait des motifs péremptoires et des droits imprescriptibles : la nature des choses et les *Commentaires* de César! Quelques minutes après, il renonçait à une partie de cette frontière immuable, et il avouait le faire par politique. Cobenzl pouvait-il le croire sincère? Que devait-il prendre au sérieux, la prétention sur le tout ou la renonciation à la partie? Il s'attacha à la renonciation partielle, parce qu'elle flattait ses préjugés, satisfaisait ses passions et offrait un joint à la triple combinaison qui formait le fond de ses instructions : abaisser la Prusse, obtenir plus de terres en Italie, sauver les apparences en Allemagne.

Cobenzl et Bonaparte voulaient, l'un et l'autre, en finir; ils comprirent qu'ils n'arriveraient jamais à conclure que sur une équivoque. Vous aurez la rive gauche entière à la paix générale, dira Bonaparte au Directoire, contentez-vous pour le moment d'en obtenir la plus grande partie. — Vous consentez provisoirement un démembrement partiel de l'Empire, dira Cobenzl à son maître; mais à la paix générale, vous pourrez, avec l'appui de vos co-États, revenir sur cette décision et sauver l'intégrité de l'Empire; si l'Empire cède, il en aura la responsabilité, vous serez indemnisé, et la Prusse n'aura rien. Cette transaction, avec ses arrière-pensées, se dessina dès lors comme le seul accommodement possible, dans l'esprit des deux négociateurs, et sans la définir encore ni l'avouer, ils en vinrent à parler des indemnités respectives. Ils discutèrent longtemps sur la ligne de l'Adige, les forteresses vénitiennes et les Légations. Bonaparte voulait les forteresses pour défendre la Cisalpine; Cobenzl voulait les Légations « pour défendre plus aisément le grand-duc de Toscane... et le pape! » Il était malaisé de s'occuper si longtemps d'indemnités, d'équilibre, de trocs, ruptures d'alliances, abandons de garanties, violations de traités, démembrements de républiques et autres opérations régaliennes, sans dire quelques mots de la Pologne et des belles acquisitions que l'Autriche s'y était procurées. Bonaparte n'y manqua pas, et même il s'y étendit. Cobenzl le laissa dire, puis, croyant le moment venu de faire au général républicain la leçon qu'il n'avait encore pu lui donner, il prit son plus noble accent de dignité officielle : « L'Autriche, déclara-t-il, ne s'est jamais prêtée qu'à regret à partager ce pays qui n'était nullement de sa convenance; c'est uniquement l'ouvrage de la Prusse, qui, seule, y a réellement gagné; mais à présent que la chose est faite et fondée sur des engagements sacrés, il ne peut plus y avoir de changements à cet égard. » Bonaparte prit la déclaration pour ce qu'elle valait, et n'insista pas.

II

Le lendemain, 29 septembre, Bonaparte reçut un courrier de Rome : le pape semblait être à toute extrémité. Aussitôt, il se met en mesure. Si l'on fait un pape, il veut que ce soit un pape français, et, comme il disait, « un pape facile et un homme d'esprit ». Il veut surtout que ni l'Autriche ni Naples ne profitent de l'interrègne, et que si la guerre recommence, Rome soit assujettie : elle croulera d'elle-même, ensuite, comme la Sardaigne; on la détruira, ou l'on lui permettra de vivre selon les convenances de la République et selon la docilité de la curie. Il écrit à Joseph, qui représente la France à Rome, de « faire son possible » pour que, le pape mourant, « il y ait une révolution »; de le faire ostensiblement, de l'annoncer surtout et de le proclamer très haut : les cardinaux auront peur, ils capituleront et nommeront un bon pape. Si Naples montre quelque velléité de bouger, sous couleur de protéger le Saint-Siège, en réalité pour se nantir et prélever sa part d'un partage éventuel, on la menacera de l'écraser, et on lui insinuera en même temps que pour prix de sa sagesse, la République lui fera son lot. Il le mande à Canclaux, envoyé de la République à Naples. Il le laisse entendre à Gallo qu'il va voir à Udine, avant la conférence. Gallo s'empresse de tout raconter à Cobenzl, et celui-ci en conclut que Bonaparte, pour brasser cette révolution romaine, va chercher à traîner la négociation. L'intérêt de l'Autriche sera donc de la presser. C'était précisément l'effet que Bonaparte attendait de ses confidences à Gallo. La conférence officielle ne porta guère que sur les moyens de dénoncer l'armistice et sur le jour de la dénonciation. Puis l'on se sépara pour permettre à Bonaparte et à Cobenzl de reprendre, sans témoins et sans protocoles, la véritable négociation, l'affaire des échanges (1).

Bonaparte entra en matière avec le Rhin et le réclama tour entier : « C'est la limite naturelle de la France, et rien ne peut changer cette disposition de la nature. — Et la Baltique? riposta Cobenzl; nous

(1) Lettres particulières de Cobenzl à Thugut, 30 septembre; Bonaparte au Directoire, 10 octobre 1797.

avons tout autant le droit de la prendre dans la nature et d'en faire notre limite. — Mais songez, reprit Bonaparte, revenant au fait, que nous sommes en possession de tout ce que nous voulons avoir et bien au delà. La paix que nous ferons est d'une espèce tout à fait nouvelle : elle ne consiste qu'en évacuations, au nord, au midi; partout il faut que nous rendions le prix de notre sang. Sans doute, poursuit-il, je puis être battu, mais je me retirerai en échelons, et ce sera long. Voyez quelle suite de revers il me faudrait, et quel temps vous emploieriez pour avoir ce que, d'un trait de plume, vous pouvez acquérir. Et si je gagne une seule bataille, je pénètre de nouveau dans vos provinces allemandes, et nous voilà au point où nous en étions. » Cobenzl essaya de rabattre ces « fanfaronnades » : « L'Autriche avait des armées, et la position des Français, au moment des préliminaires, était singulièrement scabreuse. — Ne croyez pas cela, répliqua Bonaparte. Je sais sur quoi vous comptiez; vous vous reposiez sur les masses que vous aviez formées; mais croyez-en des gens qui sont maîtres passés en fait de masses, et apprenez d'eux qu'elles ne sont jamais bonnes à rien. Ce ne sont pas les masses qui nous ont sauvés en France, ce sont nos places fortes et les fautes de la coalition. J'ai moi-même éprouvé à Paris avec quelle facilité 2,000 hommes de bonnes troupes et et quelques pièces d'artillerie culbutent la masse la plus formidable. » Cobenzl laissa tomber cette digression, et ils revinrent aux desseins de la République. Cobenzl mit en doute la portée et l'efficacité des prétendus engagements du roi de Prusse : « Vos vues d'extension réuniront tout le monde contre vous, conclut-il. — Vous avez raison, répliqua Bonaparte, et peut-être que cela devrait être ; mais, par la singularité des événements du siècle, c'est lorsque nous étions faibles et hors d'état de nuire que tout le monde était réuni contre nous, et, à présent que nous sommes devenus tout autre chose, pareille réunion n'aura plus lieu. » Puis, par une association naturelle d'idées : « Voyez si vous ne pouvez pas prendre en Allemagne quelque arrangement qui faciliterait les choses; si Salzbourg, par exemple, ne pourrait pas vous convenir. — Qu'est-ce que Salzbourg, repartit Cobenzl, en comparaison de l'immensité de vos vues? Quand vous y ajouteriez encore un morceau de la Bavière, jusqu'à l'Inn, cela ferait à peine un dédommagement de nos possessions en Souabe que vous avez proposé de donner au duc de Modène. D'ailleurs, nous ne voulons rien en Allemagne, l'empereur tient très fortement à son intégrité. » C'était se mettre loin de compte avec le Directoire. Bonaparte en avertit Cobenzl, qui se montra inébranlable. Alors Bonaparte : « Voyons, faites un projet; qu'est-ce que vous voulez en Italie? — Je vous ai déjà parlé de Venise et des Légations, répondit Cobenzl; si on y ajoutait encore le territoire jusqu'à l'Adda et Modène, peut-être pourrait-on s'arranger? — C'est tout bonnement huit millions d'habitants que vous demandez, s'écria Bonaparte. Ce projet est inexécutable. Vous ne pourriez pas en demander autant après la guerre la plus heureuse! » Au cours de l'entretien, ils touchèrent un mot des îles Ioniennes. Bonaparte déclara que la France se les attribuait : « La République française, dit-il, regarde la Méditerranée comme sa mer et veut y dominer. » Ce qui les amena à parler de la Russie. « Si j'avais cent mille paysans russes, s'écria Bonaparte, j'en ferais des soldats; je les organiserais, je déclarerais la guerre au souverain et je m'emparerais du trône. » On convint que l'on se retrouverait le lendemain, et que Cobenzl apporterait un projet d'articles.

Rentré dans son cabinet, Cobenzl y fit de profitables réflexions sur la vanité de la diplomatie classique. « Il me paraît, écrivait-il mélancoliquement, que le système de Bonaparte est, dans ce moment-ci, de tourner contre nous... les armes que nous avons voulu employer contre lui. » Au moins faudrait-il en profiter. Les affaires de Rome et les menaces de révolution soufflées par Bonaparte donnaient à penser à Cobenzl. « Il resterait à examiner s'il vaut mieux d'avoir un pape qui convienne aux Français que de s'exposer à n'en pas avoir du tout... » Français ou non, quel que fût ce pape, le plus opportun était, à tout événement et par provision, de le dépouiller des Légations, ne fût-ce que pour arracher ces beaux territoires à la contagion républicaine. Évidemment Bonaparte ne renoncerait, à aucun prix, à Mayence. La question se réduisait donc à ne capituler sur cet article qu'après avoir stipulé un bon prix et après avoir établi, en due forme, par de fermes protocoles, que l'empereur « ne cédait qu'à toute extrémité et d'une manière extrêmement légale ». La bonne volonté de Bonaparte à exclure les Prussiens des bénéfices « rendait la chose plus facile » pour l'Autriche; Cobenzl jugeait, d'ailleurs, que cette facilité de Bonaparte dépassait la mesure des infidélités consacrées dans l'usage des cours. On ne consent à rompre si aisément que des engagements fort incertains. C'est sous l'impression de ces réflexions rassurantes qu'il rédigea son projet et aborda Bonaparte le 1er octobre (1).

Avant de sortir sa minute de son portefeuille, il essaya encore, par acquit de procédure, sinon de conscience, « de faire désister Bonaparte de ses prétentions sur Mayence et sur les pays décrétés par la République ». Bonaparte se refusant à rien céder sur ce chapitre, et Cobenzl estimant qu'il avait fait une assez belle défense, ostensible et légale, de l'intégrité de l'Empire, avança un « raisonnement » qu'il avait longuement médité. — « Si l'on veut, dit-il, tenter de rapprocher les différences d'opinion et de faire disparaître les obstacles qui s'opposent encore à la paix, il faut partir du principe suivant : la France donne à ce qu'elle veut acquérir une extension que l'Autriche n'a pu ni connaître, ni, par conséquent, stipuler dans les préliminaires. Cette extension concerne des pays qui ne sont pas une propriété de l'Autriche et que, par conséquent, elle ne peut pas céder. Mais, avec cela, pour

(1) Lettre confidentielle de Cobenzl à Thugut, 2 octobre; Hüffer, p. 402 et suiv. *Correspondance de Napoléon*, t. XIX; campagnes d'Italie, p. 314.

que la France puisse les acquérir par la paix, elle a absolument besoin de l'adhésion de l'Autriche. Celle-ci, n'étant pas obligée d'employer toutes ses forces pour la défense de l'Empire, peut, sans manquer à ses obligations, les retirer, en partie, en ne laissant que son contingent. Dès lors, il ne reste plus à l'Empire d'autre parti à prendre que de souscrire à ce qui aurait été arrêté entre l'Autriche et la France. » Ce serait pour l'Autriche « un nouveau sacrifice, des plus pénibles »; pour la France « un arrondissement des plus puissants » ; « la seule voie de déterminer l'Autriche à y donner la main ne peut être, par conséquent, que de s'arranger avec elle pour augmenter ses indemnités ». Les lui attribuer en Allemagne, ce serait anéantir l'Empire, supprimer tout corps intermédiaire entre l'Autriche et la France. Si les deux États veulent s'accorder, il faut qu'ils demeurent séparés. La conservation du corps germanique est un objet d'intérêt commun pour eux. Cette considération rejette les partages et indemnités sur l'Italie, qui est « d'ailleurs bien plus susceptible de servir à cet usage ». La conclusion du « raisonnement » de Cobenzl, et le dernier des nombreux « par conséquent » dont il avait noué son discours, fut que l'Autriche réclamait : la ville de Venise, avec toute la Terre ferme jusqu'à l'Adda, les trois Légations et le Modénois en compensation des Pays-Bas, de la Lombardie et des territoires de Souabe qui passeraient au duc de Modène; encore perdrait-elle au change. Bien entendu que le roi de Prusse « serait exclu de toute acquisition », et que l'on se réunirait contre lui s'il voulait exiger autre chose que la restitution de ses possessions de la rive gauche du Rhin. Bonaparte avait laissé parler Cobenzl, et quand ce fut fini : « Mais pourquoi, dit-il, ne demandez-vous pas aussi la Lombardie et toute l'Italie ? » Cobenzl répliqua qu'il avait fait ses calculs. Bonaparte les contesta. Il disputa sur le nombre des habitants et sur la valeur des territoires en litige. Il objecta que l'Autriche trouvait son avantage à se débarrasser des Pays-Bas ; à quoi Cobenzl répliqua que c'était un avantage plus grand encore pour la France de les acquérir. « L'Angleterre seule, dit Bonaparte, a intérêt à ce que vous les possédiez. — La Belgique, riposta Cobenzl, a une double valeur pour vous, puisqu'elle vous assujettit la Hollande et vous met en possession de bloquer l'Angleterre depuis la Baltique jusqu'au détroit de Gibraltar. — Mais, reprit Bonaparte, ce que vous voulez nous acheter si cher, la Prusse nous l'offre. — La Prusse, répliqua Cobenzl, n'est engagée qu'à vous le laisser prendre ; mais cela ne suffit pas, car nous nous y opposons. » Cobenzl affirmait ici ce qu'il ne savait pas ; le silence de Bonaparte lui prouva qu'il avait deviné juste, et que la République n'était pas aussi sûre de la Prusse qu'elle le voulait faire croire. Alors il s'affermit : « L'empereur ne livrera point Mayence si la France ne lui livre pas Mantoue. Du reste, que la République renonce à Mayence et à la rive gauche du Rhin, et je signerai sur l'heure. » Bonaparte réfléchit et reprit : « Nous sommes encore si loin l'un de l'autre, que je ne vois pas comment nous pouvons nous rapprocher. — Si tout ce que je vous dis aujourd'hui ne vous suffit pas, répondit Cobenzl, je ne vois effectivement aucun moyen de terminer. Quant à moi, j'ai vidé mon sac. »

Bonaparte demanda à connaître le projet que Cobenzl avait dressé. Il n'y était question de Mayence que dans les articles secrets : on réunirait un congrès pour la paix avec l'Empire; si ce congrès n'aboutissait pas, l'empereur retirerait ses troupes de Mayence : la place, n'étant plus en mesure de se défendre, tomberait inévitablement aux mains des Français. Bonaparte insista pour la remise préalable de la ville : « Je n'évacuerai pas une seule forteresse en Italie avant que Mayence soit remis aux troupes de la République. — Je ne signerai jamais la paix, répliqua Cobenzl, sans stipuler la prompte sortie de troupes françaises de tout ce qui doit revenir à l'empereur... Pour remettre cette place aux troupes françaises, avant que la paix de l'Empire en ait stipulé la cession à la France, je puis vous donner ma parole d'honneur que l'empereur n'y consentira jamais, et que j'ai l'ordre de rompre plutôt que d'y donner la main. — Mais vous voulez bien que nous vous remettions Venise et toutes les places vénitiennes qui ne sont pas plus notre propriété que vous n'avez celle de Mayence. — La chose est entièrement différente; songez à quel titre nous sommes entrés dans Mayence et vous dans les places que vous citez... » Il n'y avait qu'un moyen d'accommoder l'honneur de l'empereur avec la cession d'une forteresse de l'Empire que ce prince avait mission de défendre, c'était d'augmenter la « composition » et de la proportionner à l'honneur impérial. On se remit donc à marchander, et, faute de meilleures raisons, on argumenta, de part et d'autre, avec les sentiments et avec les principes. Cobenzl invoqua les devoirs de l'empereur envers ses co-États; Bonaparte appliqua aussitôt ce raisonnement à l'Italie : Venise avait accompli une révolution démocratique, elle devenait ainsi plus intéressante à la France, et la France, pour la donner, avait le droit, tout comme l'empereur au sujet de Mayence, d'exiger une compensation proportionnée. De guerre lasse, ils suspendirent l'entretien et allèrent rejoindre les autres plénipotentiaires qui se promenaient dans les jardins. Bonaparte répéta que la République ne ferait jamais la paix sans la rive gauche du Rhin; Cobenzl répéta qu'il ne la ferait point sans l'intégrité de l'Empire. « Tout cela, finit par dire Bonaparte, s'arrangera au congrès à Rastadt. » Il insinua l'expédient d'un malentendu volontaire, qui se prêterait à toutes les équivoques, dans les déclarations publiques, à toutes les collusions dans le secret. C'était ainsi seulement qu'en 1795 la République avait pu traiter, à Bâle, avec la Prusse; c'est ainsi, et pour les mêmes motifs, qu'elle allait traiter avec l'Autriche. Cobenzl y était résigné; toutefois, il ne désespérait pas encore d'enlever les Légations. Bonaparte était décidé à ne pas les lui abandonner, mais il voyait très clairement que, sans de grandes acquisitions en Italie, l'Autriche ne transigerait pas, même secrètement et éventuellement, sur l'article du Rhin. Tout se ramenait à savoir jusqu'où il convenait de pousser les exigences en Allemagne et les concessions en Italie. Les instructions du Directoire rendaient la décision difficile, et le courrier que Bonaparte reçut alors n'était pas fait pour le tirer d'embarras.

C'étaient les lettres du Directoire et de Talleyrand, du 15 et du 17 septembre : tout garder, ne rien donner, en Italie, à l'Autriche qui ne voulait que des terres italiennes; exiger toute la rive gauche du Rhin, et n'accorder pour indemnité à l'Autriche que l'Istrie, la Dalmatie et, au besoin, Salzbourg et Passau. Le Directoire refusait le contingent sarde de 10,000 hommes, demandé par Bonaparte, et il conseillait d'enrôler des Piémontais, aux frais des Cisalpins. Bottot, qui apportait ces dépêches, y ajouta ce commentaire : chasser les Autrichiens de l'Italie et y fonder partout des républiques. « Qu'entendez-vous par cet ordre? lui demanda Bonaparte; par quels moyens le Directoire entend-il que je procède à cet ouvrage? » C'est un secret que le Directoire n'avait point révélé à Bottot. Ce confident demeura court, et Bonaparte mit fin à la conversation. Mais il retint Bottot au quartier général, et lui donna toute latitude d'observer les dispositions de l'armée. Il l'invita même à un grand dîner où il l'interpella rudement, rappelant tous ses griefs contre le Directoire et taxant ce conseil de la plus noire ingratitude à son égard. Bottot ravalé de la sorte, Bonaparte tint compte néanmoins de l'avertissement et prit ses précautions.

Il écrit à Talleyrand, le 1er octobre, qu'il va se mettre en état de recommencer la campagne; qu'il va organiser, en vue de cette campagne, la nouvelle république de Venise; que cette république doit fournir 25 millions; que l'armée du Rhin doit marcher en même temps que l'armée d'Italie, mais qu'il n'y compte qu'à demi; puis il se plaint de sa santé : « Je puis à peine monter à cheval. J'ai besoin de deux ans de repos. » Ces préparatifs seront son dernier service rendu à la patrie! Il demande qu'on le remplace, et dans le gouvernement de l'Italie, et dans la négociation de la paix, et dans le commandement des troupes : — « Il faut, pour l'Italie, une commission de publicistes, pour la paix, des plénipotentiaires, pour l'armée, un général en chef ayant la confiance du Directoire; six personnes au moins »; car, ajoute-t-il, avec une superbe et une ironie que l'obséquiosité du Directoire envers lui pouvait seule égaler, « je ne connais personne qui puisse me remplacer dans l'ensemble de ces trois missions ». Ainsi Venise payerait la guerre, si elle ne payait pas la paix. Bonaparte endoctrina, à toutes fins, les aveugles représentants de cette république. Venise prenait, dans les grandes combinaisons européennes, la suite des affaires de la Pologne. Bonaparte la traita, de la révolution jusques au partage, comme Lucchesini avait traité naguère les « patriotes » polonais, et comme le Russe Sievers avait traité les « confédérés » de Targowitz. Il avait près de lui, pour organiser la constitution indépendante de Venise « épurée » et régénérée, un Dandolo, rien des anciens doges, petit-fils de juif converti, assez bon chimiste, — homme éclairé, comme on disait alors, « homme de progrès », comme on dit aujourd'hui, — que sa naissance, sa condition, ses études, ses ambitions avaient jeté dans le parti de la République française. Dandolo se prêta à tout : il n'avait qu'à s'abandonner à ses propres illusions pour servir les calculs de Bonaparte. Des ordres de départ, très ostensibles, furent donnés aux troupes. Les cantonnemens prirent un aspect belliqueux ; il semblait que l'armistice dût être rompu d'une heure à l'autre, et que la marche sur Vienne allait recommencer le lendemain. Bonaparte se dit que le clairvoyant Bottot ne manquerait pas d'en faire un rapport circonstancié au Directoire; que les Autrichiens s'effrayeraient, qu'ils craindraient, en laissant à Bonaparte le temps de démocratiser Venise, que cette proie ne leur échappât; enfin l'armée serait prête à tout événement. La scène ainsi disposée, Bonaparte se rendit à Udine.

La conversation qui eut lieu, le 2 octobre, entre Cobenzl et lui, fut agitée. Toutefois Bonaparte ne s'emporta que pour se donner plus de mérite à céder, vers la fin du jour, ce qu'il avait refusé au commencement. Il redoutait, en effet, de recevoir de Paris de nouvelles instructions qui lui rendraient tout arrangement impossible. Il tenait à la paix. Il y tenait d'autant plus, qu'il venait d'apprendre la rupture des négociations entre la France et l'Angleterre. Il prévit que l'Autriche trouverait du côté des Anglais un encouragement à la résistance. Les entretiens se poursuivirent, le 3, le 4 et le 6 octobre, traversés de menaces de rupture et remplis par d'interminables discussions sur les limites, les forteresses, le chiffre des habitants, la richesse des terres, la qualité militaire des hommes. Bonaparte annonce qu'il va partir pour Venise et y établir la république. On raconte que le 20 octobre Venise et les Légations seront réunies à la Cisalpine. Le bruit se répand que Dandolo offre 90 millions et 18,000 hommes pour marcher sur Vienne. Un autre Vénitien, Zorzi, qui avait rencontré Joséphine dans la visite triomphale qu'elle avait faite à Venise, lui offre 1 million, et promet 500,000 livres à l'administrateur Haller s'ils veulent l'aider à sauver Venise. Ces propos, joints aux renseignements militaires qui dénoncent de toutes parts la reprise des hostilités, font réfléchir les Autrichiens.

Sur ces entrefaites, arrivèrent les dépêches de Paris du 21 et 23 septembre : — Le Directoire ordonne « d'attaquer l'Autriche par tous les moyens » ; il refuse de donner des villes, de se faire marchand de peuples. Bonaparte a dit, plus tard, qu'il hésita un instant sur la conduite à tenir, et que si le Directoire lui eût, ce jour-là, annoncé des renforts, il se serait peut-être laissé aller à l'ambition d'affranchir toute l'Italie ; mais, sans les renforts, c'eût été risquer de tout perdre en une seule bataille. Il ajourna à une autre campagne ce grand ouvrage et retourna, le 7 octobre, chez Cobenzl, résolu à conclure. Pressé jusqu'en ses derniers retranchements, Cobenzl fit cette déclaration : « L'empereur ne s'opposera pas à la cession de toute la rive gauche du Rhin, s'il obtient Venise, les Légations et la ligne du Mincio », c'est-à-dire Mantoue. Bonaparte invoqua ses instructions et refusa. Alors Cobenzl consentit à laisser subsister la ville de Venise à condition qu'elle ne serait pas réunie à la Cisalpine. Il renonça aux Légations, mais réclama la Terre ferme jusqu'à la ligne du Pô, et, en Allemagne, Salzbourg, avec la Bavière jusqu'à l'Inn. Bonaparte fit observer que, enserrée de toutes parts dans les possessions autrichiennes, la ville de Venise tomberait infailliblement dans les mains de l'empereur; il offrit aux Autrichiens la ligne du Mincio, s'ils consentaient à la cession de toute la rive gauche du Rhin. Cobenzl repoussa la proposition. Ils convinrent enfin de se limiter, Bonaparte à une ligne qui laisserait, sur la rive gauche du Rhin, Cologne et les États prussiens en dehors de la frontière française et assurerait à la France le Palatinat, le pays de Trèves, Mayence, Aix-la-Chapelle et Coblentz; en Italie, l'Autriche aurait Venise et la Terre ferme jusqu'au Pô et à l'Adige; le reste de la Terre ferme serait réuni à la Cisalpine. Il fut arrêté que les Autrichiens en référeraient à Vienne, et que Bonaparte, en attendant la réponse, renoncerait à son voyage à Venise.

Rentré à Passariano, il trouva la dépêche du Directoire du 29 septembre, plus comminatoire encore que les précédentes. Alors, dans une longue lettre adressée à Talleyrand, il résuma les raisons qu'il avait de traiter. Plaidant, en quelque sorte, contre lui-même, et oubliant qu'il avait écrit, le 19 septembre, que Venise était la ville d'Italie la plus digne de la liberté, il montre les Vénitiens incapables de s'organiser et de se défendre; les Italiens incapables de les aider, impuissants à se soutenir eux-mêmes : « Vous connaissez peu ces peuples-ci. Ils ne méritent pas que l'on fasse tuer 40,000 Français pour eux. Je vois par vos lettres que vous partez toujours d'une fausse hypothèse : vous vous imaginez que la liberté fait faire de grandes choses à un peuple mou, superstitieux, pantalon et lâche... Je n'ai pas à mon armée un seul Italien, hormis, je crois, 1,500 polissons, ramassés dans les rues, qui pillent et ne sont bons à rien... Un peu d'adresse, de dextérité, l'ascendant que j'ai pris, des exemples sévères donnent seuls à ces peuples un grand respect pour la nation et un intérêt, quoique extrêmement faible, pour la cause que nous défendons. » Les désastres de 1799, l'évacuation de l'Italie, au milieu des assassinats et des massacres, le découragement des partisans de la France, qui étaient une minorité, la révolte des ennemis de la France, qui étaient la masse populaire, justifièrent trop cruellement ces prévisions.

Cobenzl avait demandé huit jours pour recevoir ses instructions; ce ne furent pas huit jours de repos pour lui. Bonaparte ne cessa de le harceler de toute façon, tant pour arracher, en détail, des concessions nouvelles, que pour obtenir la signature préalable d'un protocole qui fixât, au moins dans leurs lignes générales, les conditions de la paix. Son unique argument, mais très sincère de sa part, était qu'il avait dépassé les instructions du Directoire et que, du jour au lendemain, il pouvait recevoir de Paris des ordres absolus qui l'obligeraient à garantir la nouvelle république de Venise. Tout serait remis en question. Mais Cobenzl ne le croyait pas; il attribuait la hâte de Bonaparte à la crainte de voir l'Autriche renouer avec l'Angleterre, et il partait de là pour différer la signature, refuser tout engagement écrit et réclamer, de son côté, des avantages supplémentaires. Il s'ensuivit le 9 octobre une conversation des plus orageuses (1). C'était à Cobenzl de se rendre à Passariano. A peine fut-il arrivé, que Bonaparte l'emmena dans le jardin. Il le pressa de signer, ajoutant que, le traité fait, il le porterait immédiatement à Paris. « Sa présence seule, dit-il, avec le crédit dont il jouissait, pouvait faire excuser une telle désobéissance aux ordres du gouvernement. » Mais, pour compenser l'avantage qu'aurait l'Autriche à tenir son traité et les risques que courrait Bonaparte en livrant Venise, Cobenzl devrait se contenter de la ligne de l'Adige, ou, s'il exigeait toujours la ligne de Mincio, consentir à la cession de toute la rive gauche du Rhin; il devait au moins reconnaître la « République cisrhénane », que Hoche avait essayé de fonder, à l'imitation de la Cisalpine. « Je rejetai avec indignation ces infâmes propositions, rapporte Cobenzl, et nous nous séparâmes en répétant réciproquement qu'il n'y avait que la guerre qui pût décider. » Cependant, après le dîner, le débat recommença. Bonaparte représenta les dangers de la guerre : Cobenzl n'en parut pas ému. Bonaparte déclara que

(1) Cobenzl à Thugut, 10 octobre 1797; Hüffer, p. 400.

le retard des Autrichiens jetterait le Directoire dans les bras de la Prusse; Cobenzl répliqua que, par contre-coup, la Russie tomberait dans les bras de l'Autriche : la partie demeurerait égale. Cependant tous ces assauts l'avaient ébranlé. Il réfléchit que Bonaparte disait peut-être la vérité; qu'il serait prudent de le prendre au mot; qu'on n'avait plus rien à gagner avec lui, et qu'en mettant les choses au pire, l'empereur pourrait toujours refuser les ratifications. Il consentit à une réunion officielle pour préparer la rédaction des articles.

Ceux qui concernaient le Rhin et les indemnités de l'Autriche passèrent tant bien que mal. Cobenzl ne voulut pas stipuler, sans une nouvelle compensation en Italie, l'abandon d'une parcelle au delà de la ligne tracée le 7, qui laissait à l'Allemagne Cologne et les possessions prussiennes. Toutefois il était possible que, le roi de Prusse aidant, cette partie nord de la rive gauche fût cédée à la France, par l'Empire, lors de la paix générale. Cobenzl fit décider, en principe, que si la France obtenait un agrandissement en Allemagne, l'Autriche obtiendrait un accroissement équivalent. La discussion s'échauffa quand on vint aux îles Ioniennes. Gallo les demanda pour la cour de Naples, appuyé par Cobenzl, qui proposa de faire, au besoin, de ces îles une république indépendante. Bonaparte savait, par l'exemple de la Pologne et par l'expérience qu'il venait lui-même de faire avec Venise, que ces reconnaissances de républiques ne sont que des préliminaires d'annexion. « Vous pourriez vous en emparer à volonté », dit-il. Il ajouta que la conservation des îles lui était nécessaire pour se justifier auprès du Directoire. De part et d'autre, on se passionna. « Aucun débat, raconta Cobenzl, n'a été poussé aussi loin... La paix fut de nouveau rompue. » La négociation fut déclarée nulle, et Bonaparte fit insérer au protocole la dénonciation de l'armistice.

On se sépara, croyant tout brisé.

Mais, à la réflexion, les Autrichiens estimèrent que les îles Ioniennes ne valaient point les risques d'une campagne. Cobenzl offrit de renouer. Bonaparte y consentit. La conférence fut reprise, le protocole de rupture fut brûlé, le protocole d'entente remis sur la table. Cobenzl essaya de se faire payer sa condescendance par quelques positions militaires sur la rive droite de l'Adige; il obtint un lambeau de terre, à Legnano. Puis, ces « principes » posés, on esquissa les articles qui devaient contenir les fameuses équivoques, l'une à l'adresse de la Diète, l'autre à l'adresse des Conseils de Paris. Les articles patents ne parleraient ni de la cession partielle de la rive gauche du Rhin, ni de la remise de Mayence aux Français; ils ne parleraient que d'un congrès qui se tiendrait à Rastadt, pour la pacification entre la France et l'Empire; la France ne céderait point Venise à l'empereur; elle « consentirait » à ce qu'il possédât, en toute souveraineté, cette ville, l'Istrie, la Dalmatie et la Terre ferme jusqu'à l'Adige. L'empereur consentirait, de son côté, à ce que la France possédât des îles Ioniennes, et il reconnaîtrait la République Cisalpine, qui posséderait avec la Lombardie, Mantoue, Modène et les Légations, la Terre ferme de Venise à partir de l'Adige. Les articles secrets stipuleraient le consentement de l'Autriche à la cession partielle, par l'Empire, de la rive gauche du Rhin à la France, et la promesse de la France de procurer à l'empereur Salzbourg et la Bavière jusqu'à l'Inn. Ces dipositions furent, non sans labeur, dressées en forme d'articles provisoires. Il était six heures du matin, le 10 octobre, quand la conférence fut levée.

Cobenzl, ayant pris son parti, aurait voulu signer sur l'heure; il redoutait tout d'un homme « aussi chicaneur et d'aussi mauvaise foi que Bonaparte ». Quant à sa propre bonne foi, il en donna la mesure dans son rapport à Thugut : — Il rougissait de soumettre à l'empereur un pareil traité, mais, ajoutait-il : « Nous ne faisons qu'une trêve par laquelle nous prenons plus aisément pied en Italie que par la campagne la plus heureuse; d'ailleurs l'arrangement des affaires d'Allemagne nous procurera vingt moyens pour un de recommencer la guerre, si nous voulons. » Il en sera de même de l'occupation de la Cisalpine par les Français : « La présence de ces troupes peut servir de prétexte pour les attaquer lorsque nous en trouverons le moment favorable. » Cependant Bonaparte adressait son *ultimatum* à Talleyrand, sous forme d'apologie de sa conduite. Il exposait les avantages du traité; il énumérait encore une fois les motifs pour conclure; il y ajouta la mort de Hoche et le mauvais plan d'opérations adopté par l'armée du Rhin; enfin il insista sur l'envie de la paix « qu'a toute la république, envie qui se manifeste même dans les soldats ». Sans doute on sacrifie Venise, mais tout le parti patriote dans cette ville ne fait pas 300 hommes; on les recueillera dans la Cisalpine; leur désir de fonder une république ne vaut pas la mort de 10,000 Français. Enfin la France pourra tourner toutes ses forces contre l'ennemi héréditaire : « La guerre avec l'Angleterre nous offrira un champ plus vaste, plus essentiel et plus beau d'activité. » L'annonce de sa retraite, de sa rentrée dans la vie civile, le « soc de Cincinnatus » forma la conclusion de cette missive, qui partit pour Paris accompagnée d'un billet hautain et moqueur sur le voyage du citoyen Bottot. Ce citoyen sa chargea du courrier, reprit la poste et s'en alla rendre compte au Directoire de sa mission.

La paix n'était point encore signée; Bonaparte estima que, sans en violer les conditions, il pouvait en compléter les avantages. Le 10 octobre, il consomma la réunion de la Valteline à la Cisalpine.

Cette affaire à terminer, les lettres à préparer pour le Directoire, les explications à combiner, les Vénitiens à tenir en haleine et en illusion jusqu'à la dernière heure, l'armée à disposer en vue d'une rupture; la double nécessité de se mettre en mesure politiquement pour imposer la paix à Paris, militairement, si Paris refusait la paix, pour recommencer la guerre avec l'Autriche; le calcul des chances dans cette grosse partie dont dépendait sa destinée; l'incertitude entre un retour triomphal à Paris qui le ferait maître de la

République, et une marche audacieuse sur Vienne où il pouvait, en une journée, perdre le fruit de tant de victoires; enfin la fatigue qu'il ressentait de tant d'efforts, de tant de soucis, d'une correspondance qui était déjà celle d'un chef d'État et dépassait par la variété des objets, le nombre des agents, l'urgence des affaires, celle de Frédéric au temps de sa plus grande activité; l'agitation de deux nuits d'insomnie après deux jours de travail acharné, avaient singulièrement énervé Bonaparte. Les Autrichiens s'aperçurent, lorsqu'il se rendit à Udine, le 11 octobre, à huit heures du soir, qu'il n'était pas aussi maître de lui qu'à son habitude. Il se montra plus impatient, plus impérieux, plus prolixe. Il s'attachait aux détails et s'emportait à la moindre contradiction. Un punch était servi sur la table. Les Autrichiens rapportent qu'il en but, coup sur coup, plusieurs verres qui surexcitèrent encore sa fièvre.

Il prétendit faire insérer dans le traité la réunion de la Valteline; il ne se contenta plus de la promesse faite par l'empereur d'évacuer Mayence et de retirer ses troupes d'Allemagne, il exigea la reconnaissance préalable et formelle par l'Autriche de la frontière rhénane que le traité attribuait éventuellement et secrètement à la France. Cette exigence, tant de fois élevée par lui, toujours repoussée par Cobenzl, trouva les Autrichiens inébranlables. Bonaparte s'exaspéra, il se répandit en menances : « L'Empire est une vieille servante habituée à être violée par tout le monde! La constitution de l'Empire n'est qu'un prétexte pour repousser mes demandes! La victoire a toujours accompagné les armées françaises, elle les accompagnera toujours. On parle à la France en vainqueur alors qu'on est le vaincu. On a pris le pas sur moi. On me refuse l'alternative dans les signatures. Je m'estime plus haut que tous les rois, et je ne supporterai pas plus longtemps cette conduite à mon égard! Vous oubliez donc que vous négociez ici au milieu de mes grenadiers! » C'était l'enfance de l'art, pour des diplomates de profession, de se tenir impassibles durant cette tempête de paroles. Le calme des Autrichiens mit Bonaparte hors de lui; il griffonna son nom sur un protocole qu'il avait préparé, et, sans attendre la signature des Autrichiens, il mit son chapeau et sortit. Dans l'un des mouvements brusques qui accompagnaient son discours, il renversa un cabaret de porcelaine qui se brisa. Cet incident, qui tourna à la légende et fournit un beau symbole des négociations, passa presque inaperçu. Cobenzl se borne à écrire : « Il s'est comporté comme un fou. » Le fait est que les officiers qui attendaient Bonaparte dans la salle voisine eurent grand'peine à lè calmer.

Le lendemain, il était apaisé. Il reçut le mieux du monde Gallo qui le vint voir; il consentit à retirer son projet de protocole; il protesta qu'il avait atteint le dernier terme de ses pouvoirs. Comme en s'expliquant davantage on ne pouvait plus que dissiper les malentendus sur lesquels reposait tout le compromis de la paix, on décida de ne plus tenir de conférence jusqu'au jour de la signature définitive. On s'occupa de part et d'autre à mettre en forme les projets de rédaction.

Le 13 octobre, Bourrienne, en entrant dans la chambre de Bonaparte, le matin à sept heures, lui dit que les montagnes étaient couvertes de neige. Bonaparte sauta à bas de son lit et courut à la fenêtre. « Avant la mi-octobre! dit-il. Quel pays! Allons, il faut faire la paix. » Il reçut une lettre d'Augereau, datée de Strasbourg le 8 octobre. Augereau faisait un tableau décourageant de l'armée du Rhin. Le 15, se promenant avec Marmont dans les jardins de Passariano, Bonaparte lui dit : « Notre armée est belle, nombreuse et bien outillée, et je battrais infailliblement les Autrichiens; mais... la saison est avancée;... l'arrière-saison, dans un pays aussi âpre, rend la guerre offensive difficile. N'importe, tout pourrait être surmonté; mais l'obstacle invincible à des succès durables, c'est le choix d'Augereau pour commander l'armée du Rhin... Comprenez-vous la stupidité du gouvernement d'avoir mis 120,000 hommes sous les ordres d'un général pareil?... Une fois enfoncés en Allemagne et arrivés aux portes de Vienne, et l'armée du Rhin battue, nous aurions à supporter tous les efforts de la monarchie autrichienne et à redouter l'énergique patriotisme des provinces conquises. A cause de tout cela, il faut faire la paix, c'est le seul parti à prendre. Nous aurions fait de grandes et belles choses; mais, dans d'autres circonstances, nous nous dédommagerons. »

Le 16, le courrier attendu par les Autrichiens arriva;

le 17, Cobenzl se déclara prêt à signer, et l'on convint de le faire à Campo-Formio, qui se trouvait à égale distance d'Udine et de Passariano (1). Les choses en étaient là quand Bonaparte fut averti par un courrier de Turin que le Directoire, se ravisant tout d'un coup, s'était décidé à ratifier le traité avec la Sardaigne, et que M. de Saint-Marsan allait se rendre au quartier général pour conférer sur les mesures militaires à prendre en commun. Bonaparte jugea que cette ratification se faisait trop tard; mais si le courrier du Directoire arrivait avant la signature du traité avec l'Autriche, une rupture pourrait s'ensuivre. Il donna l'ordre d'arrêter tous les courriers, sur toutes les routes, et de ne donner de chevaux à personne. Il fallut attendre, cependant, que les copistes eussent couché en belle écriture les expéditions. En attendant, Bonaparte emmena les Autrichiens chez lui. Le travail prit une partie de la soirée. A mesure que la nuit approchait, Bonaparte se montrait de plus aimable humeur. Il déploya toute la grâce de son esprit, toute la richesse de son imagination, et mit sous le charme les Autrichiens, qu'il avait naguère si fort malmenés. La nuit venue, il empêcha que l'on allumât les bougies et s'amusa à raconter des histoires de revenants. Enfin, à minuit, on apporta des lumières; le traité était prêt. Il fut signé chez Bonaparte, mais daté de Campo-

(1) Voir, sur cette conférence, Hüffer, p. 447 et suiv.; Rapports de Cobenzl, 14 et 19 octobre 1797. — Ranke, Hardenberg, I, p. 374; *Mémoires de Larevellière-Lépeaux*, t. II, p. 257.

Formio, le 17 octobre (1). A deux heures du matin, Monge, commissaire pour le choix des objets d'art et des manuscrits à transporter d'Italie en France, et le général Berthier partirent en poste pour Paris avec l'instrument de la paix. Bonaparte avait choisi à dessein, pour cette mission, un savant, ancien ministre de la Convention, républicain éprouvé, qu'il savait plein de confiance en sa vertu et plein d'admiration pour son génie. Avant de quitter Cobenzl, il s'excusa de la violence à laquelle il s'était un moment abandonné. « Je suis, lui dit-il, un soldat habitué à jouer ma vie tous les jours; je suis dans tout le feu de la jeunesse, je ne puis garder la mesure d'un diplomate accompli. » Ils s'embrassèrent. Ils devaient se revoir.

(1) Le traité contenait des articles patents et des articles secrets. *Articles patents :* L'empereur cède les Pays-Bas autrichiens et la Lombardie; il prend l'Istrie, la Dalmatie, les îles vénitiennes de l'Adriatique, les bouches du Cattaro, Venise et la Terre ferme jusqu'à l'Adige. Il reconnaît la Cisalpine qui comprend la Lombardie, le reste de la Terre ferme de Venise, Mantoue, Modène, Massa et Carrara, les trois Légations de Bologne, Ferrare et la Romagne. La France prend les îles Ioniennes et les établissements vénitiens d'Albanie. Il y aura un Congrès à Rastadt pour la paix avec l'Empire. Le duc de Modène sera indemnisé par le Brisgau autrichien. — *Articles secrets :* L'empereur reconnaît à la France une frontière formée par le Rhin de Bâle à la Nette, de cette rivière à la source jusqu'à Venloo. Dans les vingt jours qui suivront les ratifications, l'empereur évacuera Mayence et les forteresses de l'Empire; les Français évacueront les forteresses vénitiennes après qu'ils auront occupé Mayence. L'empereur emploiera, à Rastadt, ses bons offices pour que la France obtienne de l'Empire les frontières ci-dessus. Si l'Empire refuse, l'empereur retirera ses troupes, sauf son contingent d'Empire. L'empereur cède Falkenstein : en compensation de ce pays, de ses possessions de la rive gauche et du Brisgau qui sera donné au duc de Modène, l'em-

III

Cobenzl et Bonaparte, Bonaparte surtout, avaient beaucoup pris sur eux en signant ce traité. Ils comptaient cependant que leurs gouvernements le ratifieraient, tout en le blâmant, parce que les peuples étaient, en Allemagne comme en France, excédés de la guerre. Il fallait, ne fût-ce que pour préparer une lutte nouvelle, accorder un répit aux hommes et leur donner l'illusion passagère de la paix.

L'empereur déclara que la paix de l'Empire se négocierait sur le fameux principe de l'intégrité de l'Allemagne. Thugut n'était dupe ni des déclarations qu'il faisait aux Allemands, ni des engagements qu'il prenait avec la France (1). Sa première impression fut celle de la colère. Il eut un bel accès d'indignation de cour et d'État. On allait traiter sans les Légations qui auraient assuré à l'Autriche l'hégémonie de l'Italie! On donnait la paix sans démembrer l'État pontifical! On se contentait de dépecer, à la polonaise, une république décrépite! Ce n'étaient point là des morceaux d'empe-

pereur aura Salzbourg et la Bavière jusqu'à l'Inn. Si, de plus, la France obtient un agrandissement ultérieur en Allemagne, l'empereur aura un équivalent.

(1) Sybel, t. V, p. 129 et suiv. — Hüffer, p. 463 et suiv. — Vivenot, *Corr. de Thugut*, lettres des 22-29 octobre; *id. Thugut, Clerfayt, Wurmser.*

reur, ni des pièces de taille à voiler la « honte » d'un pacte, même temporaire, avec les républicains, d'une cession, même partielle et éventuelle, de la rive gauche du Rhin! Thugut « pleura amèrement »; il tira du musée des souverains, pour en inonder son visage, les larmes classiques de Marie-Thérèse sur le partage « inique, si inégal! » Il maudit cette « paix qui allait, par son ignominie, faire époque dans les fastes de l'Autriche ». « Jamais, écrivait-il en 1803, à Colloredo, on ne nous a laissé entrevoir aucune possibilité de paix que sous l'acceptation préalable de ces deux conditions » : rupture avec tous les alliés, cession de la rive gauche du Rhin, « conditions aussi funestes qu'avilissantes », et par lesquelles la monarchie achetait « le repos illusoire d'un moment au prix de sa gloire, au risque de sa ruine totale dans l'avenir ».

Cependant il conseilla à son maître de ratifier l'ouvrage de Cobenzl. On gardait pied en Italie et l'on gagnait du temps. Thugut spéculait sur les difficultés du congrès, sur les dissensions des Allemands, sur un retour offensif de l'Angleterre, sur un changement de règne ou de politique en Russie, sur une révolte de la Hollande, sur l'incapacité du Directoire, sur l'anarchie en France, les rivalités des généraux, les conspirations des royalistes, enfin l'heureux hasard d'une défaite qui jetterait Bonaparte à bas de son piédestal, ruinerait son prestige de théâtre, et le reléguerait à sa place, dans l'oubli de l'histoire, parmi les aventuriers sans lendemain et les escamoteurs de la victoire. Il discernait déjà les symptômes d'un retour prochain des choses.

A la nouvelle de la paix, Paul Ier s'était tout à coup souvenu que la Russie, signataire de la paix de Teschen, était garante de la constitution de l'empire germanique, et il l'avait signifié à Berlin. En Angleterre, Pitt trouvait à ses velléités pacifiques « de formidables obstacles ». Grenville demeurait un partisan inflexible de la guerre. Malmesbury revenait de Lille plus acharné que jamais à la lutte : « Je persiste, disait-il à Windham, dans mon idée de *bellum internecivum* à la France. » Comme entrée de jeu à la partie nouvelle qui s'annonçait, les Anglais venaient d'anéantir, le 11 octobre, la flotte hollandaise. « La sécurité sans la paix vaut mieux que la paix sans la securité », déclarait à Londres un homme d'État. Huit jours après la ratification du traité de Campo-Formio, la seconde coalition germait déjà (1).

IV

Le Directoire attendait avec une impatience extrême les courriers d'Italie. Les Directeurs ne se faisaient point d'illusion sur la capacité d'Augereau et sur les effets d'une campagne d'hiver dirigée par lui en Allemagne. La Prusse se dérobait toujours aux avances.

(1) Sybel, t. V, p. 137-138. — Stanhope, *William Pitt*, trad. fr., t. III, p. 58 ; — *Journal de Malmesbury*.

Frédéric-Guillaume s'était assuré des compensations pour le cas où la France garderait toute la rive gauche du Rhin; mais il préférait évidemment conserver ses possessions rhénanes, et voir les Français évacuer l'Empire. Il trouvait que la République faisait trop de conquêtes, qu'elle affectait trop ouvertement la dictature, et que ses principes devenaient trop contagieux. « Sa façon d'agir envers ceux qu'elle a mis dans sa dépendance, écrivit ce roi le 2 octobre à son envoyé à Paris, n'est assurément pas encourageante pour des liaisons telles qu'elle me les a proposées, qui finiraient sans contredit et probablement d'après ses propres vues par me livrer entre ses mains. » Sandoz le déclara, le 7, à Talleyrand, qui manifesta la plus pénible déception : « Jamais, dit-il à Sandoz, nouvelle ne pouvait me contrarier et me chagriner davantage que celle-ci; je ne m'y attendais pas... Ainsi alliance et concert pour la guerre, tout est refusé! » Il ne restait plus au Directoire d'espoir qu'en Bonaparte. « Barras, mandait Sandoz le 25 octobre, a gagné un certain ascendant par son caractère et par ses liaisons d'amitié avec le général Bonaparte. Ce dernier est une puissance en Italie et un héros protecteur en France. »

Les Directeurs, Barras y compris, le redoutaient plus en France qu'en Italie. C'est pourquoi ils étaient décidés à le laisser en Italie, mais à ne l'y laisser que pour combattre. Ils lui enlèveraient les négociations dont ils redeviendraient les seuls maîtres; ils l'absorberaient dans la guerre, qui leur semblait impossible sans lui, mais par laquelle, avec lui, tout leur semblait possible. Ils le réduiraient ainsi au rôle qu'ils lui destinaient, celui d'une machine de guerre intelligente et invincible. A aucun prix ils ne lui laisseraient la double popularité de la victoire et de la paix : ce serait abdiquer en sa faveur. La guerre étant la condition nécessaire et la seule ressource de leur gouvernement, il fallait que la paix parût impraticable, même avec Bonaparte, même par Bonaparte, et que Bonaparte fût occupé, sans fin et sans répit, à vaincre des armées, à conquérir des provinces, à rançonner des peuples, à révolutionner des États, à détruire des monarchies et à fonder des républiques. Voilà le sens des mesures que prirent les Directeurs dans les premiers jours d'octobre. Le 10, Talleyrand écrivit à Bonaparte que la paix avec la Sardaigne était ratifiée, que Bonaparte aurait ses 10,000 Piémontais, qu'il recevrait 6,000 hommes pris à l'armée d'Allemagne, qu'Augereau avait l'ordre de se tenir prêt, et que le Directoire maintenait son *ultimatum* du 29 septembre; il invitait Bonaparte à ne rien donner aux Napolitains, à révolutionner Rome, à garder Ancône, avec des côtes. « Le Directoire, ajoutait-il, n'entend abandonner à l'Autriche que l'Istrie et la Dalmatie; encore ne les cède-t-il qu'avec le plus grand regret. » Si, pour continuer la guerre, Bonaparte manque de troupes, il pourra, aux frais des Cisalpins, enrôler des Suisses : c'est une mesure « inusitée depuis la Révolution », mais le Directoire n'y voit point d'inconvénient.

Le 21 octobre, le citoyen Bottot arriva à Paris, avec la lettre où Bonaparte annonçait, comme imminente, la signature de la paix, et renouvelait ses offres de démission. Les Directeurs avaient à la fois trop besoin de lui et trop peur de lui pour ne point saisir au vol l'occasion qu'il leur présentait. Ils écrivirent sur-le-champ un grande dépêche au général. — Ils regrettent, disent-ils, que la démarche de Bottot n'ait pas entièrement effacé les impressions fâcheuses de Bonaparte : le Directoire conserve en lui toute confiance; aussi confirme-t-il ses précédentes instructions; il offre ainsi ample matière à l'esprit d'entreprise du général. L'expulsion des Autrichiens de l'Italie n'est qu'une étape dans la carrière que le Directoire lui ouvre. « Il reste un grand objet... : c'est l'état de la Turquie. Vous êtes placé assez près de la Grèce pour savoir à quoi vous en tenir sur la situation de cette puissance. Si elle ne veut pas être une alliée utile et effective de la République, si son sort est d'être envahie par des voisins qui la convoitent, il ne faut pas qu'il en soit de ce partage comme de celui de la Pologne. Vous entendez aisément quels sont les intérêts et les vues possibles de la République française. Il faut songer à l'avenir et au commerce du Levant. Dans cette vue, outre les îles et les ports de l'Albanie vénitienne, il faudra ménager à Ancône un établissement un peu arrondi... Quant à l'île de Malte, vous avez déjà reçu les ordres de prendre toutes les mesures que vous croiriez nécessaires pour qu'elle n'appartînt pas à qui que ce fût qu'à la France. » Tant et de si grandes affaires occuperont assez Bonaparte. Aussi le Directoire le décharge-t-il des négociations avec l'Autriche, dans le cas où la guerre recommencerait. Bonaparte demande des publicistes, pour organiser l'Italie : le Directoire en enverra, et des plus distingués, des plus neufs et à la dernière mode : à défaut de Sieyès, Benjamin Constant. Enfin les Directeurs le félicitent de ses nobles considérations sur la pente trop forte des esprits vers le gouvernement militaire. « Rien de plus sain que la maxime *Cedant arma togæ* pour le maintien des républiques! »

Le désaveu était formel et l'ironie lourde. Les Directeurs en eurent-ils le sentiment? Barras l'eut à coup sûr, et il chargea Bottot de corriger à la fois et d'adoucir les nuances de la missive officielle. Bottot tailla sa plume la plus officieuse et écrivit, le 22 octobre, à Bonaparte : « Les derniers moments de mon séjour à Passariano avaient profondément affligé mon cœur. De cruelles idées m'ont accompagné jusqu'aux portes du Directoire; mais qu'elles se sont dissipées bien agréablement lorsque je l'ai trouvé tel que je l'avais peint, plein de tendresse pour votre personne!... Que la cruelle lettre dont vous m'aviez chargé contrastait avec ces doux épanchements de l'amitié!... Peut-être le Directoire ne voit-il pas toujours aussi juste que vous dans les affaires; mais avec quelle docilité républicaine il a reçu vos observations!... Les cœurs sont purs et sans tache... ils ont besoin d'instruction : c'est de vous qu'ils l'attendent. » Une telle lettre, suivant, à vingt-quatre heures près, des injonctions aussi péremptoires, révélait des trésors de palinodie. L'événement montra bientôt jusqu'où pouvait aller la *docilité républicaine* des Directeurs.

Dans la nuit du 25 au 26 octobre, Monge et Berthier arrivèrent au Luxembourg. Larevellière-Lépeaux, alors président du Directoire, les reçut aussitôt. Ils lui remirent le traité et la lettre de Bonaparte du 18 octobre. L'une et l'autre, le traité surtout, « excitèrent grandement le mécontentement » de Larevellière, et il le marqua. Monge et Berthier défendirent le traité et s'employèrent « en excuses pour Bonaparte ». Larevellière fit prévenir ses collègues, qui s'assemblèrent immédiatement. La séance dura près de quatre heures. Les Directeurs s'accordèrent pour blâmer les avantages faits à l'Autriche, et qui dépassaient leur *ultimatum*. Larevellière déclara le traité « non seulement impolitique, mais odieux », à cause du démembrement de Venise. « J'aurais voulu cent fois le rejeter, si les circonstances l'eussent permis, a dit Reubell; mais il fallait chicaner à éternité ou se battre jusqu'à extinction. » Chicaner était son génie, mais se battre à extinction n'était pas dans les goûts des Français, qui aspiraient à la tranquillité et à la fin de la Révolution : ils ne se résoudraient point à continuer la guerre pour le seul intérêt de l'Italie et la gloire d'unir Venise à la République cisalpine après l'avoir démocratisée. En cas de désastre, les Directeurs eussent encouru une écrasante responsabilité. Ils ne voulaient point l'assumer. Leur principal objet étant de garder le pouvoir, et la nation réclamant la paix, ils devaient, bon gré, mal gré, paraître s'y prêter. « Si le Directoire eût refusé sa ratification, rapporte Larevellière, il était perdu dans l'opinion »; il se serait brouillé avec la nouvelle majorité des Conseils, « tout aussi malintentionnée que l'avaient été les Clichyens ». Ils n'auraient obtenu ni hommes ni argent (1).

Reubell et Merlin demeurèrent jusqu'à la fin récalcitrants. Barras, Larevellière et François formèrent une majorité en faveur de la ratification. Tous s'accordèrent pour donner à Bonaparte un avertissement. Ils crurent habile de le prendre au mot et de l'envelopper dans son propre filet. « Concentrons, disait-il lui-même, toute notre activité du côté de la marine et de l'Angleterre. Cela fait, l'Europe est à nos pieds. » Telle avait été sa principale raison d'État pour traiter avec l'Autriche : à lui de se justifier et de mettre l'Europe aux pieds du Directoire, en envahissant l'Angleterre et en écrivant ainsi le dernier chapitre du fameux dessein de 1793, celui pour lequel tout l'ouvrage était conçu et sans lequel le reste de l'ouvrage serait vain. Cette guerre-là d'ailleurs serait populaire, et par cette guerre la paix continentale serait indéfiniment remise en question. Le roué Barras proposa cette combinaison. Larevellière la soutint. Les autres la goûtèrent moins, s'expliquant mal ce moyen trop subtil de paralyser un rival, en lui livrant toutes les destinées de la République. Séance tenante, les Directeurs prirent cet arrêté, daté du 5 brumaire (26 octobre) : « Il se rassemblera, sans délai, sur les côtes de l'Océan,

(1) *Mémoires de Larevellière-Lépeaux*, t. II, p. 271-280. — Conversations recueillies par Sandoz. BAILLEU, I, p. 155 et suiv. Rapports du 28 octobre 1797.

une armée qui prendra le nom d'armée d'Angleterre. Le citoyen général Bonaparte est nommé général en chef de cette armée. » Cela fait, ils ratifièrent les articles secrets de Campo-Formio, préparèrent la communication aux Conseils des articles patents et rédigèrent une proclamation aux Français :

« Vous apprendrez avec plaisir que plusieurs millions d'hommes sont rendus à la liberté, et que la nation française est la bienfaitrice des peuples... La paix du continent sera bientôt assise sur des bases inébranlables. Il ne nous reste plus qu'à punir de sa perfidie le cabinet de Londres, qui aveugle encore les cours, au point d'en faire les esclaves de sa tyrannie maritime. C'est à Londres qu'on fabrique les malheurs de l'Europe; c'est là qu'il faut les terminer... Gardez-vous bien de déposer les armes... Sans doute, le Directoire vient de signer pour vous une paix glorieuse; mais, pour jouir de ses douceurs, il faut achever votre ouvrage; assurer l'exécution des articles conclus entre la France et l'empereur, décider promptement ceux à conclure avec l'Empire, couronner enfin vos exploits par une invasion dans l'île où vos aïeux portèrent l'esclavage sous Guillaume le Conquérant, et y reporter, au contraire, le génie de la liberté... »

Dès le matin du 26, la nouvelle de la paix se répandit dans Paris. « 18 fructidor, voilà ton heureux résultat! » s'écriait un officieux du Directoire. La joie déborda partout. Les couloirs du Conseil des Cinq-Cents se remplirent d'une foule enthousiaste. Le messager d'État qui apportait la lettre des Directeurs fut accueilli par les cris de : Vive la République! Jean Debry acclama la paix d'Italie et proféra l'anathème contre les Anglais. Ce fut un triomphe pour Bonaparte. Les Directeurs réfléchirent au péril qu'il y aurait pour eux à le faire revenir immédiatement à Paris. Ils cherchèrent un détour, et, avant qu'il présidât aux préparatifs de la descente en Angleterre, ils l'invitèrent à se rendre sans délai à Rastadt, pour y compléter Campo-Formio par la conclusion de la paix avec l'Empire. Talleyrand joignit ce billet à la dépêche officielle : « Voilà donc la paix faite, et une paix à la Bonaparte... Le Directoire est content, le public enchanté. Tout est au mieux. On aura peut-être quelques criailleries d'Italiens, mais cela est égal. Adieu, général pacificateur! Adieu : amitié, admiration, respect, reconnaissance, on ne sait où s'arrêter dans cette énumération. » Les Directeurs continuaient d'ouvrir l'avenue et de dresser la route à Bonaparte; mais ils devaient rester sur les bas côtés, la pelle et le râteau à la main, le regardant passer. Talleyrand s'accommodait pour prendre place dans le cortège.

Illuminations, cantates, ovations dans les théâtres, Paris déploya toute sa mise en scène triomphale. Les Parisiens se voyaient débarrassés de l'Autriche; la Belgique était définitivement acquise; personne ne doutait que la rive gauche du Rhin ne fût bientôt cédée par l'Empire, grâce à la Prusse, sur laquelle on comptait, grâce surtout à Bonaparte par qui, dès lors, tout paraissait facile. Il n'y avait plus qu'un obstacle au bonheur du monde et au couronnement de la

Révolution : l'Angleterre, éternelle rivale, éternelle ennemie, ouvrière infatigable de ruines, de complots, de guerres civiles et de coalitions. La joie se doubla d'une explosion de fureur, et les imaginations qui, depuis 1789, nourrissaient le même rêve de paradis terrestre, toujours déçu, toujours ajourné, s'acharnèrent contre ce dernier obstacle, comme elles s'étaient successivement acharnées contre la cour, contre la Gironde, contre Robespierre, contre les émigrés, contre la maison d'Autriche.

Le 1er novembre, le Directoire reçut solennellement les envoyés de Bonaparte. Talleyrand les présenta, avec un panégyrique du général. Monge et Berthier se répandirent en dithyrambes. « La gloire de l'armée d'Italie, s'écria Monge, retentit jusqu'au fond de la haute Égypte. Les Arabes du désert s'en entretiennent le soir sous leurs tentes. Une lueur de je ne sais quelle espérance s'est glissée dans l'âme des anciens Grecs. » Larevellière, président et thuriféraire officiel du Directoire, se chargea de mettre un comble à ces adulations : « Génie puissant de la liberté, toi seul pouvais produire tant d'événements inouïs, tant d'hommes extraordinaires... une armée d'Italie, un Bonaparte! Heureuse France... jouis du fruit de tes conquêtes!... Cependant, avant de te livrer totalement au repos, tourne tes regards vers l'Angleterre. » Alors, « entraîné par le sentiment », Larevellière oublia la majesté directoriale, s'avança vers Monge et Berthier, les serra dans ses bras, au milieu d'une explosion universelle de larmes. Les musiques militaires éclatèrent en fanfares, et l'on se sépara aux cris de : *Vive la grande nation! Vive Bonaparte! Vive la Constitution de l'an III!* Le lendemain, Sandoz écrivait à Berlin : « Dans un gouvernement pareil à celui-ci, le général Bonaparte peut prétendre à l'autorité. »

Les Conseils délibéraient, en commissions et en séances secrètes, sur la ratification du traité. Aux Anciens, le vote eut lieu, dès le 30 octobre, sans discussion. Aux Cinq-Cents, il y eut quelque opposition. Ce n'était pas que Bonaparte manquât d'admirateurs, dans cette assemblée. Un certain Malibran, familier de Barras, proposa que le faubourg Saint-Marceau prît le nom de faubourg d'Italie, et que Bonaparte reçût un don de 300,000 livres, plus une rente de 50,000. « Bonaparte est au-dessus de cela! » cria une voix, et l'on passa à l'ordre du jour. Mais Reubell avait des amis auxquels il avait confié son mécontentement : ils déclarèrent, comme lui, que le traité faisait la part trop large à la maison d'Autriche. Sieyès évoqua le monstre classique de la tragédie depuis 1790 : « le comité autrichien ». Il ne raisonnait d'ailleurs qu'au seul point de vue des intérêts d'État : l'homme qui, en 1795, proposait au Comité de salut public de démembrer la Hollande et d'échanger, avec l'Autriche, la Bavière contre le Milanais et les Pays-Bas, ne pouvait s'élever avec beaucoup de conviction en faveur des « principes ». Il le fit néanmoins, parce que c'était alors son meilleur argument. « J'avais cru, dit-il, dans le Comité secret du 3 novembre, que le Directoire dicterait les conditions de la paix à l'Autriche, et je vois que le Directoire les a reçues de l'Autriche. Est-ce là le fruit de tant de travaux, de tant de gloire et de tant de sang? La cession de la ville de Venise au prince même qui a ourdi sa ruine est une atrocité dont la République française aura honte d'avoir été la complice. Ce n'est pas une paix que ce traité, c'est l'appel à une nouvelle guerre. » Il réclama la communication des articles secrets, où devaient se trouver les avantages de la République. Le Directoire refusa de les faire connaître. Les Montagnards protestèrent, mais, malgré leurs clameurs, le conseil vota la ratification. « La grande réputation du général Bonaparte commande le respect et le silence », dit un observateur contemporain très bien informé, en résumant ses notes sur cette séance. C'est déjà tout l'esprit de l'an VIII et des constitutions de l'Empire.

Bonaparte quitta Milan le 16 novembre, et traversa Turin le 18. « Les avocats de Paris qu'on a mis au Directoire n'entendent rien au gouvernement, dit-il à Miot. Ce sont de petits esprits... Ils sont jaloux de moi, je le sais, et, malgré tout l'encens qu'ils me jettent au nez, je ne suis pas leur dupe... Ils se sont empressés de me nommer général de l'armée d'Angleterre pour me tirer de l'Italie où je suis le maître et plus souverain que général d'armée. Ils verront comment les choses iront quand je n'y serai plus... Ils mettront l'Italie en combustion et nous en feront chasser. Pour moi, mon cher Miot, je vous le déclare, je ne sais plus obéir. Mon parti est pris; si je ne puis être le maître, je quitterai la France. » Les journaux lui rapportent les critiques faites à son traité; il les subit avec impatience, et celle qui l'importune le plus, c'est d'avoir reçu la paix au lieu de l'imposer, de n'avoir ni poussé assez loin, ni frappé assez fort. Il s'est exposé, par calcul, à ces critiques; il ne s'y exposera plus.

Le traité de Campo-Formio, par le caractère de la négociation qui l'a précédé, par la nature des transactions qui en forment le fond, se rattache aux traités de l'ancien régime : il est la suite directe des traités de partage de la Pologne; il est l'application par la République, au profit de la France et en faveur de l'émancipation graduelle de l'Italie, du système des compensations tourné naguère contre la France et pratiqué constamment par les cours de l'Europe. Mais, en même temps, ce traité se rattache à la politique napoléonienne; il noue le lien entre cette politique et celle de la Révolution; il est gros de guerres qui doivent entraîner, ou l'assujettissement de l'Europe, ou le recul de la France vers ses anciennes limites. Les conditions de cette lutte sont posées dans le traité et en ressortent. Le Directoire veut tirer du traité la réunion de la rive gauche du Rhin, la transformation de l'Empire et la formation en république de toute l'Italie du Nord; l'Autriche veut en tirer la reprise des Pays-Bas, de la Lombardie, la conquête des Légations et l'expulsion des Français de la rive gauche du Rhin. Les Autrichiens ne consentiront aux exigences de la France que si les Français sont à Vienne : ils y seront en 1805. Les Français ne céderont aux prétentions de l'Autriche que si les Autrichiens sont à Montmartre : ils y seront en 1814. Ni les Anglais ne consentiront, ni la France ne les vaincra. Au moment où les Anglais prononcent le *bellum internecivum* contre la République, le Directoire profère le *delenda Carthago* contre l'Angleterre. L'extermination de l'Angleterre demeure la condition à la fois nécessaire et inexécutable de la paix. En 1801, en 1805, en 1807, en 1809, il faudra encore dire à la France victorieuse des Autrichiens, des Prussiens et des Russes : « Avant de te livrer au repos, France, tourne tes regards vers l'Angleterre! » Bonaparte, qui doit mener, à travers quinze ans de guerres prodigieuses, cette politique paradoxale, en discerne, dès 1797, les conséquences fatales et en prédit le dénouement. Il écrit, le 7 octobre, à Talleyrand ces mots révélateurs de sa destinée : « Ce que vous désireriez que je fisse, ce sont des miracles, et je n'en sais pas faire. » Il se cabrera contre la force des choses; il prétendra rompre les destinées, prendre l'histoire à revers, et l'entreprise le conduira de Madrid à Moscou et de Moscou à Sainte-Hélène.

LES

VUES DE HOCHE

LES
VUES DE HOCHE

CHAPITRE PREMIER

LA VENDÉE, L'IRLANDE ET LE RHIN (1)

I

Au commencement de 1794, Hoche avait à peine vingt-six ans. Il était général d'armée et républicain fanatique. Il passa tout d'un coup de l'armée à la pri-

(1) J'ai consulté pour cette étude les manuscrits des affaires étrangères et ceux du ministère de la guerre; je dois citer à part et mettre tout à fait hors de pair, pour l'abondance et la sûreté des informations et des documents : LA SICOTIÈRE, *Louis de Frotté et les insurrections normandes*, Paris, 1889; nulle part on ne trouvera de plus larges données sur le rôle politique de Hoche en 1795 et 1796; E. GUILLON, *La France et l'Irlande pendant la Révolution*, Paris, 1888, non moins fécond, non moins neuf et non moins important pour tout ce qui concerne les expéditions d'Angleterre et les relations de Hoche avec les Irlandais. ROUSSELIN, *Vie de Hoche*, Paris, an VI; les écrits sur Hoche de BERGOUNIOUX, de BONNECHOSE, Albert DURUY; CHUQUET, *Hoche et la lutte pour l'Alsace;* Henri WELSCHINGER, *Aventures de guerre et d'amour du baron de Cormatin;* DESPRÈS, *Guerre de Vendée;* BARANTE; SYBEL; *Mémoires de Larevellière-Lépeaux; Mémoires de Barras*, publiés par M. George DURUY, Paris, 1895-1896.

son. A l'armée, il avait appris à connaître les ennemis de la France et à les battre; en prison, il apprit à connaître les Français et à les aimer. Déjà, dans leurs campagnes, son maître, le général Le Veneur, lui avait montré tout ce que l'ancienne armée contenait de science, de patriotisme, de vertu. Il ne savait de la société française, entrevue du dehors, devinée à travers les romans et les libelles, que les dégradations et les vices. La Conciergerie lui en révéla les plus nobles qualités : la dignité devant la mort, je ne sais quoi d'allègre dans les épreuves, le mépris de la sottise dans les persécutions. De la Révolution, il n'avait voulu voir que les nécessités; il jugeait les factions en homme qui fait de l'État même une faction exclusive : il comprit qu'on pouvait aimer la France et défendre la Révolution, avec le même cœur, dans des partis différents. L'injustice qu'il subissait lui ouvrit les yeux.

Il se rendit compte qu'il y avait une autre exaltation politique que celle de Marat et que celle des sycophantes. La grossièreté chez lui était toute superficielle : défaut d'éducation première, mais surtout rhétorique de sans-culotte, mode et littérature du club et de corps de garde. C'était un jeune sauvage du faubourg, merveilleusement souple et capable de s'affiner au frottement de la vie. Il arrivait dans la Révolution comme ces cadets de province, héros de l'ancienne armée, héros aussi des romans de l'ancienne France, faméliques et déguenillés, ne sachant guère de la vie que l'escrime et l'équitation, de l'histoire que Plutarque et

Montluc, mais l'esprit alerte, le cœur ouvert, arrivaient à Paris pour chercher fortune, et, tirés du rang par leur vaillance et leur entreprise, faisaient souche nouvelle de maréchaux et de grands Français. Hoche dépouilla l'enveloppe du démagogue aussi rapidement qu'il avait dépouillé la casaque du soldat. Il y avait en lui un fonds de belle humanité. La prison l'adoucit, le purifia. Il était né magnanime, il devint pitoyable. Il pensait droit, vite, très haut; il apprit à planer, à voir en grand et largement. Il ajouta au patriotisme enthousiaste l'ancien honneur français. Il découvrit la France dans la Révolution; mais, en étendant ce beau nom de République française à toute la patrie, il demeura purement, inébranlablement républicain.

Hoche avait révélé un militaire de race, il va montrer un politique supérieur; mais l'un et l'autre restent inachevés. Il a des coups d'ailes, des inspirations admirables; puis, à côté, des obscurités subites, des vides, des contradictions, des gaucheries, des écarts qui laissent l'esprit perplexe. Il possède l'extérieur, le ton, la voix du commandement; il voit clair, il conçoit avec ordre, il expose brièvement; mais il demeure prodigieusement impressionnable, soupçonneux, enclin à se croire trahi par les homnes, abandonné par la fortune; toute contestation lui est une injure; il est toujours prêt à s'emporter contre la résistance des hommes, à se laisser abattre par la résistance des choses. Il est audacieux et inquiet à la fois dans l'entreprise, intrépide, mais fiévreux aussi dans l'action. Il est fidèle à ses amis, amoureux avec une tendresse passionnée, impitoyable aux ennemis de la République qu'il ne distingue pas de ses propres ennemis. Il a le sentiment de sa valeur, il s'irrite d'être méconnu ou seulement contrarié; puis il doute de lui-même et tombe en de brusques accablements. « De longs malheurs, écrivait-il un jour à sa femme, de grandes peines ont pu donner à ma figure, à ma conversation un ton morne et pensif. » Mais il paraît plus souvent et plus volontiers ouvert, prévenant, expansif. Il s'abandonne, dans la colère, à des imprudences de langage; il devient, dans l'habitude de la vie, de plus en plus circonspect et mesuré. Il pénètre promptement les hommes; s'il se trompe du premier coup, c'est à fond, sauf à revenir, d'un revirement spontané, de bon cœur et de bonne foi. Il aime la renommée plus que la puissance; il tient au pouvoir conquis de toute la force de ses convictions; le plus sincère des hommes dans son ambition et le plus désintéressé dans son désir de gloire. Cependant, tous ces traits ne forment point une image précise. On ne discerne bien Hoche que de profil, passant avec sa grande taille élégante, sa démarche imposante, hâtive et agitée. A son âge, Bonaparte a déjà tous les traits de la statue : il se dresse debout sur la colonne césarienne, coulé du premier coup dans le bronze rigide et définitif. Il arrête et domine, Hoche attire à lui par je ne sais quel charme de sympathie secrète et d'inconnu. Il reste de ce beau jeune homme, svelte et robuste en apparence, mais miné sourdement par le mal qui le tuera avant sa trentième année, comme l'ébauche brisée de la statue d'un jeune dieu.

« Les cachots des cruels décemvirs m'ont enfermé pendant cinq mois, écrivait-il en 1797 (1). Pendant cinq mois, j'ai été témoin de l'assassinat juridique de 1,266 personnes immolées à la rage de l'affreux Comité de salut public. Qu'avais-je fait? Rendu de grands services à ma patrie. Depuis ce temps, et sans songer au passé, j'ai travaillé sans relâche, d'abord à pacifier l'intérieur, puis à venger la patrie des maux que lui a causés l'Angleterre. » C'est toute l'explication de sa vie, depuis sa sortie de prison, après Thermidor, jusqu'à sa mort, au lendemain d'une victoire, sur les bords du Rhin, sans exclure ni Quiberon, qui le vit implacable, ni Fructidor, qui le montra factieux.

L'homme politique, l'homme d'État, qui couvait en lui sous le guerrier, se manifesta en Vendée. L' « inexplicable Vendée » — inexplicable à la sophistique de Barère, à la férocité de Carrier, à l'inquisition de Robespierre, à l'infatuation hiératique de Saint-Just, — se découvrit à Hoche dès la première rencontre. Ce Français au bon cœur, ce héros à l'âme populaire comprit que, si l'on persistait à arracher ces hommes aux affections séculaires qui étaient pour eux l'amour même de la patrie, si l'on prétendait contraindre ces croyants naïfs à renoncer au salut éternel, il les faudrait anéantir jusqu'au dernier; un peu de justice, un peu de pitié feraient ce que tous les supplices, les colonnes infernales, les incendies, les guillotines et les

(1) Au ministre de la guerre, 4 août 1797.

gabares à soupape n'avaient pu opérer. Hoche résolut de rendre ces Vendéens à leurs champs, de leur rendre leurs prêtres, et de leur prouver que la Révolution s'était faite surtout pour les pauvres gens comme eux. Il trouva l'armée de l'Ouest dénuée de tout, misérable, épuisée, désespérée et en même temps exaspérée de la guerre qu'on lui faisait mener, errante, en bandes que la faim rendait féroces, dans le pays dévasté. Il trouva le peuple réduit à l'état sauvage. Il sut nourrir l'armée et la discipliner, ramener les paysans dans leurs chaumières, les rassurer, les réconcilier entre eux d'abord, puis avec le soldat, puis avec la France. Il fit tant et si bien qu'il obligea, par l'abandon général de leurs hommes, les chefs à se soumettre : « Les Romains, écrivait Hoche au Directoire, les Romains de qui nous approchons un peu, soumettaient les peuples par la force des armes et les gouvernaient par la politique. » Il gouverna à la romaine, et il réussit, mais non sans luttes, surtout contre les administrations civiles. Il dut en appeler souvent au gouvernement de Paris.

« J'ai dit vingt fois au Directoire, écrivait-il le 9 mars 1796 : Si l'on n'admet pas la tolérance religieuse, il faut renoncer à l'espoir de la paix dans ces contrées; le dernier habitant, charmé d'aller en paradis, se fera tuer en défendant l'homme qu'il pense lui en avoir ouvert les portes. Qu'on oublie une fois les prêtres, et bientôt il n'y aura ni prêtres ni guerre... Je le demande hardiment, cette multitude d'hommes, qui ne connaît que ses prêtres et ses bœufs, peut-elle adopter tout à coup les idées de morale et de philosophie? D'ailleurs, faut-il fusiller les gens pour les éclairer ? Ces principes ne sont pas ceux du Directoire, il comblera par son silence l'abîme qu'un zèle maladroit voudrait creuser sous les pas de la République chancelante. Le pays vendéen réclame, à grands cris, une organisation civile. Le régime militaire ne lui convient plus. Il n'est pas assez fort non plus pour supporter le gouvernement constitutionnel. Il lui en faut un mixte, dont les agents soient pris dans les deux classes de citoyens, les réfugiés et ceux qui n'ont pas sorti du pays. »

On le contrarie, on le dénonce, on l'accuse. S'il ménage le pays, c'est qu'il conspire contre la République ! Le manège de délations et d'intrigues qu'il a connu, en 1793, quand il chassait les Allemands d'Alsace, recommence. Il a été visiter, dans sa retraite modeste de vieux soldat « en réforme », Le Veneur, « l'homme qui a le plus contribué à son éducation politique et militaire ». — « J'ai été voir mon ami, je l'ai embrassé, et, de plus, j'ai empêché que des voleurs ne lui enlevassent les armes avec lesquelles il a servi si honorablement la République à Namur, à Maëstricht, à Nerwinden... Me désavouez-vous ? écrit-il au ministre de la guerre. Vous me le diriez que je ne vous croirais pas ! » A la fin, excédé de fatigue et de dégoût : « Je puis braver les boulets, mais non l'intrigue; et lorsque je ne suis pas assez fort pour la faire cesser, je préfère me retirer... » Le Directoire ne vivait et ne gouvernait que par les généraux; Hoche, d'ailleurs, avait toute la confiance des Directeurs et les avait convaincus. Ils répondirent en confirmant et en étendant ses pouvoirs. Hoche est aussitôt regagné, réconforté : « Frappé par la calomnie, déchiré de voir l'armée à la veille de manquer de tout dans un pays si riche, je me suis abandonné à la douleur la plus profonde. Le Directoire le pardonnera à mon âge, à mon inexpérience ; mais malheur aux ennemis du gouvernement républicain ! Je vengerai sur eux les fautes que j'ai pu commettre. »

Tant d'énergie et de politique, avec tant d'âme et tant de jeunesse, l'avaient mis hors de pair. Il donne aux Français de l'Ouest la même impression de surprise, le même sentiment de curiosité, il exerce sur eux le même prestige que, dans le même temps, Bonaparte sur les Italiens. Frotté, qui l'avait rencontré aux Conférences de la Mabilais, écrit au comte de Provence : « Je lui trouvai de l'élévation dans l'âme, un grand amour de la gloire, de la pénétration et de la fierté. L'insuffisance de nos moyens d'action et même de nos mesures lui était connue. Son jugement sur les puissances me parut impartial, mais juste. » Les royalistes, toujours obsédés de Monk, cherchent à l'attirer. « Que ne remettez-vous le roi sur son trône ? lui disait une femme de l'ancien monde. — C'est impossible, madame. — Vous n'êtes pourtant pas républicain, et si vous ne faites pas un roi, vous le serez vous-même. — Moi ? Tant d'ambition ne va pas à un particulier. — Vous pouvez y prétendre tout comme un autre. Le trône semble vacant. »

Mais Hoche avait de plus nobles soucis et de plus grands desseins. La République ne serait fondée que quand elle aurait donné à la France la paix glorieuse et sûre. Pour l'obtenir, il fallait d'abord, à l'intérieur, étouffer la guerre civile et enlever aux Anglais tout pied-à-terre sur le sol de France : c'était chose faite en 1796; il fallait ensuite battre l'Autriche : Bonaparte en Italie, Moreau en Allemagne y travaillaient à l'envi; il restait à vaincre l'Angleterre chez elle, c'était la tâche que Hoche se réservait dans l'œuvre patriotique. Il y voyait le couronnement de sa carrière. Il choisissait la partie la plus aventureuse; mais s'il réussissait, il porterait le coup décisif.

II

Dès que la grande guerre de la Révolution avait commencé, que la France avait pris l'offensive et que la République avait assigné pour terme à la guerre la conquête des « limites naturelles », les limites de la Gaule, avec leur condition nécessaire, une Hollande alliée et subordonnée, tout le monde, en France, avait compris et avait déclaré que cette guerre impliquait un duel à mort avec l'Angleterre. L'Angleterre ne se résignerait jamais à cette extension magnifique de la France. La République ne prévaudrait donc que par l'abaissement, la ruine même de la monarchie anglaise. « La lutte s'étendra aux deux hémisphères, — s'écria, le 1er janvier 1793, un ancien officier de marine, un Breton, le conventionnel Kersaint, — c'est sur les ruines de la Tour de Londres que vous devez signer le traité qui réglera les destinées des nations et fondera la liberté des mondes. » Le 1er août, Barère, au nom du Comité de salut public, prédisant la coalition du continent contre l'Angleterre, concluait : « La Carthage moderne sera détruite. »

Hoche était tout ému de ces passions et tout agité de ces desseins lorsque, en 1793, il fut nommé chef de bataillon à Dunkerque. Il vit la mer, il devina l'Angleterre derrière sa ceinture de flots houleux et son rideau de brumes. Il rêvait, dès sa jeunesse, de partir pour les Indes et d'y renouveler les exploits de Dupleix. Ces rêves flottaient toujours en lui; ils se précisèrent et prirent corps. Dunkerque fut pour lui ce qu'Ancône fut pour Bonaparte en 1797. L'imagination de Bonaparte l'emporta vers l'Orient, les entreprises infinies, l'Angleterre tournée par l'Égypte et prise à revers par les Indes. Hoche, plus simple, poussa droit à l'ennemi; il conçut le dessein, tout français, d'agression directe et d'abordage qui dès lors ne le quitta plus et que Bonaparte reprit, après lui, à Boulogne. « Depuis le commencement de la campagne, écrit-il au Comité, le 1er octobre, je n'ai cessé de croire que c'était chez eux qu'il fallait aller combattre les Anglais... Il ne faut que de l'intrépidité et de l'amour de la liberté pour renverser Pitt. Six mois de réflexion m'ont confirmé dans la persuasion que la descente en

Angleterre ne peut être considérée comme une chimère. Un brave homme à la tête de quarante mille autres ferait bien du ravage dans ce pays, et forcerait bientôt les tyrans coalisés à demander la paix. Mais, dira-t-on, les moyens de transport?... Couvrez la mer des bâtiments de la marine marchande; qu'ils soient armés en guerre, qu'ils forment un pont des côtes de France à la superbe Albion... »

Le cri de passion de 1793 devint la conclusion raisonnée, le terme nécessaire des vastes desseins politiques que formèrent, en l'an III, les puissants réalistes de la Convention, et qui décidèrent des destinées de la France républicaine. « Pour consolider notre gouvernement, écrit dans un mémoire rétrospectif le ministre de la marine de 1796, Truguet, il ne suffisait pas de vaincre la maison d'Autriche et de fonder des républiques en Italie... Pour donner une paix glorieuse à la France et le repos à l'Europe, il fallait contenir et humilier l'Angleterre. Attaquer l'Anglais, l'affaiblir, le ruiner, tel était mon but; l'invasion du territoire anglais en Europe et dans les deux Indes... C'est en Angleterre que le Directoire voulut signer la paix... Il résolut, en même temps, d'aller au secours d'un peuple opprimé et de rendre l'Irlande libre. Cet acte de magnanimité, exécuté comme il devait l'être, était le coup préalable le plus décisif porté au cabinet de Londres. »

Ces vues étaient toute lumière dans l'esprit de Hoche; il apportait à ce dessein, qui était dans la force des choses et dans les nécessités de la politique républicaine, la véhémence de son âme française et populaire, l'entraînement de son ambition de guerrier et d'homme d'État. Plusieurs généraux, entre autres Humbert et la Barollière, songeaient à une diversion, mais c'était grossièrement, à la terroriste : établir une « chouannerie en Angleterre », y envoyer une bande d'hommes intrépides, « accessibles à l'appât du butin, sachant, à l'exemple des flibustiers dans les Antilles, porter au milieu de leurs ennemis l'épouvante et la mort »; débarquer enfin des forçats qui pilleraient, violeraient, incendieraient, terrifieraient les propriétaires et insurgeraient, pour l'anarchie, les ouvriers des mines. Le Directoire approuva, et une lettre du 18 avril, signée Le Tourneur, Carnot et Barras, chargea Hoche de diriger les préparatifs. Hoche concevait l'entreprise plus en grand. Il répondit, le 28 avril, au Directoire : « Nous pouvons nous servir de forçats... », mais, ajoute-t-il aussitôt, et c'est le coup d'œil supérieur : « Nous pouvons nous servir de cinq à six mille déserteurs rentrés; ceux-ci, ayant fait la guerre avec Stofflet et Charette, connaissent le métier. Ils sont maintenant aux îles de Ré et d'Oléron... » Les forçats ne peuvent que provoquer, en Angleterre, par représailles, une chouannerie plus horrible; Hoche pense à transporter en Irlande et en Angleterre les Vendéens eux-mêmes.

Après les avoir pacifiés, il les gagnera définitivement en les associant à la gloire de la République; il leur a rendu leurs prêtres, il les appellera à la guerre sainte, contre l'Anglais hérétique et persécuteur, pour l'Irlandais catholique; il enflammera leur fanatisme religieux de toutes les vieilles haines héréditaires contre cet Anglais dont ils n'ont subi l'alliance qu'avec horreur, sur lequel ils brûlent de se venger de cette félonie qu'ils ont, malgré eux, pensent-ils, commise un instant, d'avoir avec lui combattu contre des Français. Le moment est opportun. « J'ai, écrit Hoche le 9 juin 1796, la presque certitude que le gouvernement anglais ne sait que faire. Le Parlement étant prorogé, le roi seul peut, en cas d'événements malheureux, ordonner de grandes mesures qui ne peuvent que mécontenter le peuple. Si, dans un moment de troubles, le Parlement est assemblé, ne peut-on espérer une révolution? La peur grossit les objets. Le genre de guerre que je me propose de faire à nos rivaux est terrible. Les résultats en sont certains pour la République. Il ne faut que la permission d'agir. » C'est le ton de Bonaparte en Italie, ce sont les mêmes vues subites, directes, pénétrantes, la même façon de découvrir les régions, par éclairs, et de s'emparer du terrain.

Le Directoire comprend et consent. Les « tentatives de chouannerie dans le pays de Galles... » ne seront plus « qu'une diversion utile ». Les principaux efforts se réuniront sur « la grande expédition d'Irlande ». Le 19 juin 1796, les Directeurs écrivent à Hoche: « La situation du pays où vous commandez, le désir que témoignent la plupart des chefs chouans de rentrer dans le sein de la République, et la confiance que vous avez inspirée aux départements naguère insurgés, ont rendu possibles des plans sur lesquels le Directoire exécutif n'avait d'abord arrêté qu'une attention spéculative. Il s'agit, citoyen général, de rendre un pays généreux et mûr pour une révolution à l'indépendance et à la liberté qu'il appelle... Détacher l'Irlande de l'Angleterre, c'est réduire celle-ci à n'être plus qu'une puissance de second ordre; c'est lui enlever une grande supériorité sur les mers... »

Hoche suivait les progrès de Bonaparte en Italie : le 10 mai, Lodi; le 19 juin, l'entrée triomphale à Milan, la Lombardie délivrée; il s'impatiente de son inaction. L'expédition d'Irlande sera sa campagne d'Italie : il y battra les Anglais, comme Bonaparte a battu les Autrichiens dans le Piémont et le Milanais. Les hommes sont sous sa main : ici les réguliers disciplinés et exercés, là des Vendéens soumis, des forbans même. Mais les moyens de transport manquent. Ce sera la plaie chronique et l'insurmontable obstacle. « La marine française, écrit-il, fait en vérité pitié. » Il demande à venir à Paris pour exposer l'état des choses au Directoire.

Un Irlandais, Wolf Tone, l'un des plus intelligents et actifs promoteurs de l'insurrection nationale de sa patrie, était alors à Paris, où il se cachait sous le nom de Smith. Il remettait notes sur notes aux Directeurs, les pressant d'agir, multipliant les renseignements précis, les conseils sagaces et sur les conditions politiques de l'entreprise et sur les ménagements à observer avec les peuples : ces notes avaient été transmises à Hoche, qui les avait lues avec le plus vif intérêt. Le 12 juillet, au matin, on vint querir Wolf Tone, en son logis, de la part du général Clarke, Irlandais d'origine, attaché aux bureaux militaires du Directoire, très avancé dans la confiance de Carnot, et qui s'occupait fort de la « grande expédition ». Wolf Tone se rendit au Luxembourg. Il attendait, seul dans un cabinet, le moment d'être reçu, lorsqu'il vit entrer « un grand et beau gaillard, très bien mis, en habit brun et pantalon de nankin ». « Vous êtes le citoyen Smith? » Wolf Tone crut avoir affaire à un chef de bureau et répondit : « Oui, citoyen, je m'appelle Smith. » L'autre reprit : « Vous vous appelez aussi, je crois, Wolf Tone. — Oui, c'est mon véritable nom. — Eh bien, je suis le général Hoche. » Ils causèrent aussitôt de l'Irlande, et en toute confiance. Hoche demandait quel gouvernement, en cas de succès, conviendrait aux Irlandais, lorsque Clarke les pria de se rendre chez Carnot, qui les attendait pour dîner. Plusieurs personnes étaient réunies dans le salon du Directeur. Les salutations échangées, Hoche emmena Wolf Tone à l'écart et renouvela sa question, qu'il paraissait avoir fort à cœur. Wolf Tone répondit : « C'est la république. » Hoche reprit : « En êtes-vous bien sûr? — Aussi sûr que je puis l'être de quelque chose. Je ne connais personne en Irlande qui pense à autre chose. » Hoche reprit encore : « N'y aurait-il pas de danger que les catholiques constituassent une monarchie au profit de leurs chefs? — Pas le moindre. » Hoche parut satisfait de la réponse. Après le dîner, auquel prirent part Lacuée et Truguet, Wolf Tone se retira. Carnot, Clarke, Hoche, Truguet, Lacuée, conférèrent de six heures à neuf heures du soir. Le projet de chouannerie en Angleterre fut écarté : c'est à quoi Wolf Tone travaillait depuis longtemps, convaincu que ce genre de guerre paralyserait les meilleurs citoyens en Irlande même, et soulèverait en Angleterre un mouvement général d'horreur qui se traduirait par une résistanec énergique. Clarke en informa Wolf Tone. « Ce fut, écrit celui-ci dans son journal, une mémorable journée. J'avais dîné avec le président du Directoire, et j'étais fier, en outre, de ce qu'on avait accédé à mes idées. J'avais fait pour cela de dignes sacrifices. J'aime beaucoup Carnot, mais je crois que j'aime Hoche bien davantage. »

Le général retourna à Brest et se donna tout entier aux préparatifs. Le désarroi des arsenaux, la lenteur des agents, l'inertie des bureaux de la marine, la mauvaise volonté de plusieurs chefs le mettaient hors de lui. Il retrouva sa belle effervescence de génie de 1793, lors de la campagne d'Alsace, où tout était à créer dans l'armée, quand il fallait lutter contre l'intrigue sournoise de Pichegru et la présomption fanatique de Saint-Just; mais il attisa aussi la fièvre qui dès lors le consuma sourdement. Il se multiplie, il se prodigue, il sait mettre en chaque place l'homme qui convient, il enflamme tous ses collaborateurs du feu sacré qui l'anime. Il tient liées toutes les parties de la machine, il règle les plus minutieux détails d'approvisionnemnet et d'armement; mais en même temps il s'impatiente; il veut tout voir, tout contrôler par lui-même; il y perd du temps, se le reproche, et s'en prend aux incapables, aux malveillants qui lui résistent, qui ne le comprennent pas ou tout simplement le déroutent dans leur ornière. Ce sont des traîtres! Il les éperonne, les invective, les dénonce, et il s'use lui-même par ces alternatives de chaleur et d'abattement, de découragement et d'illusion. C'est la hâte de vivre, dont il devait mourir (1). Que l'on compare, avec les lettres de Hoche à cette époque, celles de Bonaparte dans la même période, ses continuelles dénonciations contre les commissaires des guerres, contre les agents civils, les bureaux, ses récriminations contre les chefs des autres armées, ses impatiences, ses emportements, ses anxiétés de tout perdre en une seule journée, ses accès d'hypocondrie, ses doléances de santé, ses démissions réitérées suivies de réactions subites de confiance et d'activité, on verra que cet état d'âme n'était pas particulier à Hoche. Si Hoche le trahit plus violemment et en souffre davantage, c'est qu'il ne s'était point trempé, comme Bonaparte, à la lutte de tous les jours, et exercé, dès l'enfance, à la maîtrise de soi-même. C'était un enfant de l'Ile-de-France, nerveux, généreux, frémissant; ses artères battaient trop vite; il s'élançait à l'assaut de la vie, comme à l'assaut d'une barricade; très capable de raison, mais par accès seulement et non par suite concertée. La Révolution, en l'exaltant, l'avait enfiévré.

Il s'élève à la grande politique par envolées subites. Il demande des instructions; en réalité, il en suggère.

(1) Guillon, *la France et l'Irlande*, p. 105 et suiv.

Les questions qu'il pose au Directoire impliquent tout un plan de gouvernement pour l'Irlande affranchie. Ce sont, mais avec la sympathie humaine, la foi aux idées, l'élan et le cœur, si j'ose appliquer ces mots à la politique, des vues qui correspondent à celles que Bonaparte développait dans ses proclamations et instructions aux Italiens. Il faut, comme pour Bonaparte, y chercher par reflet des aperçus sur le gouvernement intérieur de la France. Le gouvernement de la France et la fin de la Révolution étaient les pensées maîtresses des deux jeunes héros de la République. L'Irlande pour Hoche, l'Italie pour Bonaparte n'étaient pas seulement des moyens de donner la paix aux Français, c'étaient deux grands théâtres d'expérience où se formaient et se dessinaient leurs idées en matière d'État. On voit par l'organisation de l'Italie s'annoncer et se préparer le consulat de Bonaparte. Les desseins de Hoche pour l'Irlande et bientôt après pour les pays du Rhin permettent de conjecturer ce qu'eût été son protectorat ou sa présidence de la République française.

Il écrit au Directoire, le 6 juillet : « Quelle sera la conduite que tiendra le général commandant au moment où l'insurrection éclatera?... Si, après avoir convoqué une Convention nationale, il ne se rend au lieu indiqué pour le rassemblement des mandataires du peuple que quelques individus obscurs, sans talents, sans crédit, devront-ils être regardés comme des législateurs du peuple irlandais? Nul doute, d'ailleurs, que, si les membres du Comité catholique et ceux de l'Assemblée de l'union des *defenders* se rassemblent, on ne doive les considérer comme les véritables représentants de la nation. Dans ces deux cas, il faudra user de ménagements et se conduire avec la loyauté et la générosité qui caractérisent la nation française : chercher toujours à concilier les insurgents qui pourraient se diviser pour des motifs quelconques et conduire les esprits vers le gouvernement républicain... Pourra-t-on traiter le pays comme une conquête, et, en cas d'échec, est-il un arrangement, une capitulation à faire avec le gouvernement anglais? »

Le Directoire, qui recevait alors les indications de Wolf Tone, répondit, le 19 juillet, par une instruction développée. « Prudence, esprit, talents militaires, connaissance des éléments qui peuvent contribuer à former des systèmes plus ou moins parfaits de gouvernement, douceur et fermeté, et le désir de voir ses semblables jouir des bienfaits de la liberté, telles sont les qualités que doit avoir le général chargé d'opérer l'indépendance de l'Hibernie. Ces qualités, nous les avons trouvées en vous; les grands services que vous n'avez cessé de rendre à la République française et la pacification récente de ses départements de l'Ouest » ont décidé le choix du Directoire. Tant que les troupes françaises seront en Irlande, le général en chef devra tenir les rênes du gouvernement. Il s'attachera à ce que la première Convention nationale ne soit « ni mal composée, ni trop nombreuse »; si elle inclinait vers l'Angleterre et vers des principes funestes pour la France et pour l'Hibernie, il pourrait la dissoudre.

Avant tout, éviter une monarchie : à défaut d'une république à la française, le Directoire se contenterait d'une constitution analogue à celle de Gênes. Si, malgré les conseils du général, le vœu public se prononçait pour la monarchie, il tournerait tous ses efforts « à donner à la nation irlandaise un chef du pays bien disposé en faveur de la France et très connu comme ennemi passionné de l'Angleterre. Il devrait être de la religion catholique romaine. » L'antagonisme religieux serait une garantie. Le Directoire attend que l'Irlande nous indemnisera par la création d'une marine redoutable, par des facilités de commerce, par une action ardente contre l'Angleterre. Il ne paraît pas que les Irlandais soient disposés « à s'affranchir du joug de la superstition de Rome : un culte conforme à la religion naturelle dont la base serait le déisme pur conviendrait plus que tout autre »... au Directoire ou au moins au Directeur Larevellière-Lépeaux; faute de mieux, on tolérera toutes les religions sans en soutenir aucune; on les tolérera, mais en s'accommodant de façon que la religion anglicane demeure en minorité, et sans donner trop d'influence à la religion romaine. Si, enfin, la révolution réussit, Hoche pourra passer en Angleterre. Le 20 juillet, le Directoire signa l'arrêté qui nommait Hoche général en chef de l'armée d'Irlande, et le chargeait de régler les préparatifs de l'expédition.

III

C'est la partie douloureuse et exténuante de la tâche. C'était aussi pour une âme d'État, comme l'était celle de Hoche, une incitation constante à concentrer dans ses mains tous les moyens d'action, comme il assumait toute la responsabilité. Ainsi faisait depuis six mois Bonaparte en Italie et ainsi, seulement, il avait pu opérer de si grandes choses. Bruix, alors directeur général des mouvements du port de Brest, le plus zélé, le plus utile des collaborateurs de Hoche, lui écrit le 1er novembre, dénonçant l'inertie, les conflits d'attributions et les prétentions qui paralysent tout : « Le plus puissant moteur manque au mouvement de cette machine, je veux dire cette volonté opiniâtre, ce dévouement absolu qui fait triompher de tous les obstacles dans l'entreprise des choses grandes et hardies qui doivent tourner à la gloire de la patrie... Au lieu de cette autorité morcelée et répartie entre des mains faibles, incertaines et ayant des intérêts divers, il faudrait que toute l'autorité, débarrassée des formes administratives, fût concentrée dans les mains d'un seul homme qui n'eût d'autre volonté que celle du gouvernement, d'autre passion que celle de la vraie gloire, et d'autre intérêt, enfin, que celui de la chose publique. Cet homme, mon général, je voudrais que ce fût vous. » « L'autorité, je dirai même la volonté est trop divisée, trop morcelée », — ajoute-t-il encore le 5 octobre. Ce sont les nécessités de la guerre ; elles s'imposent à la préparation aussi bien qu'à la direction de la guerre ; et comme la République ne vit que par la guerre et pour la guerre, la transition se fait insensiblement, dans l'esprit des hommes, du gouvernement des armées au gouvernement de l'État. Le Directoire y cède en Bretagne, comme il y cédait en Italie : le 30 septembre, il investit Hoche de cette autorité unique que Bruix sollicitait pour lui. « Nous devons, lui écrit le vaillant Truguet, vouloir bien ce que nous voulons. Cette irascibilité de volonté a fait triompher nos armées de terre, et c'est elle aussi qui nous fera triompher sur mer. »

Mais ces lenteurs, qui reculent l'entreprise à la saison des tempêtes, ont une autre conséquence aussi funeste. Le bruit des préparatifs transpire ; les espions anglais entrent en campagne ; ils se faufilent dans les chantiers, de Flessingue à Brest. Le cabinet anglais a des agents jusque dans les bureaux de la guerre ; il en a qui se vantent d'avoir accès dans le cabinet même de certains Directeurs ; il a des complices à la Trésorerie, qui refusent les fonds et rassurent Pitt. Mallet du Pan est averti par ses correspondants des dispositions, des progrès, des difficultés de l'expédition (1). Les ministres anglais ont appris, en

(1) Voir la *Corr. avec la cour de Vienne*, t. II, p. 104, 105, 118, 124, 125, 140. — *Mémoires de Barras*, t. II, p. 346, 378 ; t. III, p. 15. — PINGAUD, *Un agent secret*, 2e éd., p. 189, 192.

Vendée et en Bretagne, comment se préparent et aussi comment se combattent ces insurrections et ces débarquements. Ils arment; ils soulèvent une contre-insurrection d'orangistes, d'anglicans, de propriétaires. Ils mettent toute leur police en branle. Hoche devient, comme Bonaparte, en Europe aussi bien qu'en France, « important et redoutable ». Les royalistes et les Anglais lui font l'honneur de penser à lui; Frotté propose de reprendre le manège interrompu en 1795 et d'entamer, avec le pacificateur de la Vendée, la négociation louche de défection, les tentatives de séduction que Montgaillard a menées, pour le compte de Condé, avec Pichegru, que d'Antraigues va se charger d'entamer avec Bonaparte. Si l'on ne réussit point à débaucher le général, on s'accommodera de façon à le déconsidérer sournoisement : on le rendra suspect aux républicains, par les pourparlers mêmes qu'on aura essayé d'engager; on lui enlèvera cette confiance aveugle et enthousiaste du soldat, qui est une condition nécessaire au succès d'une expédition comme celle d'Irlande. « Muni d'une capitulation de l'Angleterre et des pouvoirs de Monsieur, raconte Frotté, je me flattais de réussir. Dans ce cas, l'armée de Hoche, forte de plus de cent mille hommes, et les royalistes, marchant de concert sous le même drapeau, n'avaient aucun obstacle à vaincre pour arriver à Paris et se rendre maîtres au moins de tout l'ouest de la France, tandis que les autres armées républicaines étaient enfoncées au centre de l'Allemagne et de l'Italie. »

Au mois d'août 1796, Frotté, porteur d'une lettre

du comte d'Artois, se présenta chez Pitt. Il demanda trois millions sterling disponibles le jour où Hoche se serait prononcé, et la garantie de la reconnaissance de Louis XVIII par l'Angleterre dès que ce prince serait proclamé roi par l'armée de Hoche. Pitt différa sa réponse. Frotté fit tenir, le 13 septembre, à Hoche, une lettre où il lui demandait un entretien particulier pour traiter « de grands intérêts qui ne pouvaient être communiqués qu'à lui seul ». Si l'on veut savoir ce que Hoche avait acquis de tact, de finesse, de politique, ce qu'il joignait à sa droiture naturelle d'art de faire et d'art de dire, il suffit de lire sa réponse à Frotté : « Il n'est si grand intérêt, Monsieur, lui écrit-il le 14 septembre, qui ne puisse se traiter par écrit. Bien que je ne voie pas comment vous pouvez être utile à la République, ni comment, avec des sentiments si diamétralement opposés, nous pourrions jamais concourir ensemble au retour de l'ordre intérieur, j'aurais été satisfait de pouvoir vous convaincre de vive voix de l'inutilité de vos efforts pour rallumer la guerre. Votre éloignement ne le permet pas. Veuillez donc me faire connaître par écrit quels sont vos projets et croire que je les seconderai s'ils tendent à consolider le gouvernement républicain actuel. » Cette réponse ne découragea pas Frotté. Le comte d'Artois, inépuisable en illusions et en promesses, y découvrit même quelques dispositions cachées à la grâce monarchique; il adressa à Hoche une belle missive, où, sans parler des avantages qui seraient faits à ce général (l'espérance du bâton de maréchal, pour lui, la confirmation de leurs grades pour ses officiers !), il lui annonçait les secours de l'Angleterre : « Il me serait doux, concluait-il, de partager avec un brave Français comme vous l'honneur et la gloire d'ouvrir à notre roi les portes de son royaume. » Pitt refusa de garantir la reconnaissance de Louis XVIII ; il n'entendait point « travailler contre ses véritables intérêts en relevant la France », et il déclara que, sous ces réserves seulement, il donnerait des millions. Puis il tira en longueur, et l'affaire s'arrêta. Quant à Hoche, il avait immédiatement instruit le Directoire des ouvertures de Frotté et de la réponse qu'il y avait faite.

L'automne s'écoula dans les mêmes alternatives d'ardeur et de fatigue. Le 1er octobre, Hoche écrivit à Clarke : « Je ne crois pas que nous puissions compter sur notre expédition. » La malveillance des chefs de la marine, à l'exception de Bruix, arrête tout. Hoche rassemble les ingénieurs et les commissaires récalcitrants. Il les exhorte, il croit les avoir entraînés. « Cependant, écrit-il le 3 octobre, il a fallu donner encore. Impatienté d'entendre dire sans cesse qu'un gouvernement qui n'a pas d'argent ne doit pas faire d'expédition, j'ai fait remettre sur mes fonds cinquante mille livres en numéraire... Enfin, il ne me reste plus qu'à trouver sept mille matelots, et si, après cela, nous avons bon vent et que personne n'ait la colique, nous partirons, avec l'aide de Dieu, dans trois semaines... Ouf, quel effort ! » Un mois après, il était toujours échoué sur les mêmes grèves. Il fulmine contre Villaret, dont l'escadre n'est pas en mesure.

« J'ai donné ma parole d'honneur que j'irais seconder ce brave peuple. Je dois la tenir, mande-t-il au Directoire, le 3 novembre. Permettez-moi de partir avec une frégate. Vous m'enverrez cet hiver les secours que vous jugerez convenables. »

Enfin les navires sont armés. Hoche dresse les instructions pour chaque capitaine; il prépare les proclamations aux Irlandais. C'est une des grandes époques de sa vie. Bonaparte l'avait devancé, et dans la guerre et dans la politique; il avait conquis des provinces, dicté des traités, émancipé des peuples. Hoche, qui avait un nom dans la République quand Bonaparte était encore inconnu, brûle de le rejoindre et de reprendre ses avantages. Il se voit enfin en mesure et à la veille d'opérer de grandes choses. C'est alors que, sans doute, il prit cet « air royal », dont a parlé Michelet et qui offusquait tant Carnot, aveugle au masque césarien de Bonaparte. Les flottes anglaises croisent devant Brest, et gardent la haute mer; on compte, pour les attirer au loin, sur une diversion combinée avec les Espagnols. Mais rien ne se fait. Le 8 décembre, Hoche écrit au Directoire : « Après bien des travaux, je me vois contraint de renoncer à mon entreprise. Notre détestable marine ne peut et ne veut rien faire. J'offre au gouvernement les seize mille hommes que je réservais pour l'expédition. Attendre plus longtemps serait les exposer à périr de faim et de misère. Obtenez, je vous en supplie, que je ne les quitte pas. Je les conduirai où l'on voudra, en qualité de général divisionnaire, et quel que soit l'homme sous lequel on me place, soyez convaincu que je remplirai mon devoir. » Le commencement de la lettre est toute colère, la fin est tout cœur. Hoche, tout entier, est dans ce contraste : l'emportement d'une ambition généreuse, le retour d'une âme magnanime. Quand il désespère de servir avec gloire, il donne sa démission; étant sincère, il la donne le désespoir dans l'âme; on la refuse, il reprend courage, rend grâces aux dieux et jure de prouver sa reconnaissance par de nouveaux services. Bonaparte donne sa démission par politique, afin de s'imposer. Lorsqu'en réponse il reçoit de nouveaux pouvoirs, il en prend acte pour se pousser à de nouvelles usurpations et se jouer, avec plus de mépris, du gouvernement dont il se rend maître.

Le Directoire se décourage à son tour de cette expédition toujours déconcertée : il ordonne de débarquer les troupes et annonce, le 17 décembre, à Hoche un autre commandement. Mais, dans l'intervalle, l'escadre attendue arrive; le vent paraît favorable, Hoche se rembarque, et le jour même où les Directeurs signaient l'arrêté qui le rappelait, il annonce son départ et adresse ses adieux : « Qu'il me soit permis maintenant, citoyens Directeurs, de vous prier de vous rappeler de moi, quel que soit le sort qui m'attende. Jamais, non, jamais, la patrie n'aura de soldat plus dévoué, ni le gouvernement d'ami plus fidèle. Si j'ai commis quelque erreur, n'en voulez qu'à mon inexpérience; mon cœur n'y a nulle part. » Et cependant, le lendemain, il est encore à l'ancre : « Je croyais bien toucher à la fin de la lutte scandaleuse de la marine contre le gouvernement... » Le vent est bon : ce sont les voiles qui manquent! « Avant un mois, on nous assurera qu'il n'y a plus d'eau dans la mer. » Sans atténuer en rien l'impéritie des bureaux, ni surtout l'abominable désarroi de la marine, en hommes, en navires, en agrès, le grand obstacle ici, c'était la force des choses, et Bonaparte en fit trop complètement l'expérience en son omnipotence même, dans son camp de Boulogne, et dans le plein jeu de son prestige.

Malgré tout, on partit le 15 décembre. La flotte, dispersée et désemparée par les vents contraires, les fausses manœuvres des officiers, l'inexpérience des équipages, le mauvais état des navires, s'égara dans les brouillards. La *Fraternité*, qui portait Hoche, fut un des premiers vaisseaux qui perdirent la route : pendant plus de quinze jours, on n'en eut point de nouvelles. Sans Hoche, l'expédition n'était plus qu'une aventure. Hédouville, resté à terre, tâchait de rassembler une nouvelle flotte. « Mais, écrivait-il au Directoire, il nous manque l'homme le plus propre à nous seconder par son audace, ses talents et son génie. Le général Hoche avait, pour ainsi dire, électrisé les troupes qu'il commandait, et avec elles, il aurait humilié et, je crois, entièrement abattu la puissance anglaise. » Cette lettre est du 18 janvier 1797; le 12, Hoche était en vue de l'île de Ré. Las d'être ballotté par la mer et le vent contraire, après avoir été, près d'un an, tiraillé par les hommes, rétifs et malveillants, épuisé par le mal de mer, le froid surtout, secoué par une toux qui ne le quitta plus, il se jeta dans une barque, au risque de se noyer, prit terre, gagna la Rochelle, monta dans une voiture de poste et courut à Paris. Tout le monde fut frappé de l'altération de ses traits.

IV

Le Directoire avait besoin de relever ses affaires en Allemagne. Hoche reçut le commandement de l'armée de Sambre-et-Meuse. Il était rendu à son élément et revenait à son théâtre. Il ne renonçait ni à affranchir l'Irlande, ni surtout à écraser l'Angleterre, suprême objet de la guerre; mais c'était sur le continent qu'il fallait encore une fois l'attaquer, c'était par le continent qu'il fallait l'investir et la bombarder avant de donner l'assaut final. Il s'en réservait le péril et n'en voulait laisser l'honneur à aucun autre. « Ma fortune, écrivit-il à Hédouville, resté en Bretagne, me mènerait-elle aussi cette année aux portes de Vienne, ce que j'espère, je la quitterais encore pour aller à Dublin, et de là à Londres. » Mais il allait rencontrer Bonaparte, plus profond dans l'ambition, plus mesuré dans la marche, plus favorisé dans la fortune, à qui, avec les batailles décisives et les négociations directrices, revenait, en ce moment-là, tout le gouvernement des affaires de la France.

« Croyez-en notre énergie, disait, au commencement de mars, Reubell au ministre prussien Sandoz, si l'Angleterre est impérieuse dans ses propositions, nous ne le serons pas moins à les rejeter autant de fois qu'elle les produira; nous soutiendrons plutôt une guerre éternelle que de renoncer à une acquisition (la Belgique) qui est liée avec le système que nous avons adopté en Hollande. » Il fallait vaincre l'Autriche, alliée de l'Angleterre, pour contraindre l'Angleterre à laisser la Hollande sous la dépendance de la France; il fallait à la France une Hollande assujettie pour y trouver les ressources d'argent et de vaisseaux, propres à préparer l'invasion de l'Angleterre et à contraindre les Anglais de laisser à la France la paisible possession de la Belgique. Le général en chef de l'armée de Sambre-et-Meuse avait, dans l'un et l'autre dessein, un rôle prépondérant. Il avait à surveiller les Hollandais, à les tenir en obéissance et en haleine, à presser leur armement maritime; il avait à pousser la reprise des hostilités contre l'Autriche et la grande marche sur Vienne qui, combinée avec les mouvements de Bonaparte, devait réduire l'empereur à demander la paix. « Le général Hoche, note Barras le 10 février 1797, a présenté un plan de campagne sur le Rhin; ce beau travail est celui d'un homme qui connaît aussi bien la guerre que la politique. Le plan de Hoche est accepté avec admiration et reconnaissance unanimes. »

Arrivé le 24 février sur les bords du Rhin, il se livre de toute son ardeur à cette tâche. Les armées, surtout celle de Moreau, avaient passé un hiver misérable et déprimant au possible. Le soldat, nu et affamé, réclamait la paix à grands cris. Le plus urgent était de le rhabiller, de le réconforter; puis de harceler Moreau, trop flegmatique, trop temporisateur. Quant aux affaires d'Allemagne, Hoche partageait l'opinion alors dominante parmi les républicains. « Voyez en lui, disait Reubell à Sandoz, un homme qui aime la Prusse et qui ne connaît d'autre militaire que celui de la Prusse. » Il appartenait à ce « parti démocratique qui — rapporte encore Sandoz — était l'ennemi déclaré de l'Autriche, avait le désir de la réduire au dernier degré de faiblesse, pour l'empêcher de nuire, et celui d'élever grandement la puissance de la Prusse ».

Au commencement d'avril, l'armée de Sambre-et-Meuse, refaite et ranimée, était prête; les Autrichiens avaient peu à peu dégarni leur armée d'Allemagne pour se renforcer en Italie; le moment était favorable. Hoche, fatigué des lenteurs de Moreau, résolut de l'entraîner quand même. Il dénonça l'armistice, passa le Rhin dans la nuit du 17 au 18 avril et battit les Autrichiens à Neuwied. Moreau suivit le mouvement, passa, à son tour, le Rhin. La nouvelle des préliminaires de Leoben, apportée directement par un courrier de Bonaparte, les arrêta en pleine offensive. Hoche dut ronger son frein, mais le patriotisme l'emporta chez lui sur l'émulation. Bien qu'il fût général en chef et qu'il n'eût d'ordres à recevoir que du Directoire, il n'hésita pas à suspendre ses opérations. « Je dois me réjouir avec tous les Français de la bonne nouvelle que vous voulez bien me transmettre, écrivit-il à Bonaparte. Nous n'oublierons jamais que c'est à vos travaux que nous devons la paix et ses inestimables résultats. »

Deux grands objets, d'ailleurs, sollicitaient son activité politique et son génie guerrier : l'expédition d'Angleterre qui, en conséquence de la paix avec l'Autriche, allait redevenir la première et la suprême affaire de la République ; puis, ce qui s'imposait de plus près et avec plus d'urgence, l'organisation des pays de la rive gauche du Rhin. Hoche s'en était donné un aperçu ; il s'y consacra, parcourant les campagnes, séjournant dans les villes, observant, interrogeant. Il avait trouvé ce pays aussi malheureux que l'armée, pressuré, agité, s'épuisant à héberger un vainqueur qui lui avait promis la liberté et qui ne lui apportait que la réquisition et la ruine. Sous le prétexte que ces pays n'étaient ni réunis par décret ni cédés par traité, le Directoire les gouvernait en pays conquis. Hoche rassura les habitants par son esprit de justice, par la tenue surtout qu'il sut donner à l'administration. Grâce à l'ordre et à l'économie qu'il imprima au service des réquisitions, à son impitoyable sévérité contre le gaspillage, à sa lutte incessante contre les commissaires exacteurs et déprédateurs, sangsues de l'habitant, vermine de l'armée, destructeurs de la conquête, les pires ennemis de la France que le soldat faisait aimer et qu'ils faisaient haïr, Hoche trouva moyen de ravitailler ses troupes, de soulager l'habitant et de faire rentrer l'argent. Il était temps.

La population se lassait de l'incertitude de l'avenir

et de la misère du présent. La France saurait-elle conserver sa conquête? Les bienfaits annoncés ne s'annonçaient point. La liberté que donnerait la République serait-elle la liberté rêvée? Ces peuples étaient encore indécis et malléables; leurs traditions de civilisation latine, les liens héréditaires formés par le service des régiments étrangers, sous les rois, les inclinaient vers la France; leurs penchants à l'indépendance locale les détournaient de l'annexion pure et simple; leurs intérêts, leur raison, leurs désirs de liberté civile et religieuse les portaient à se rattacher à la grande république, propagatrice des *droits de l'homme,* protectrice des nations émancipées; leur langue, cependant, leurs mœurs, leurs instincts natifs, l'inconscient et l'inexpliqué de leur tempérament national les rattachaient sourdement à l'Allemagne. Ils en détestaient tout ce qui s'y voyait : les gouvernements, la société; il n'en aimaient que le génie populaire. Tout était ainsi chez eux en contrariété et en suspens, aussi bien les vœux qu'ils formaient que le sort auquel ils semblaient destinés (1).

La masse, comme partout, se taisait, portant le poids du jour, craignant de regarder devant soi, de se compromettre surtout et d'encourir le soupçon du maître d'aujourd'hui, les représailles du maître de demain. Parmi ceux qui se prononçaient, on pouvait distinguer des nuances très sensibles dans l'attrait

(1) Voir les livres allemands de Haüsser, Remling, Venedey, Perthes, Hüffer, Hesse, Biedermann.

plus ou moins mélangé de sympathie et de calcul qu'ils déclaraient pour la France. Il y avait des « patriotes » proprement, ou plutôt improprement dits, plus cosmopolites que républicains, plus républicains que Français, qui désiraient la réunion immédiate et complète : dans cette réunion seule ils trouveraient la sécurité contre un retour offensif des princes allemands et les espérances que la qualité de citoyens d'un grand État ouvrait à leur ambition. D'autres, qui auraient été plus justement qualifiés de « patriotes », plus Rhénans qu'Allemands ou Français, mais épris de la liberté et de ses avantages, s'encourageaient à la constance; ils considéraient les charges qui les écrasaient comme une suite inévitable de la guerre; ils n'attendaient d'adoucissement que de leur adoption définitive par la grande République, qui leur assurerait la liberté et leur donnerait un bon gouvernement. Les fonctionnaires et les agents des anciens pouvoirs composaient une classe intermédiaire, nombreuse et influente : on avait l'habitude de leur obéir, on continuait à les écouter. Ils se montraient réservés, attendant la paix pour s'engager, mais ne cachant pas que, quel que fût le maître, pourvu que ce maître les fît servir, ils le serviraient. « Ils n'avaient ni passion pour la France, ni enthousiasme pour la liberté, ni attachement obstiné à l'ancien ordre de choses : ils étaient prudents et indifférents. Ils voulaient bien se laisser prendre, mais non se donner (1). » A Bonn, à

(1) Alfred Rambaud, *Les Français sur le Rhin.*

Cologne, on trouvait dans le clergé, dans le peuple attaché aux croyances catholiques si enracinées en ce pays, dans les congrégations et confréries, dans les corporations et maîtrises, dans les anciennes administrations urbaines, tous gens épris de leurs chartes et privilèges, des résistances tenaces à la réunion. Quant aux paysans, ils souhaitaient la paix qui mettrait fin aux réquisitions, au cours forcé des assignats, aux cantonnements, qui concilierait les avantages de l'ancien état des choses, la douceur du gouvernement patronal, avec les avantages de la Révolution, l'abolition des droits seigneuriaux avec les beaux placements d'économie en terres nobles confisquées et en biens d'Église sécularisés.

Dans cette incertitude, nombre de ces Rhénans, et non des moins cultivés ni des moins estimables, se reprenaient à caresser la chimère des premiers jours, celle des patriotes mayençais de 1792 : une république indépendante, soit unitaire, soit formée d'une fédération de villes et de cantons, à la manière suisse, protégée par la République française, et prenant entre l'Allemagne, parente toujours redoutée, mais affectionnée quand même, et la France, mère adoptive, patrie d'élection, mais crainte aussi, un lien, un gage de paix et de conciliation. Profitant de la république et de l'empire, se réclamant de l'une contre l'autre, se protégeant de l'une et de l'autre, ménagés par les deux, sans les charges d'aucune, ils auraient constitué une *Marche* républicaine, comme il y avait eu des Marches impériales. « Nous nous disions, écrit un de ces républicains : Les Français ont traîné tous les principes dans la boue; nous devons, comme Allemands, montrer que ces principes sont applicables; c'est pourquoi nous voulons nous prononcer, non pour la réunion à la France, mais pour l'indépendance. Nous voulons la république cisrhénane. »

L'exemple de la Hollande ne les décourageait pas. Encore que rigoureux et précaire, le sort des Hollandais leur semblait préférable au leur, dans le présent; il permettait de tout attendre de l'avenir. L'exemple des Italiens et l'expérience faite par Bonaparte convainquirent les meneurs et frappèrent singulièrement les indécis. Les descendants des Celtes et des Germains, colonisés par Rome, leur paraissaient destinés, comme les anciennes colonies romaines de l'Italie, à se faire les alliés de la Rome nouvelle, et à prospérer dans la *paix française,* comme les autres avaient prospéré dans la *paix romaine.* Pourquoi ne verrait-on pas la république cisrhénane, puisqu'on voyait surgir et grandir chaque jour la république cispadane et la transpadane? Cologne, Aix-la-Chapelle, Bonn, Mayence, Trèves, Spire, Worms, Coblentz, valaient, pour les traditions et les souvenirs de liberté locale et d'association impériale, Milan, Pise et Ferrare. L'homme manquait seul pour concentrer ces aspirations et diriger le mouvement. Les patriotes rhénans avaient tourné leurs premières espérances vers Marceau : ce héros était mort. Ils étaient retombés sous le joug des commissaires directoriaux, pour qui les peuples n'ont qu'un droit, celui d'être exploités, et de la grande république, ils n'avaient plus connu que le fisc insatiable. Mais voici qu'on leur envoie, et pour les garantir à jamais contre le retour des anciens maîtres, et pour organiser leur province, le plus magnanime des guerriers républicains, celui qui a su réconcilier les rebelles de l'Ouest en leur rendant leurs prêtres et en les rendant eux-mêmes à leurs champs, qui a rouvert les églises et supprimé le brigandage, Hoche, que l'on appelle partout le « Bonaparte du Nord ». Pourquoi ne ferait-il pas, pour eux et avec eux, ce que Bonaparte a fait pour les Lombards et pour les peuples de l'Émilie?

Des comités de propagande se forment à Kreuznach, puis rayonnent vers Coblentz et Bonn. Ils envoient des émissaires qui exhortent les populations, de Trèves à Cologne, à se confédérer en république; ils distribuent des secours aux misérables; ils promettent aux catholiques la liberté du culte; ils font signer des pétitions; ils plantent des arbres de la liberté; ils organisent des fêtes et des manifestations; ils ont un drapeau; ils s'insinuent dans les municipalités; ils envoient un agent officieux à Paris; ils députent un homme de confiance au quartier général de Hoche. Par goût, par nécessité, par émulation de Bonaparte, Hoche se portait de plus en plus au gouvernement des hommes. Il en avait les dons essentiels, l'esprit de simplicité et l'esprit d'équité. C'est la fatalité de ce temps que, par la sottise et la corruption du pouvoir civil, le pouvoir militaire apparaisse partout comme le pouvoir réparateur, celui qui seul peut accomplir l'œuvre d'ordre sans laquelle les peuples ne peuvent vivre, et l'œuvre de justice que les peuples attendent de la Révolution. Comme il l'a déjà fait dans l'Ouest, comme Bonaparte le fait en Italie, Hoche s'attribue les pouvoirs dont il a besoin et étend à l'organisation civile de la conquête la dictature militaire du conquérant. Il met fin à l'anarchie administrative et financière; il constitue, à Bonn, sous le nom de « commission intermédiaire », un gouvernement civil provisoire; il révoque les agents français qui ont abusé de leur mandat, procède à des enquêtes sur leurs excès, les réprime et remplace ces fonctionnaires, à la fois incapables et pillards, par d'anciens employés de bailliage, des indigènes, ralliés ou soumis, qui ménagent l'habitant, le traitent selon ses mœurs, perçoivent davantage, avec moins d'abus, et ne retiennent plus de commissions. Il suspend les contributions de guerre et les remplace par les anciens impôts; il les augmente d'un tiers, mais, succédant à l'arbitraire, ces impôts paraissent un adoucissement; il rend aux autorités locales l'administration locale, mais partout un commissaire français exerce la haute tutelle, vérifie les comptes, veille à l'exécution des décrets et s'assure de la conservation des biens confisqués. Il promet la tolérance religieuse. Il organise la libre navigation du Rhin, et entraînant Moreau dans cette politique, comme il l'a entraîné dans l'action militaire, il étend, peu à peu, à toute la rive gauche du Rhin, les mesures qu'il a prises dans la partie nord de ces pays, soumise à son commandement.

Il était partisan de la réunion totale. « Ce n'est, écrivait-il au Directoire, qu'en conservant la rive gauche du Rhin qu'il était possible de dédommager la République des maux de la guerre. Ce n'était qu'à cette condition que le silence du gouvernement sur le partage de la Pologne eût été expliqué. » Mais, faute d'avoir le tout, il se contentera d'une partie. Consulté par le Directoire sur l'extension à donner aux préliminaires de Leoben, il répond que la République pourrait réclamer une frontière qui laisserait en dehors les possessions prussiennes et Cologne. « Il vaudrait mieux, écrit-il le 20 mai 1797, céder que d'être obligé, par une obstination impolitique, à reprendre les armes, ce qui pourrait nous faire perdre la considération dont nous jouissons chez les puissances étrangères, et altérer la confiance du peuple dans le gouvernement, qui en tire toute sa force... Si la ligne que nous avons tracée entre le Rhin et les frontières constitutionnelles (les Pays-Bas, le Luxembourg, Liège) était adoptée, il est à croire que nul n'aurait rien à dire sur le traité qui va se conclure, et qu'on n'aurait qu'à se louer de la modération dont le Directoire a si souvent donné des preuves. »

Mais si Carnot trouvait ce projet « judicieux », la faction conquérante du Directoire, les *triumvirs*, comme on les appelait, l'estimaient insuffisant. Ils entendaient tirer des préliminaires la limite du Rhin, de Bâle à la Hollande. Les préliminaires déclaraient, à la vérité, que la paix se ferait sur le principe de l'intégrité de l'empire. Mais il y avait moyen, par la convoitise des biens ecclésiastiques, d'intéresser les princes allemands à la cession de la rive gauche à la France; les vœux de réunion, manifestés par les peuples, fourniraient, devant l'Europe, un puissant argument. Les directeurs, Reubell en particulier, remirent en mouvement les partisans de l'annexion. Émissaires venus de Paris, meneurs allemands, tous prirent pour thème l'échec déplorable de la République rhénane de 1793, la chute de Mayence, la réaction qui s'en était suivie; ils représentèrent qu'il n'y avait pas de milieu entre le retour des anciens maîtres, l'ancien régime, aggravé par les vengeances, et l'association complète avec la France; qu'il valait mieux être gouvernés par des Français, pénétrés des idées généreuses de la Révolution, que par des fonctionnaires indigènes, étroits, tyranniques, serviles au despotisme, incapables de se plier à aucune amélioration. Ils trouvèrent, comme partout d'ailleurs, des auxiliaires très actifs, très insinuants dans les juifs : l'entrée des armées françaises les émancipait, la guerre, l'occupation militire, le cours forcé des assignats, les difficultés du change, l'émigration et ses subterfuges, les confiscations des biens d'émigrés leur ouvraient une source intarissable de courtages, échanges, prêts et commissions; la réunion à la République leur assurait la suite de leurs affaires et la sécurité dans leurs bénéfices : ils devenaient les égaux des autres hommes par le droit, ils demeuraient leurs maîtres par l'argent; le retour des Allemands les eût repoussés dans leurs ghettos, sous le régime de la tolérance jalouse, fiscale, méprisante. Leur dignité d'hommes et leurs intérêts les unissaient au parti de la France : en travaillant pour la réunion, ils travaillaient pour eux-mêmes.

Résigné dès lors à la réunion partielle, Hoche ne put que s'intéresser davantage aux projets des « Cisrhénans ». Constituer cette république serait un moyen de conserver à la France un pied dans cette partie de la rive gauche que l'on n'acquerrait point définitivement, mieux qu'une tête de pont pour passer en Allemagne, un foyer de propagande par où les sympathies républicaines et l'influence française pourraient gagner la rive droite, les peuples du Centre et du Sud, si disposés à se rapprocher. L'empire serait entamé au flanc, et cette attraction des peuples vers la France, toute libérale, toute spontanée, si conforme d'ailleurs à leurs penchants d'indépendance locale, à leur « particularisme » invétéré, n'assurerait-elle pas à la politique française une action plus directe, plus sûre en Allemagne que tous les traités et toutes les alliances de princes achetés avec des terres et des hommes, et au fond irrémédiablement hostiles, et par leurs préjugés et par leurs intérêts mêmes?

Hoche eut à peine le loisir d'esquisser ces vues dans son esprit. L'Irlande et l'Angleterre le réclamaient. Aussi bien, il ne les avait jamais négligées. C'était à la fois sa pensée de derrière la tête, en politique, et la part d'épopée dans son beau rêve de gloire. Il était demeuré en relation avec les émissaires irlandais. Il se remit à préparer l'insurrection de l'île. Les « patriotes » promettaient de ne point poser les armes avant que la France et l'Espagne eussent chassé les Anglais de Gibraltar. Mais l'Espagne n'agirait que par diversion. C'est sur la Hollande que la République comptait cette fois pour fournir les vaisseaux, les marins, l'argent. Or, tout était trouble, crainte, indécision dans cette république. Hoche se rendit dans le plus grand secret à la Haye, à la fin de juin, pour conférer avec le gouvernement hollandais et les agents français, examiner l'état des préparatifs, se concerter enfin avec les Irlandais. Les Hollandais se disaient prêts à agir : seize vaisseaux, dix frégates, 15,000 hommes; mais ils désiraient se réserver la direction de l'entreprise. Hoche, tenté un instant de s'embarquer avec 5,000 Français d'élite, y renonça et revint à Cologne, persuadé que, peu de jours après, la flotte hollandaise pourrait prendre la mer. Les grands desseins sur l'Angleterre étaient encore une fois ajournés, et peut-être faudrait-il avant de marcher sur Londres vaincre décidément les Anglais à Vienne. C'est alors que la politique vint le surprendre pour le jeter dans une aventure à laquelle rien ne l'avait préparé. Il avait connu de la guerre et de la politique les plus grands côtés; il s'en était emparé, il les avait dominées. Il ne connaissait que pour les détester et en avoir souffert, le manège des factions, l'intrigue, les complots, la guerre civile. Il s'y trouvait comme hors de lui-même, et il ne pouvait que s'y égarer.

CHAPITRE II

LE COUP D'ÉTAT (1)

I

Les élections de 1797 avaient mis le Directoire en minorité dans les Conseils et porté Pichegru, chef de la coalition des royalistes et des modérés, à la présidence des Cinq-Cents. Dès le mois de juin, les « triumvirs », Larevellière, Reubell et Barras, se concertèrent pour « sauver la République de la subversion totale » dont elle était menacée. Il s'agissait d'expulser du Directoire Carnot et Barthélemy, suspects de connivence avec la majorité, et d'*épurer* les Conseils en proscrivant les députés nouvellement élus. Larevellière et Reubell étaient assez en confiance l'un avec l'autre. Ils se méfiaient tous les deux de Barras : ils le soupçonnaient de conspirer à la fois avec les roya-

(1) Outre les ouvrages cités dans la précédente étude, j'ai consulté pour celle-ci : les *Procès-verbaux du Directoire*, la correspondance de Hoche, aux Archives de la guerre; Victor PIERRE, *18 Fructidor*, documents, Paris, 1893 ; — *Mémoires* de BOURRIENNE, THIBAUDEAU, BIGARRÉ ; — SYBEL, *Histoire de l'Europe pendant la Révolution française;* — LANFREY, *Histoire de Napoléon Ier ;* — BOUGIER, *le Général Chérin* (*Revue historique*, 1878); — BAILLEU, *Correspondance de Sandoz*.

listes et avec les anarchistes, avec les meneurs des faubourgs et avec les agents du comte de Provence. Mais, comme Barras leur était nécessaire et pour former une majorité et pour préparer le coup de main, ils s'ouvrirent à lui. Il leur « donna sa parole » de tout tenter avec eux. Le premier point était de s'assurer des moyens d'exécution. Les triumvirs, qui étaient capables d'ourdir un complot, étaient hors d'état de l'exécuter. A eux trois, ils ne faisaient pas un homme Il leur fallait des troupes, et un militaire pour faire marcher les soldats. Rien désormais, dans la République, même le pouvoir civil, même les derniers représentants de l'esprit conventionnel, ne pouvait plus prévaloir et gouverner que par la force organisée et commandée, par l'armée, en un mot, et par les généraux. Ils hésitèrent entre Moreau, Bonaparte et Hoche. Moreau passait pour pur, mais il s'était montré singulièrement hésitant et tiède depuis les élections, il se piquait de légalité, et ses liaisons avec Pichegru inquiétaient les Directeurs. Bonaparte semblait trop envahissant, d'ailleurs il était nécessaire en Italie.

Hoche était inoccupé; l'armistice le neutralisait en quelque sorte. Il n'avait pas de liaisons parmi les hommes politiques. Il passait pour républicain, sans épithète. On le savait hostile au parti modéré parce que ce parti se confondait avec les monarchistes et la « faction des anciennes limites », qu'il ferait la paix, disperserait les armées, mettrait les généraux en réforme et les dépouillerait du rôle qu'ils avaient pris d'arbitres de la République. Hoche se prononçait très fortement contre toute tentative de restauration : ses convictions, très sincères, son patriotisme et ses intérêts l'attachaient irrévocablement à la république. Pas plus que Bonaparte, il ne se serait contenté d'un titre de maréchal et il ne se serait résigné à tomber du premier rang où il s'était élevé dans l'État, à celui d'officier de fortune, classé à la suite de l'état-major des émigrés rentrés. Sa grande réputation de droiture, ce fonds de candeur qu'il avait conservé des temps héroïques, permettaient aux Directeurs d'attendre de lui ce qu'ils ne pouvaient espérer de Bonaparte, un instrument docile, une dupe vaillante, loyale et magnanime, « sous la triple couronne de chêne, de myrte et de laurier ».

En l'appelant à ce rôle, d'ailleurs compromettant, les Directeurs l'opposaient publiquement à ses émules militaires, et, en attisant la rivalité des généraux, ils les affaiblissaient tous. Ajoutez les petites passions qui, pour ces politiques mesquins, valaient de grands motifs. Hoche n'aimait ni Carnot, qui l'avait fait destituer et enfermer au temps de la Terreur, ni Pichegru, son rival de 1793, alors courtisan de Saint-Just, devenu un rival politique, courtisan du comte de Provence, passé des terroristes aux clichyens, et aussi détestable à Hoche dans l'un que dans l'autre personnage. Quant à Bonaparte, Hoche l'admire et témoigne noblement de cette admiration. Mais, rapporte Larevellière, « rival de gloire de Bonaparte, il voulait aussi rivaliser de patriotisme avec lui, et ne pas le laisser, en quelque sorte seul, plus en vue que tous les autres généraux, dans les chances que pouvaient amener de si graves circonstances ». Enfin, il avait des troupes disponibles, et un prétexte, l'expédition d'Irlande et d'Angleterre, pour déplacer ces troupes par détachements et les rapprocher immédiatement de Paris.

Hoche fut sondé; le fut-il par lettres directes? On n'en a point trouvé de traces. Par émissaires? C'est le plus vraisemblable. Il avait auprès de lui, pour les ordres secrets et le secrétariat intime, Chérin, ci-devant généalogiste de France, volontaire de 1792, républicain par patriotisme et par amour de la gloire; homme de l'ancien monde, cultivé, répandu, politique; chef d'état-major de l'armée, il fut à la seconde partie de la vie de Hoche, la partie de grande action, ce que Le Veneur avait été aux années d'apprentissage.

Il paraît bien que, depuis vendémiaire an IV, Hoche avait arrêté ses vues sur une intervention militaire dans les rues de Paris; Barras avait pensé à lui, à ce moment-là; les rapports entre eux avaient continué. « Il nous donna, rapporte Larevellière, les assurances d'un entier dévouement à la cause que nous défendions. » Il donna davantage. Un plan d'action fut arrêté, et il fallait qu'il y en eût un, sans quoi les triumvirs se laissaient prévenir, envelopper par Pichegru, et d'*épurateurs* devenaient *épurés*. Toutefois, Larevellière affirme qu'il ne s'en occupa point, et que Reubell y demeura aussi étranger que lui (1). Le fait est possible. Reubell était assez retors, et il se montra, dans l'affaire, assez pusillanime et enclin à la fuite (2), pour vouloir ignorer des mesures compromettantes, sauf à en profiter si elles réussissaient. Il entrait dans la vertu de Larevellière de se glorifier devant l'histoire d'avoir sauvé la République, et de désavouer les moyens grossiers et les instruments brutaux du Salut public. Il qualifiait volontiers ces mesures de « tripotages » et en laissait la responsabilité à l'homme « sans conscience », c'est-à-dire à Barras. Il ferma les yeux : en cas de scandale, il pourrait tout rejeter sur ce collègue discrédité, et condamner comme « hasardeux et inutiles » des préparatifs qui mériteraient d'être jugés ainsi, puisqu'ils auraient échoué. Ce fut donc Barras qui se chargea de donner les ordres.

Hoche était convaincu, il était impatient, il ne demanda pas de garanties, il se lança en avant, se découvrit et se livra tout entier. Le 29 juin, à son retour de Hollande, il reçut, à Gueldre, l'ordre de reprendre les préparatifs d'une expédition en Irlande et de rassembler, à cet effet, à Brest, dix mille hommes tirés de

(1) Barras contredit formellement Larevellière, sur cet article. Il dit (t. II, p. 484) : « Mes collègues m'avaient autorisé à traiter cette affaire avec Hoche, et l'approche des troupes était le résultat de nos conférences. »

(2) Il était « hors de lui » le 17 fructidor, la veille du coup d'État. Il dit à Larevellière : « Je ne veux pas rester stupidement sous le fer des bourreaux, je te déclare que je pars. » Voir les *Mémoires de Larevellière,* p. 77 et suiv., 120 et suiv., et ceux de *Barras,* t. III, p. 16, 17.

l'armée de Sambre-et-Meuse. Il les avait triés d'avance. Avertis, endoctrinés par Chérin, les chefs, ardents patriotes comme leur général, attachés comme lui à la Révolution qui les avait élevés aux premiers rangs, comme lui adversaires acharnés d'une restauration monarchique, qui les rejetterait dans la foule, ne demandaient qu'à marcher contre les « infâmes royalistes ». Le 30 juin, Lefebvre fut désigné pour faire partie de l'expédition. « Je suis bien aise, écrivait-il à Chérin, de quitter enfin les bords du Mein, mais je suis encore plus aise si je suis destiné à aller faire peur aux malheureux qui veulent déchirer notre pauvre patrie. Ces monstres ne sont pas faits pour se présenter devant des braves qui ont osé attaquer et vaincre toutes les puissances de l'Europe... J'aurai le 10e régiment de hussards... je saurai bien les faire marcher, ou le diable m'emportera!... Soyez persuadé du désir ardent que j'ai de maintenir le gouvernement en tout jusqu'au tombeau, car je ne change pas aisément quand j'aime une chose ou une personne... »

Les troupes se composaient de la division Richepanse et de la fameuse « légion des Francs » organisée, en 1796, pour l'expédition d'Irlande et commandée par Humbert: troupe de deux mille six cents hommes d'élite, tous volontaires, « d'un choix tout particulier », dit Bigarré qui s'y engagea; avec des officiers jeunes, robustes, de bonne volonté, indifférents aux dangers, avides de gloire, idolâtres de leur général. Ils partirent le 9 juillet. Ils savaient qu'ils marchaient sur Paris. « A ce nom de Paris, rapporte l'un d'eux, un Français éprouve ce qu'éprouvait un Romain à trois cents lieues de Rome. Le bonheur de revoir son pays, celui de se trouver au milieu de la plus belle capitale du monde, nous enivrèrent au point que nous faisions mille folies, mille conjectures et autant de projets sur ce voyage. Les uns pensaient que le Directoire, voulant célébrer la paix avec magnificence, faisait venir une division de chaque armée à Paris;... d'autres prétendaient que le gouvernement était menacé par des factieux et que nous nous rendions à Paris pour les secourir. Ce qu'il y avait de plus positif dans tout cela, c'est que les armées en France étaient essentiellement obéissantes, que nous ne faisions qu'exécuter les ordres de ceux qui avaient le droit d'en donner, et que, sans nous mêler des raisons qu'on mettait en avant pour nous faire mouvoir, nous marchions gaiement vers la capitale de notre république... » Hoche suivit ses hommes, alla, en passant, voir sa jeune femme à Metz, et arriva à Châlons le 19 juillet.

Trois jours avant, le 16 juillet, la crise attendue avait éclaté dans le Directoire. Carnot avait proposé de renvoyer plusieurs ministres, notoirement hostiles aux Conseils, et de les remplacer par des hommes dont les noms seraient plus conformes « au vœu de la majorité ». Les ministres furent changés, en effet; mais les triumvirs en désignèrent de plus prononcés encore dans l'opposition aux Conseils. Ils s'étaient entendus avant la séance. Larevellière avait indiqué Hoche pour la guerre. Reubell et Barras objectèrent que ce général n'avait pas l'âge requis par la Constitution.

« Je le sais, répliqua Larevellière, et nous ferons un autre choix ; mais le sien aura été pour l'armée entière la preuve que c'est la majorité du Directoire qui dirige l'administration de la guerre et que Carnot n'y a plus d'influence. Il est dans la nature de l'homme, et surtout du militaire, de se ranger du côté ou se distribuent les grades et l'argent. » Ils comptaient bien que, dans l'intervalle, les troupes seraient arrivées et que le coup serait frappé : Hoche serait ministre juste le temps qu'il faudrait pour investir le Corps législatif et emprisonner les députés. En cela, le calcul des « triumvirs » les trompa. Ils voulaient tenir secrètes, pendant quelques jours, les nominations qu'ils avaient arrêtées. Ni Carnot, ni Barthélemy contre qui elles se faisaient, n'avaient intérêt à les cacher. Elles furent connues aussitôt. En même temps, le bruit des mouvements des troupes transpira, et l'on établit entre ces mesures et le choix, d'ailleurs inconstitutionnel, du ministre de la guerre, un rapprochement très inquiétant pour les Conseils.

Le 17, de nombreux députés allèrent confier leurs alarmes à Pétiet, le ministre de la guerre disgracié, mais encore en fonction. Pétiet confirma le fait qu'une partie de l'armée de Hoche s'était mise en marche; il ajouta qu'il n'en avait point été avisé. Carnot, interpellé par les mêmes députés, assura qu'il ignorait complètement que les ordres eussent été donnés. Les députés menacés se crurent à la veille du coup d'État qui paraissait imminent à tout le monde, mais qu'ils étaient aussi incapables de déjouer que de prévenir. Un des inspecteurs de la salle, chargés de veiller à la sécurité du corps législatif, se rend, le 19, au Directoire. Carnot, qui préside, affirme, avec une entière bonne foi, que Hoche a agi sans ordre, qu'il a voulu rassembler à Brest des troupes en vue de l'expédition d'Irlande, et que, dans tous les cas, contre-ordre va lui être donné par le Directoire. Ce discours ne suffit point à rassurer les Conseils. Déjà Lacuée avait proposé d'arrêter Barras; Pichegru demande qu'on réorganise les gardes nationales. Le 20 juillet, Aubry, aussi méfiant de Hoche qu'il l'était de Bonaparte, et pour les mêmes motifs, fait voter un message au Directoire. Le Directoire y adresse une réponse dérisoire : La marche des troupes est le résultat de l'inadvertance d'un commissaire des guerres ! Cette défaite est accueillie par des murmures; le message directorial est renvoyé à une commission de cinq membres; Pichegru, Willot, Pontécoulant en font partie. On ne parle que de bataille. « Puisqu'on veut nous faire monter à cheval, aurait dit Pichegru, nous y monterons. Le Luxembourg n'est pas une Bastille, il sera réduit en une demi-heure. »

Le jour même, Hoche, mandé officiellement au Directoire par Carnot pour s'expliquer, secrètement par les triumvirs pour se concerter avec eux, arrive à Paris. Il écrit aux Directeurs : « Ce n'est qu'hier, à mon passage à Châlons, que j'ai appris des nouvelles de Paris, où je n'ai et ne veux avoir que fort peu de connaissances. » Mais il est fort connu, et, dès qu'on est averti de sa présence, on annonce le coup d'État.

« C'est lui! c'est lui! les troupes, les canons! nous sommes cernés, bloqués! raconte-t-il. Tels furent les cris qui m'accueillirent. » Cependant, il voudrait prendre l'air de la ville, reconnaître le terrain. Ses amis le recherchent, curieux de ce qu'il pense, préoccupés de ce qu'il projette. Parmi eux, un député aux Anciens, Marbot, le père du brillant chroniqueur, ci-devant noble, ancien membre de la Législative, général de division après le 10 Août, destitué comme ultra-révolutionnaire après Thermidor, jacobin déclaré, acharné contre les émigrés, très chaud pour les triumvirs, de la faction de Barras de qui ses origines le rapprochaient. Il trouve Hoche très affecté de la crise que traversait la République, mais persuadé qu'avec du courage on pourrait la sauver : « Vous nous y aiderez, dit Marbot. — La victoire est aux patriotes, répond Hoche, si l'on veut me seconder avec énergie. Je compte sur quelques hommes de cœur dans le Corps législatif, et sur les trois fidèles Directeurs; mais on ne sent pas assez la nécessité de prendre des mesures sur-le-champ; cependant, les progrès de la royauté deviennent tous les jours plus effrayants; Louis XVIII peut être sur le trône avant quinze jours, si l'on ne frappe un coup vigoureux. Les corps de troupes qui étaient destinés pour l'expédition d'Irlande se trouvent fort heureusement placés sous la main du Directoire, leur solde est assurée; aussitôt qu'elles en recevraient l'ordre, elles seraient dans Paris avant deux jours. — Êtes-vous sûr de vos troupes? Vos chefs de corps sauront-ils fouler un moment à leurs pieds le prestige de la représentation nationale? Auront-ils le dévouement intrépide de ne pas balancer entre la crainte de la destitution, de l'échafaud même, et l'inexécution de vos ordres? — Je suis assuré des officiers et des soldats : les uns et les autres sont républicains; ils respecteraient le Corps législatif, s'il défendait la liberté; ils le méconnaîtront toutes les fois qu'il favorisera la marche des contre-révolutionnaires. Un Corps législatif qui n'est point populaire ne peut avoir l'armée pour lui. » C'est l'esprit du 2 juin, ce sera l'esprit de Brumaire : révolutionnaire et parisienne, organisée et enrégimentée, c'est toujours la force armée qui se fait l'arbitre de la liberté et juge du législateur.

Les intentions de Hoche étaient incontestablement pures, et, décidant de l'État comme il décidait de la guerre, les moyens lui semblaient légitimes qui menaient à ses fins. Il s'attendait à lutter contre un insurrection royaliste, et le fait est que cette insurrection couvait : en même temps que Hoche rapprochait ses légions de Francs, Frotté, Rivière, Polignac acheminaient leurs chouans vers Paris. Un second Vendémiaire, en permettant de les écraser, fournirait l'occasion naturelle de grandes mesures politiques. Le gouvernement que Hoche voulait faire prévaloir, dans la République épurée, devait être honnête, probe, austère. C'était chez lui la partie de l'idéal et de l'illusion. Barras la lui laissait.

II

Le 21 juillet, Hoche se rendit au Directoire. Il s'y trouva très déçu, et fort gêné, dès l'abord, du personnage équivoque que les triumvirs lui faisaient jouer. Carnot l'accusait de conspirer contre la République; Barthélemy opinait comme Carnot. Reubell et Larevellière, que Hoche croyait « fidèles » et dont il se croyait sûr, feignaient de tout ignorer. Barras, qui savait tout, l'abandonna. Aux questions pressantes de Carnot sur la marche des troupes, aux menaces de mise en accusation, s'il ne se disculpait pas, Hoche se troubla. « Tout interdit, rapporte Larevellière, il jetait continuellement les yeux sur Barras, et Barras eut la lâcheté de tenir continuellement les siens sur le papier qu'il avait devant lui, sans oser proférer un seul mot... » Pour se défendre, Hoche aurait dû découvrir les triumvirs; leur secret n'était pas le sien; ils le trahissaient, mais lui, en les trahissant, aurait compromis la cause qu'il servait avec eux, la cause de la République, à laquelle il était prêt à tout sacrifier. Il balbutia, il tâcha d'éluder. Alors, Larevellière, considérant « qu'il n'était plus possible sans compromettre ou, pour mieux dire, sans perdre la République, de désavouer ou de dénoncer les mesures », — interpella Carnot, lui demanda de quel droit il interrogeait le général : le Directoire ne l'y avait autorisé par aucun acte, par aucune délibération collective, et ses attributions de président ne lui permettaient pas de se substituer au Directoire : « Je m'oppose, pour ma part, à ce que cette espèce d'instruction judiciaire se continue. » Puis, s'adressant à Hoche : « Quant à vous, général, ne prenez aucune inquiétude de ces vaines menaces. Vous pouvez compter sur moi... Je ne crains pas de vous donner la même assurance au nom de la majorité des membres qui siègent dans ce conseil... »

L'affaire tournait aux querelles quotidiennes des Directeurs. Elle finit comme les autres : Carnot, ne se sentant pas soutenu, s'arrêta; les triumvirs, ne se sentant pas prêts, ajournèrent. Hoche se rendit chez Larevellière qui l'accueillit avec effusion, lui dénonça la perfidie de son collègue Barras, l'engagea à mettre toute sa confiance en lui seul, et à ne travailler qu'avec lui au salut de la République. Il lui déclara, en outre, que ni lui ni Reubell n'avaient connu les mouvements des troupes : Barras avait pris sur lui seul de les ordonner au nom de la majorité. Hoche se rendit de là chez Barras. Il se répandit en récriminations : « Les généraux et l'armée sont également mécontents; Carnot et son bureau topographique les abreuvent d'amertume; ils favorisent les aristocrates et font également preuve d'incivisme et de bêtise. » L'insidieux Barras lui démontra sans doute que qui ne sait pas dissimuler ne sait pas conspirer. Hoche sortit du Luxembourg sans illusion sur les Directeurs, mais parfaitement résolu à reprendre la partie, et le plus tôt possible, avec eux ou sans eux. Cependant, prévenu que Willot allait proposer aux Cinq-Cents un message pour protester contre l'illégalité de sa nomination au ministère, il le prévint, et, le 22 juillet, envoya sa démission au Directoire : « Il est douloureux pour un ami de la patrie de ne pouvoir coopérer aux grands travaux dont vous êtes chargés. Je me propose de prendre aujourd'hui même les derniers ordres du Directoire. »

C'était une lettre destinée au public. Hoche ne partit point; toutes ses démarches tendent à prouver qu'il avait partie liée avec Barras, et qu'il n'attendait qu'un ordre ou un aveu des triumvirs pour engager l'action. Il avait assumé la responsabilité des mesures militaires; c'est contre lui que se déchaînaient les journaux et les orateurs des Conseils. Mais il était convaincu que « s'il périssait, il voyait périr en même temps la République ». Il était sûr de ses intentions; il ne l'était ni de celles des triumvirs, ni de celles des autres chefs d'armée. Il comprenait qu'une autorité dictatoriale serait nécessaire, au moins pour un temps : il était prêt à la prendre et décidé à l'abdiquer dès que le péril serait conjuré. « La chose sur laquelle on l'entendait dans toutes ses conversations témoigner son inquiétude, dont il avait autant d'horreur que de la royauté même, c'était le pouvoir militaire. — Je vaincrai les contre-révolutionnaires, disait-il, et, quand j'aurai sauvé la patrie, je briserai mon épée. » D'autres fois, pour pallier l'illégalité qu'il se voyait contraint de commettre, il annonçait que, la révolution accomplie, il chercherait une grande diversion au dehors, et tournerait contre les Anglais toutes les passions nationales et toute l'ardeur de l'armée.

Cependant Reubell demeurait impénétrable; Larevellière conseillait à Hoche de quitter Paris; Barras proférait des discours menaçants et reculait toujours l'action. Il voulait que les Conseils prissent l'offensive et se missent dans leur tort : l'intervention de l'armée eût alors été presque légale, et, dans tous les cas, plus populaire. « Nous tiendrons ferme si nous sommes attaqués et si nous sommes décrétés d'accusation, disait-il, le 22 juillet, à Lavalette, l'émissaire de Bonaparte; alors nous monterons à cheval et nous les écraserons. » Par-dessus tout, l'argent manquait pour entretenir les troupes que l'on acheminait vers Paris. Lavalette avait pour instruction d'offrir, en cas de nécessité, aux Directeurs l'aide de Bonaparte. Il jugea le moment venu de les mettre de la sorte, encore davantage, à la discrétion de son chef. « Je lui ai fait votre proposition, écrit-il à Bonaparte en sortant du Luxembourg, il l'a acceptée avec transport. »

Les triumvirs reprennent quelque confiance. Ce sont, comme toujours, les nouvelles d'Italie qui relèvent leur courage. Bonaparte est avec eux, décidément! Un courrier leur arrive apportant les adresses des divisions, la proclamation fulminante du général en chef, le 14 juillet. « Hoche assure que l'armée de Sambre-et-Meuse est dans les mêmes dispositions. » Ils ont déjà les pièces extraites du portefeuille de d'Antraigues, la dénonciation de la trahison de Pichegru, la présomption de la complaisance de Moreau : Pichegru, l'espoir des royalistes; Moreau, le refuge des républicains modérés, des « loyalistes » de la Constitution. Ils livrent ces pièces à la publicité (1). Barras espère que, l'argent de Bonaparte aidant, avec de larges distributions, à coups de grosses sommes, on évitera une effusion de sang. Il le dit, le 23 juillet, à Lavalette : « Je pense que, sans commotion violente, nous rétablirons l'ordre. » Il écrit lui-même à Bonaparte : « Moi, Reubell et Larevellière, nous défendrons la Constitution jusqu'à la mort. Nous arrêterons à la fin ce cours d'assassinats... Hoche est ici, il va préparer son expédition d'Irlande. Nous allons nous occuper d'épurer l'intérieur. » L'argent, qui purifie tout, sera l'instrument de cette épuration. Mais le temps presse, l'Italie est loin. Les Directeurs confient leur détresse à Hoche.

Le 24 juillet, au matin, il vient prendre congé de Barras, et il met sa caisse à la disposition du Directoire. Cette caisse n'est pas aussi bien garnie que celle de Bonaparte; toutefois, les réquisitions levées en Allemagne y ont laissé quelques réserves. Barras raconte que, dans cet entretien, Hoche lui dit « en le serrant dans ses bras » : « Le royalisme nous déborde; avec quel regret je vous quitte! Rappelez-vous que, pour nous, il n'y a pas de transaction; si vous ne prévenez pas ceux qui veulent nous tuer, on fera mieux

(1) *Moniteur* du 23 juillet et note dans le *Rédacteur* du 26 juillet.

que nous tuer : on nous livrera, et la liberté sera perdue... Si vous n'êtes pas soutenu ici, il faut que vous vous rendiez à l'armée que je commande. Nous prendrons ensemble une vigoureuse détermination... » Barras répond que son poste est à Paris, que ses collègues et lui sont « irrévocablement résolus à agir, et sous peu de jours »; mais il est instant que Hoche retourne à son armée et mette ses troupes en marche. Barras fera approuver ces mouvements par le Directoire, Hoche fera faire des adresses par son armée; il correspondra avec Barras, il enverra à Paris son chef d'état-major général, Chérin, « homme sûr et patriote éclairé ». Hoche s'en va, très ému (1).

En sortant de chez Barras, il aperçoit, près de Saint-Sulpice, Marbot qui passait dans la rue. Il fait arrêter sa voiture : « Il n'y rien de changé, dit-il à Marbot, je pars pour ma destination »; et, lui serrant fortement les mains : « Dites aux patriotes, ajouta-t-il, qu'ils comptent sur Hoche; je suis à vous à la vie, à la mort. » Avant de partir, il adressa à Chérin cette lettre significative : « Il est on ne plus urgent que vous m'envoyiez deux cent mille livres à Reims, avec la plus grande diligence, c'est-à-dire en poste. Faites, pour plus de célérité, que j'aie beaucoup d'or. » Et il se mit en route pour Charleville. Tout, cette fois, semblait arrêté en vue d'une action rapide.

(1) George Duruy, *Mémoires de Barras*, t. II, p. 497. Les dates données par Barras, dans ses notes, ne sont pas toujours d'accord avec les procès-verbaux du Directoire et les correspondances.

Cependant Barras, après « avoir serré Hoche dans ses bras », se retourne vers Bonaparte, et, le même jour, 24 juillet, lui écrit : « Point de retard; songe bien que c'est avec *lui* seulement (*lui*, c'est l'argent promis par Lavalette) que je puis remplir tes honorables et généreuses intentions. » Le 26, il fait prendre par le Directoire un arrêté approuvant Hoche d'avoir détaché six mille fantassins, deux mille cavaliers et mille artilleurs de l'armée de Sambre-et-Meuse, et lui enjoignant de les conduire dans l'Ouest où ils s'embarqueront pour l'Irlande. L'accord se fait un moment, entre les cinq Directeurs, sur cet ordre équivoque. Carnot et Barthélemy le prennent à la lettre : c'est, pour eux, un moyen d'enterrer l'affaire et de se débarrasser de Hoche; c'est pour les triumvirs un moyen de garder Hoche et ses soldats à leur disposition et de masquer la marche sur Paris. Les Conseils n'en sont pas dupes. Le même jour, Pichegru fait un rapport aux Cinq-Cents : « Quel est donc ce nouveau pouvoir qui fait mouvoir à son gré, d'une extrémité de la République à l'autre, des corps de troupes suivis d'une artillerie considérable? » Il propose et fait voter une mention portant que la distance constitutionnelle de six myriamètres que les troupes ne peuvent franchir, autour de la capitale, sera marquée par des colonnes établies sur les routes, et que tous ceux qui la franchiraient ou ordonneraient de la franchir, sous quelque forme que ce fût, se rendraient coupables d'attentat contre les libertés publiques; qu'aucun déplacement de troupes n'aura lieu, sur le territoire de la République, que sur un ordre du ministre de la guerre, en vertu d'un arrêté du Directoire.

III

Hoche prépare activement la concentration de ses troupes à Reims. Le Directoire a prescrit la marche de neuf mille hommes vers l'Ouest, Hoche en achemine quinze mille sur Paris. En passant, il les inspecte, les exhorte. Le 28, il est à Charleville, il presse les agents. « Comme l'expédition dont il s'agit est de la plus haute importance, mande-t-il à l'ordonnateur Jujardy, le retard que feraient éprouver les subsistances pour la marche des troupes demeure sous votre responsabilité. » Là-dessus, il reçoit un contre-ordre : c'est l'effet de la proposition de Pichegru. Le nouveau ministre de la guerre, Schérer, qui n'est pas dans le secret et qui s'émeut fort des menaces des Conseils, s'étonne de voir quinze mille hommes en route, quand, paraît-il, les états n'en annoncent que huit mille; il ordonne de les faire rétrograder. Hoche le mande aussitôt à Jujardy : « Les troupes que je devais réunir à Reims rétrogradent toutes sur l'armée de Sambre-et-Meuse. » Il arrête le mouvement en avant; mais il ne commande pas la retraite. Sa lettre envoyée, il se demande s'il est, encore une fois, joué, trahi par Barras. Il s'impatiente, il s'agite, et il prête aux troupes les inquiétudes qui le troublent lui-même. « Dix fois au moins, écrit-il à Schérer, elles ont été en avant et ont rétrogradé par suite des ordres qu'ont donnés les généraux et les ministres. Fatiguées, harassées, elles ne savent plus qui entendre, et à peine osé-je leur adresser des ordres en conséquence de ceux que je viens de recevoir de vous... » Puis il réfléchit. Il attendra ; il gardera les soldats dans leurs cantonnements et sous sa main. « Les troupes, ajoute-t-il aussitôt, continuant sa lettre à Schérer, ont besoin de quatre jours de repos. Marquez-moi, par le retour du porteur de la présente, si définitivement elles doivent aller à l'Ouest. Rappelez-vous, citoyen ministre, qu'on peut aimer son pays sans cependant prétendre sacrifier son existence à des erreurs telles que sont celles qui ont eu lieu depuis dix jours. »

Dans la soirée, nouvelle instruction du Directoire : Se porter vers l'Ouest. Est-ce une feinte? Est-ce un désaveu? Entend-on l'écarter, le paralyser, se débarrasser de lui? Il ne s'y prêtera pas. Il refusera d'aller en Irlande; il retournera au Rhin. Il le décide, il le fait répéter dans les cantonnements et dans les garnisons. Toutefois, il ne part pas encore. Il ordonne, le 28 à sept heures du soir, « que les troupes soient arrêtées et séjournent où elles se trouvent, jusqu'à ce que les généraux qui les commandent reçoivent de nouveaux ordres de lui personnellement ». C'est sa réponse à la motion de Pichegru. Comme il lui faut un prétexte pour différer l'exécution des ordres de Paris, il le prend dans la fatigue et l'irritation des soldats. Fatigue réelle, irritation très vraisemblable, mais non contre leur chef ni contre l'expédition projetée. Un des officiers de la légion des Francs représente, dans ces jours-là mêmes, l'armée célébrant à Charleville son retour en France, « savourant le champagne » et filant gaiement les amours de garnison. Mais le prétexte est plausible : on y croira, on aura peur, et le temps sera gagné. Hoche écrit à Schérer, le 29 juillet, qu'il va répondre à Pichegru et à Willot : « Mon honneur y est intéressé. » « Je me suis porté ici (Dinant) contrairement à ma lettre d'hier, afin de visiter et de calmer les troupes dont le mécontentement est à son comble; il a pour cause les différentes marches qu'on leur a fait faire et le défaut absolu de solde. Hier, le 2e bataillon de la 9e demi-brigade a refusé net de marcher. Je doute qu'aucunes troupes veuillent aller maintenant à Brest, l'armée étant informée de mon refus d'embarquer. »

Ce sont les arguments sans réplique de Bonaparte. Mais Hoche est compromis, Hoche est moins menaçant, Hoche n'a pas frappé les grands coups de prestige de son émule, enfin il ne dispose que de 200,000 livres! Les triumvirs ne cherchent qu'à gagner du temps : ils sont tout à la crainte, et, pour le moment, c'est des Conseils qu'ils ont le plus peur. Ils signent une trêve et ils la concluent aux dépens de Hoche. « Les projets d'oppression contre le Corps législatif ont été abandonnés, écrit Sandoz, le 29 juillet. Les trois Directeurs qui en étaient les complices sont revenus à l'opinion de Carnot et de Barthélemy. Ainsi la division qui régnait à ce sujet dans l'intérieur du Directoire exécutif a cessé pour un moment; mais Barras et Reubell ont failli se trouver dans le plus grand embarras. On a recueilli les preuves matérielles des ordres expédiés de leur part pour la marche des deux régiments sur Paris. Ils devaient être dénoncés et mis en accusation au Corps législatif si le rapprochement ne fût pas survenu. La femme du dernier m'en a fait indiscrètement l'aveu. »

Le 30 juillet, la délibération recommence au Directoire, et cette fois solennellement, sur ces fameux mouvements de troupes. Carnot déclare « qu'il rend justice aux intentions du général Hoche, et qu'il le croit très pur »; mais il est d'avis de ne pas affaiblir l'armée de Sambre-et-Meuse, et il conclut que les détachements de cette armée doivent, jusqu'à plus ample informé, suspendre leur marche vers l'Ouest. Reubell est d'un avis contraire : l'expédition d'Irlande n'est pas une chimère, les renforts sont indispensables à l'armée de l'Ouest, la marche des troupes sur Brest est nécessaire. Il a été établi que l'ordre de route vers le rayon constitutionnel était l'effet de l'ignorance ou de la perfidie d'un subalterne. Les Hollandais proposent une expédition en Irlande : le ministre de la marine leur a promis de les soutenir par un corps de huit à dix mille hommes. D'ailleurs, la Vendée s'agite : une explosion s'y prépare. Il faut effrayer les traîtres. Il n'y a aucune apparence de rupture avec l'Autriche. « L'essentiel est l'intérieur, qu'il faut préserver de toute secousse révolutionnaire :... un mouvement de troupes vers l'Ouest

est indispensable pour déjouer les manœuvres des conspirateurs, beaucoup plus dangereux que tous les ennemis du dehors. » Puis, si l'on fait rétrograder ces troupes, on accréditera l'imposture qui les destinait à Paris. Larevellière appuya Reubell. Barras trouva l'argument admirable et renchérit : le Directoire se compromettrait en arrêtant la marche des troupes; il fortifierait les « atroces calomnies » colportées de toutes parts?... Nul danger du côté de l'Allemagne. « C'est vers l'Angleterre qu'il faut aujourd'hui diriger tous nos efforts; c'est l'Angleterre seule qui... s'oppose à la pacification générale... Le gouvernement anglais est perdu le jour où les Français et les Hollandais débarqueront dans leur île. — On nous parle d'alarmes sur la marche des troupes; elles ne peuvent exister que chez les ennemis de la République : ce sont les Anglais, c'est Pitt, c'est Blankenbourg qui tremblent... » « Une minorité perverse, rapporte-t-il, veut perdre le général Hoche depuis qu'il a donné son assentiment aux pétitions de l'armée. Reubell et Larevellière parlent avec véhémence : ils partageront le sort qu'on réserve à deux généraux qui servent la patrie avec tant de distinction que Hoche et Bonaparte! Carnot est interdit. »

Sur la proposition de Larevellière, le Directoire arrêta de nouveau que les deux mille cavaliers, six mille fantassins et mille artilleurs détachés de l'armée de Sambre-et-Meuse suivraient leur destination vers l'Ouest. Le reste, s'il en avait été détaché davantage, retournerait à l'armée de Sambre-et-Meuse. Le ministre de la guerre écrivit, le lendemain, à Hoche, que le Directoire le confirmait dans le commandement de l'expédition d'Irlande, mais que jusqu'à cette expédition il conserverait « le titre de général en chef de l'armée de Sambre-et-Meuse ». C'était, comme l'arrêté sur les troupes, une mesure à deux fins : l'expédition d'Irlande restait le prétexte, l'intervention à l'intérieur l'objet réel; toutefois, à défaut de cette intervention, ou après cette intervention, les troupes et leur général pourraient reprendre la marche vers l'Ouest. Quant à Hoche, s'il contribuait à la révolution, le Directoire préférait, le coup accompli, l'éloigner de Paris. Ce général menaçait de devenir trop puissant à l'armée de Sambre-et-Meuse; on l'enverrait courir les grandes aventures et les grands périls en Angleterre. L'opinion prendrait confiance en le voyant chargé de cette grande entreprise; elle y reconnaîtrait la juste récompense des services qu'il aurait rendus à la patrie, et les triumvirs, après l'avoir employé à établir leur suprématie, se délivreraient d'une compétition inquiétante pour eux. C'est la conduite qu'après Campo-Formio ils tinrent avec Bonaparte.

Les meneurs des Conseils ne virent dans ces allées et venues des troupes, dans ces ordres et contre-ordres du Directoire, dans ces pompeuses menaces à l'Angleterre, que des faux-fuyants, et crurent plus que jamais à une conspiration dont Hoche était l'âme. Le 30 juillet, le jour où le Directoire prenait cet arrêté, Dufresne, aux Cinq-Cents, attaqua la gestion financière de Hoche, l'accusa de malversations, et dénonça un détournement, pour un objet inconnu, mais aisé à soupçonner, de plusieurs centaines de mille francs provenant des contributions de guerre. Le lendemain, Willot reprit l'offensive : « Le général de l'armée de Sambre-et-Meuse vient de se rendre à Reims, où des forces considérables se réunissent. Contre qui? » Il demanda la mise en accusation de Hoche, de son chef d'état-major et de l'ordonnateur en chef de son armée. Le Directoire, cette fois, fut directement visé. « Il ne peut, dit Pontécoulant, y avoir de mouvements sans que le gouvernement en soit le complice. »

Ces dénonciations produisent leur effet habituel. Les Conseils ne sont pas populaires; mais le Directoire l'est encore moins. Les orateurs du parti antidirectorial font appel au vieux et noble sentiment d'indépendance des Parisiens, à l'horreur du coup d'État militaire, de l'intervention de l'armée dans les affaires intérieures : ils se croient encore à la veille du 14 juillet ou du 10 août, et ils retournent contre les républicains retranchés dans la Constitution la manœuvre employée alors par les partis révolutionnaires contre la Couronne. Ces souvenirs ont gardé du prestige; les triumvirs s'en émeuvent. Ils ne se doutent pas eux-mêmes à quel degré de lassitude, d'énervement, d'indifférence ils ont, à force d'abuser du mot de liberté, conduit l'opinion. Ils s'étonneront, au jour de l'action, de la facilité de l'ouvrage. Ils n'y croient pas encore, et, de loin, les fantômes de la Révolution les épouvantent.

Mais le coup d'État n'est que différé. Le 2 août, Barras dit à Lavalette : « J'attends le décret d'accusation pour monter à cheval et marcher contre les conspirateurs des Conseils, et bientôt leurs têtes rentreront dans les égouts. » C'est qu'il était arrivé une lettre de Bonaparte et que Augereau, mis par ce général à la disposition du Directoire, était, le soir même, attendu à Paris. C'était le sabre étincelant, irrésistible et inintelligent qu'il fallait au Directoire. Bonaparte avait, une fois de plus, pénétré les désirs des triumvirs; il leur envoyait, à l'heure opportune, l'instrument dont ils avaient besoin. Avec Hoche ils n'étaient sûrs que de la journée; avec Augereau, ils étaient sûrs du lendemain. Hoche fut dès lors sacrifié. Il sortait diminué de cette aventure équivoque; il avait perdu son prestige de pureté républicaine; il s'était entaché de politique; il devenait suspect aux yeux de beaucoup de bons citoyens. C'était un double bénéfice pour le Directoire. Hoche comprit et ne pardonna point. Le Directoire le chargeait du commandement de l'armée d'Irlande : il vit dans cette mesure un piège ou un ostracisme déguisé; il refusa décidément. Le Directoire lui laissait, par provision, le commandement de l'armée de Sambre-et-Meuse; c'est à cette armée qu'il résolut de se rendre, pour y attendre les événements et préparer sa revanche. Le 2 août, il arriva à Wetzlar. « Ses amis, rapporte le chroniqueur de sa vie, furent frappés, en allant à sa rencontre, de le voir, contre son habitude, accompagné de son épouse et d'un enfant en bas âge qu'il amenait avec lui. Pour ceux qui suivaient plus particulièrement le fil de ses affaires, il fut évident qu'il venait avec ce qu'il avait de plus cher au monde, chercher un asile contre ses persécuteurs, au milieu de ceux qui lui étaient restés fidèles. »

IV

Lorsqu'en 1793, au temps de la guerre immortelle, la guerre d'indépendance, les jeunes généraux de la République, appelés à Paris pour discuter un plan ou confondre quelque délateur, retournaient à la frontière, ils y trouvaient, selon l'admirable expression de Taine, « vierges pures dans l'imagination de l'officier et du soldat », toutes les nobles idées qui avaient fait la Révolution et soutenaient la République : liberté, égalité, droits de l'homme, avènement de la raison. Rien n'était plus beau, à leurs yeux, que de mourir pour la patrie, et ils donnaient avec enthousiasme leur vie à une chose qui dominait la Révolution même, la France, pendant qu'à Paris tant d'honnêtes Français tombaient sur les échafauds, sacrifiés stérilement au fanatisme ou aux rivalités de quelques démagogues. Avec l'offensive et la conquête, tous les sentiments se déplacèrent et les perspectives furent changées.

Les généraux ne revinrent plus aux camps sous le coup de cette horreur sacrée du drame qui se passait à Paris, que la fatalité menait et dont ils détournaient les yeux. Paris ne leur laisse désormais qu'une impression d'impatience et de dégoût; la besogne de factions et d'intrigues qui s'y opère leur semble trouble et funeste. Paris, aux temps héroïques, avec la Convention et ses Comités, portait l'âme de la République. Mais, en même temps que le grand péril, le mystère du pouvoir s'est dissipé. Le Directoire, ridicule et méprisé, a trahi le secret du temple. On n'aperçoit plus dans le sanctuaire que des hommes qui se querellent, des hommes très petits et des querelles médiocres. L'âme de la République est désormais dans les armées. La nation, qui semble s'échapper à soi-même et se cherche vainement dans les Conseils, le Directoire, les journaux pleins de cabales, de délations, d'agiotage politique, se retrouve là, vivante et passionnée. Le volontaire de 1792 est devenu militaire de profession; mais il conserve, en la tournant toute à la gloire, l'ardeur des premiers jours. Là, « on garde un but commun, des passions communes, quand la nation n'en a plus. Le lien de la nation se détend, à mesure que le lien de l'armée se resserre (1). » L'armée sent la Révolution s'incarner et survivre en elle. A Paris, on lutte pour le pouvoir et pour l'argent, pour dominer la République et pour l'exploiter. Aux armées, on lutte pour la glorifier. On ne reçoit pas l'argent de l'État, on nourrit l'État avec

(1) TOCQUEVILLE, *Fragments et Correspondance*, t. Ier, p. 291-292.

l'argent de la conquête. On sait où est l'ennemi : on l'a devant soi. On sait où sont ses amis : on les a autour de soi. On obéit avec allégresse; on commande avec sécurité; on peut opérer librement le bien que l'on conçoit pour la cause que l'on sert; le chef est maître à son quartier général : il est sûr d'être approuvé et d'être suivi. On s'explique que Bonaparte voulût demeurer en Italie et que Hoche, après s'être un instant laissé dévoyer vers Paris, eût hâte de revenir au Rhin.

Exerçant le pouvoir, et l'exerçant — ils en sont convaincus — pour conserver la République et affermir la Révolution, comment ne songeraient-ils pas à étendre ce pouvoir à la France entière, à l'enlever aux mains maladroites qui l'énervent, aux factions surtout qui l'anéantissent en se le disputant? Ni anarchie ni restauration, c'est leur vœu, c'est leur intérêt; c'est le vœu et l'intérêt de l'immense majorité des Français. Ils se jugent seuls capables de le remplir. Considérez leur âge, c'est celui de grandes passions, des grandes aventures; l'âge des grands ambitieux de tous les temps. Ils ont sauvé la République des ennemis du dehors; on les appelle à la sauver des ennemis du dedans; pourquoi ne la gouverneraient-ils pas?

L'esprit tout romain et césarien de Bonaparte se porte directement à ce dessein et s'y arrête. Hoche en est agité; il y incline avec inquiétude; il y dérive, pour ainsi dire, en se débattant dans les tourbillons du courant; mais il se sent entraîné. Il est jeune, il est fier, il se sait fort, il ne veut pas périr; il entend surnager.

Comme Bonaparte, Hoche ne manque pas une occasion de manifester son hostilité au pouvoir militaire; mais, comme Bonaparte, il ne confond point avec le « pouvoir militaire » la magistrature d'un général d'armée. Cromwell et Washington ont commandé des armées et gouverné des républiques. Ils se sont élevés au pouvoir par l'autorité militaire, ils s'y sont maintenus par l'autorité civile. Hoche est bien décidé à ne plus se compromettre pour le Directoire. Le jour venu d'épurer la République, il agira par lui-même et pour la France seule, dont il se fera l'arbitre et le garant. La Révolution finie, il la consacrera, et, après avoir écrasé les factions par un coup de force, il les empêchera, par un gouvernement juste, austère et fort, de relever la tête. Quand il parle de briser alors son épée, c'est pour revêtir la toge, à laquelle les autres épées céderont.

Il est plein de mépris pour le Directoire, ulcéré contre les réacteurs et les Conseils, mécontent de tout le monde, mécontent de lui-même surtout qui s'est laissé duper, qui est sorti de sa circonspection habituelle pour sauver son pays, qui n'a fait que se compromettre dans une intrigue, qui paraît ravalé au rang de prétorien d'un gouvernement avili. Il ne compte plus que sur lui-même, mais il se sent diminué; et sur son armée; il la sent bien à lui. C'est en elle qu'il se retrempe. Il se tient en communion constante avec elle, ouvrant son cœur dans les entretiens intimes, parlant par allusions aux troupes, mais par allusions transparentes, comme dans cet ordre du jour de rentrée (1) : « C'est avec la joie la plus pure que le général Hoche leur annonce (aux braves avec lesquels il a ouvert la campagne) que, renonçant au ministère de la guerre où il a été élevé, à la gloire de toute expédition maritime, il se rend dans le sein d'une armée qui lui a donné des preuves de confiance, et pour laquelle il vient de prendre des arrangements tels que la pénurie en disparaîtra. » Les soldats l'acclament, les officiers protestent de leur dévouement à sa personne. Les choses vont vite, et le revirement s'achève. En l'an II, c'était contre les chefs militaires que les délateurs de profession et les émissaires de Paris soufflaient la suspicion ; désormais ce sont les officiers qui la prêchent et ce sont les pouvoirs publics, c'est la presse de Paris qu'ils dénoncent, comme complices de l'étranger, ennemis de la patrie, ennemis de l'armée (2). Le changement de langage et d'attitude des troupes est si manifeste qu'il frappe les Allemands : un habitant de Cologne le relève dans son journal. « Les officiers, écrit-il le 5 août, disent qu'ils ont reçu l'ordre de se rendre à Paris en dix jours ; jamais le trouble n'aurait été plus grand en France. Ils ajoutent que les Jacobins ou les Terroristes veulent s'emparer du

(1) Voir les *Mémoires* de THIBAUDEAU, t. II, p. 222 ; — ROUSSELIN, t. Ier, p. 388 ; t. II, p. 476 ; — *Mémoires* de SOULT.

(2) *Journal de Fricasse*, armée du Rhin. — Comparez le *Journal de Bricard*, armée d'Italie, après avoir rapproché les discours de Hoche et de Bonaparte, que commentent, chacun à leur façon, ces deux soldats.

pouvoir, mais, avant qu'ils y arrivent, l'armée, même sans ordres, entrera en France et s'y opposera (1). »

L'armée avait déjà déclaré ses sentiments le 14 juillet. Le 10 août offre l'occasion de manifestations plus solennelles. Hoche les prépare; on le voit, dans les jours qui précèdent, travaillé à la fois par la maladie qui le mine et par le chagrin qui échauffe et aigrit sa fièvre. Dans son intimité, il se montre, par moments, découragé jusqu'au désespoir. Il maigrit, ses yeux s'éteignent, ses joues se creusent; il a une toux sèche et de fréquents accès de suffocation.

Il se plaint d'être trahi, poursuivi, persécuté. On a voulu le perdre! on veut l'exiler en Angleterre, on veut l'empêcher de servir la République! Il s'abandonne à ses nerfs : « J'ai, écrit-il au ministre de la guerre, le 4 août, donné au général Lemoine l'ordre de conduire à Avranches la légion des Francs; quant à moi, je n'irai ni à Rennes, ni à Avranches, ni à Brest. Plusieurs raisons m'y déterminent. L'expédition d'Irlande, éventée par les agents de l'Angleterre et publiée sous des prétextes oiseux et ridicules, n'aura pas lieu. Il ne fallait rien moins pour l'entreprendre qu'une somme de dix-huit cent mille francs. Truguet, à la vérité, l'eût trouvée, et j'y joignais deux cent mille francs pour compléter les deux millions. Je doute qu'aujourd'hui le gouvernement ait quelque crédit, et les sommes que j'avais réservées pour cette expédition ont été, par mes ordres, versées

(1) Hüffer, *Rheinisch Westphälische Zustände*. Bonn, 1873.

à la caisse des payeurs et ont servi à faire le prêt de l'armée... » Il rappelle les anciennes injustices qu'il a subies, au temps des « décemvirs » et de leurs « assassinats juridiques »; son travail sans relâche à pacifier l'intérieur, puis à combattre l'Angleterre. « Tout entier à ce dernier objet, je ne m'occupais d'aucun autre, pas même de ce qui se passait à Paris, lorsque, rentrant dans mon pays, je me vois assailli par des hurlements affreux. Je veux parler, on me ferme la bouche sous prétexte de secret d'État; encore un peu, et, pour récompense de cinq ans de travaux, j'allais être traité comme un criminel! » Les Directeurs voudraient le voir s'embarquer, errer sur l'Océan, comme en 1796, y sombrer peut-être dans un naufrage ou n'échouer en Angleterre que pour tomber entre les mains de Pitt! « Sans les circonstances actuelles, je fuirais une terre aussi ingrate, mais je serais coupable envers la France et mes amis... J'aime trop la France pour lui susciter de nouveaux maux; elle en a assez. Le plus grand sans doute est d'avoir accordé sa confiance à des hommes qui ne la méritent pas; mais je suis tranquille sur ce point, elle s'en corrigera un jour... » Et le lendemain : « Je vous réitère... Je me bornerai à défendre la République de toute invasion et n'irai pas faire le Don Quichotte sur les mers pour le plaisir de quelques hommes qui voudraient me voir à fond. Peu m'importent et les Anglais et l'Angleterre. Je ne veux plus songer qu'à la France. »

Il demande des juges qui prononceront entre *lui* et *ses* ennemis. « Il est temps que le peuple français connaisse l'atrocité des accusations réitérées contre *moi* par des hommes qui sont *mes* ennemis particuliers. » « Depuis longtemps je suis en possession de l'estime publique, non à la manière de quelques égorgeurs révolutionnaires, devenus ou plutôt reconnus les agents en chef de nos ennemis, mais ainsi qu'un homme de bien peut y prétendre. On doit donc s'attendre que je n'y renoncerai pas pour l'amour de quelques Érostrates parvenus depuis un moment sur la scène de la Révolution, et qui ne sont encore connus que par des déclamations insignifiantes et des projets destructifs de toute espèce d'ordre et de gouvernement. » Il identifie *sa* cause avec celle de la République; il fait imprimer sa correspondance pour la publier; il l'annonce à un ami. « La nation française connaîtra ses véritables ennemis (1)... »

Le 10 août, la fête a lieu. Encore que très affaibli, il se raidit, paraît devant les troupes et prononce ces paroles « d'une voix énergique et retentissante » : — « Amis, je ne dois pas vous le dissimuler, vous ne devez pas encore vous dessaisir de ces armes terribles avec lesquelles vous avez tant de fois fixé la victoire; avant tout, il faut assurer la tranquillité intérieure que des

(1) Lettre au Directoire, 6 août. — THIBAUDEAU, t. II, p. 225. Lettre à un ami, 11 août, *Moniteur* du 18 août. Comparez : Bonaparte au Directoire : « Je vois que le Club de Clichy veut marcher sur mon cadavre pour arriver à la destruction de la République... Faites briser les presses des journaux vendus à l'Angleterre, plus sanguinaires que ne le fut jamais Marat... » Le Conseil des Cinq-Cents « marche droit à la désorganisation du gouvernement... » 15, 18 juillet 1797.

fanatiques et des rebelles aux lois républicaines essayent de troubler... Semblables aux conseillers de Louis XVI, avant la journée du 10 août, ils espèrent nous redonner des maîtres. Nous leur opposerons la loyauté, le courage, le désintéressement, l'amour des vertus dont ils ne connaissent que le nom, et ils seront vaincus... » Un simulacre de guerre a lieu : on y voit figurer Lefebvre, Championnet, Grenier. Le soir, un grand banquet les réunit; c'est toute une élite de conquérants républicains et de futurs maréchaux de France. Ils donnent la réplique aux adresses de l'armée d'Italie, le 14 juillet. Hoche boit à la République, à l'anéantissement des factions; Lefebvre, à la haine des coquins qui souillent le sol de la liberté; Grenier, à la mort des conspirateurs; Legrand, au 10 août; Ney, au maintien de la République : « Politiques de Clichy, daignez ne pas nous forcer à donner la charge! » Championnet : « A l'armée d'Italie! nous vous avons entendus, braves camarades, et nous marcherons avec vous! » Un général de brigade se lève et s'écrie : « A Bonaparte! Puisse-t-il... » Hoche l'interrompt : « A Bonaparte tout court, son nom dit tout (1)! »

Le lendemain, Hoche dépêche à Paris, pour sur-

(1) Voir ces adresses au *Moniteur* du 12 août 1797; dans Rousselin, t. I, p. 401. Et comparer avec les discours de Masséna, Augereau, Sérurier, au 14 juillet, en Italie. — « Soldats..., les mêmes hommes qui l'ont fait triompher de l'Europe coalisée sont là... Des montagnes nous séparent de la France; vous les franchiriez avec la rapidité de l'aigle, s'il le fallait, pour défendre la liberté, protéger le gouvernement et les républicains... Les royalistes, dès l'instant qu'ils se montreront, auront vécu. » Bonaparte à l'armée d'Italie, 14 juillet 1797.

veiller les événements, pour y mettre la main aussi, son fidèle Chérin. Ce général jouera le double rôle que Bonaparte a réparti entre Lavalette et Augereau. Il donnera des avis, il offrira son épée au Directoire et frappera, s'il le faut. En attendant, il observera. Hoche lui recommande la circonspection : bien voir, ne pas se compromettre. Mais il n'est plus capable lui-même de garder la mesure qu'il prescrit à son représentant. Les journaux lui apportent, avec leurs commentaires, les comptes rendus des séances des Cinq-Cents. Comme Bonaparte, dans le même temps, ces lectures l'exaspèrent; il prend la plume, il brouillonne des réponses. Le 12 août, il écrit au Directoire : « Citoyens Directeurs, prenez-y bien garde, l'indignation est à son comble. Elle est telle que souvent je suis obligé de lui opposer une barrière... Je tempérerai le zèle des amis de la liberté autant qu'il sera en moi, mais il peut arriver un terme auquel je ne pourrai plus rien (1). »

Les attaques continuent. Le 8 août, Willot le dénonce encore. Willot ne craint pas que César passe le Rubicon : César, c'est Bonaparte, et l'orateur oppose à Hoche « ce héros », Bonaparte, « qui consolide la liberté des peuples! » Mais, ajoute-t-il, « Marius peut arriver aux portes de Rome et s'indigner de ce que les sénateurs délibèrent ». Marius, c'est Hoche. Hoche

(1) « L'armée reçoit une grande partie des journaux qu'on imprime à Paris... L'indignation est à son comble... Citoyens Directeurs, il est imminent que vous preniez un parti... » « J'emploie toute mon influence à contenir dans les bornes le patriotisme brûlant qui est le caractère distinctif de tous les soldats de l'armée. » Bonaparte au Directoire, 15 et 18 juillet 1797.

multiplie ses lettres, et ce qu'il expédie n'est rien à côté de ce qu'il minute. Ce n'est plus aux tribunaux qu'il en appelle : c'est à la France. Le 13, il écrit à Dufresne, rapporteur des comptes de la trésorerie, et proteste contre les accusations de malversation. « Avant de compromettre tout un état-major... commencez à servir... Vous auriez dû vous renseigner. Êtes-vous de la faction qui poursuit les armées? » « Quand je suis arrivé à cette armée, il n'y avait rien. Vous dites que j'ai une caisse particulière, où est-elle? Depuis trois mois et demi, je fais vivre cinquante mille hommes sur la rive droite du Rhin, sans qu'il ait été délivré, je ne dis pas de l'argent, mais des bons aux fournisseurs... Et voilà quelle est la récompense des économies que j'ai faites! J'ai poursuivi l'agiotage, les fripons; et c'est moi qu'on ose accuser. Justes dieux! mes comptes eussent été remis au ministre de la guerre, sans les persécutions que j'ai éprouvées à mon retour de Paris; maintenant, je vais les rendre à la Nation; ils sont sous presse. » En attendant, la lettre, livrée au public, entamera cette éclatante procédure d'appel direct au peuple (1). Le lendemain, il prie le ministre de communiquer sa lettre au Directoire, « afin qu'il soit bien persuadé que désormais une calomnie ne sera pas lancée d'une tribune sans être relevée sur-le-champ, et que *nous* traduirons devant les tribunaux quiconque nous insultera de loin ». Le *moi* déborde et s'impose dans ces lettres; la hiérarchie

(1) *Moniteur* du 28 août 1797.

s'y efface. Hoche élève tribune contre tribune; par ce *nous* final, il engage toute l'armée dans sa querelle et l'oppose au pouvoir législatif. Les bulletins de sa correspondance, en ces semaines de fièvre, commencent presque tous par ces mots : « Se plaint de... » « S'indigne de ce que... » On lit, dans un de ces projets de réponse à ses ennemis, cette apostrophe adressée à Pitt : « En attendant, le peuple souffre. Lorsque l'épée sera tirée, vos serviteurs seront anéantis; nul ne les défendra, ne les plaindra même... »

V

Il ne trouve de distraction et d'adoucissement qu'à s'occuper des peuples qu'il gouverne encore et qui, vraisemblablement, à la paix, ne seront pas réunis à la République. N'ayant pu les donner à la France, au moins il les affranchira de l'Empire. Bonaparte ne sera pas seul à « consolider la liberté des peuples » ! Hoche s'attache de plus en plus, de cœur et de gloire, à cette séduisante idée d'une république cisrhénane qui serait à l'est ce que la république batave est au nord, et ce que la cisalpine est au midi. Elle serait son œuvre. Les Rhénans, fort inquiets d'une restitution possible de leur pays aux Allemands, s'empressent autour de lui. Il les encourage, il les charme. Il leur apparaît comme son lieutenant et son émule, Championnet, apparaîtra aux Napolitains : le pacificateur, l'ordonnateur, le garant de leur liberté. Il avait tout pour gagner les cœurs, rapporte un patriote rhénan : jeune, beau, plein d'honneur, plein d'essor dans les idées, plein d'enthousiasme, actif, énergique, le type du républicain modéré (1).

Sous son impulsion, au bruit, colporté partout, qu'il protège l'œuvre des républicains, leur propagande s'étend et s'anime. On revêt la cocarde rhénane : verte, rouge et blanche ; on répand des brochures, on multiplie les conciliabules, on prépare des fêtes pour la plantation d'arbres de la liberté. La commission de Bonn, se réclamant et s'autorisant du général, invoque le droit national du peuple de se constituer à l'état d'indépendance, et annonce que les populations qui se prononceront pour la république cisrhénane seront, le 22 septembre, c'est-à-dire le premier jour de l'an VI, affranchies des droits féodaux. Pour le 17, on annonce à Cologne une importante fête populaire : les maisons et les navires seront pavoisés aux couleurs cisrhénanes, les cloches sonneront, on plantera l'arbre symbolique ; le 19, on installera un sénat cisrhénan, après avoir entendu une messe solennelle. Le cri de : « Vive Hoche ! » est, pour tous ces Rhénans allègres et de bonne volonté, le cri d'affranchissement. « Tandis que d'indignes Français redemandaient des fers, écrit Hoche au Directoire, un peuple tout entier recouvrait

(1) Venedey, *Die deutschen Republicaner*. Leipzig, 1870, p. 250 et suiv., 303.

sa liberté; les habitants de la rive gauche du Rhin proclament hautement les droits de l'homme, et déjà le canton entier de Rheinsbach s'est déclaré indépendant et a pris le nom de république cisrhénane. Bientôt, si vous le voulez, de Landau à Düsseldorf, paraîtra, entre nos frontières constitutionnelles et le Rhin, une république amie des Français. C'est à vous, Citoyens Directeurs, à juger de quelle utilité peut être un peuple libre entre l'Empire et nous. » La conception de cette république s'étendait, dans la pensée de Hoche; il y entrevoyait une solution, politique et vraiment républicaine, de cette terrible question du Rhin qui menaçait d'éterniser la guerre et altérait le principe même de la paix, par la nécessité humiliante des indemnités et par l'injustice de ce partage des peuples.

Cette lettre est du 12 septembre. Cependant, le coup d'État s'était consommé, sous la direction occulte de Chérin, grâce à l'appui des troupes de l'armée de Sambre-et-Meuse, demeurées à la disposition du Directoire et portées sur Paris, malgré le rayon de six myriamètres, les poteaux constitutionnels et les décrets du Corps législatif. Le jour venu, une très subtile ruse de guerre permit de tourner la difficulté et d'investir les Conseils, tout en demeurant en deçà de la légalité. On trouva des accommodements avec les symboles républicains, comme on en trouvait, au moyen âge, avec les reliques. « Des poteaux, placés à cette distance des barrières, portaient une inscription qui intimait cette défense, et ces poteaux étaient répandus autour de Paris. Le 15 fructidor, la division n'en reçut pas moins l'ordre du ministre de la guerre de se diriger vers la capitale. Le 17, le général Humbert fit arracher les deux poteaux que nous trouvions sur notre chemin, les fit charger sur une charrette, et, la faisant transporter à la tête de l'avant-garde de la première légion des Francs, nous conduisit par les boulevards du Nord à la caserne de Rueil (1)... »

Augereau avait été nommé commandant de l'armée de Paris : c'était la garantie de Bonaparte dans l'affaire. Chérin fut nommé général de division et commandant de la garde constitutionnelle : c'était la garantie de Hoche. En même temps, le Directoire s'associait ces deux généraux et se les rendait complices. Quant à Moreau, fâcheusement compromis pour sa complaisance envers Pichegru, le Directoire le manda à Paris pour fournir des explications. Il confia l'intérim du commandement à Hoche, qui se trouva ainsi avoir dans les mains les deux armées de Sambre-et-Meuse et du Rhin, avec le gouvernement de toute la rive gauche. Il reçut dans la nuit du 7 septembre une lettre de Barras, annonçant l'événement du 18 fructidor (4 septembre). — Il était fort malade, mais, dans l'emportement de sa joie, il s'élança hors de son lit, réveilla ses officiers : « Vive la République! s'écria-t-il avec exaltation. Les traîtres ne sont plus. Mon rhume est guéri! » Puis, aussitôt, on le vit pâlir et s'affaisser, défaillant. Il fut contraint de regagner sa chambre. Il était si faible qu'il pouvait à peine tenir sa plume.

(1) *Mémoires* de Bigarré.

Tout débile qu'il se trouve, Hoche s'occupe ardemment d'exécuter son Fructidor militaire, d'épurer son armée, d'en expulser les agents de Carnot, les suppôts de Clichy. Il a comme un retour de passion révolutionnaire. Il dénonce fébrilement des corps de troupes, des généraux, et, dans la masse, le plus résolu, le plus droit des patriotes, Kléber. Il félicite le Directoire et l'excite à compléter l'ouvrage : « Vos armées sont pleines d'espions envoyés par le misérable Schérer, et de royalistes. Je vous supplie de nous en débarrasser promptement, bien qu'aujourd'hui ils soient les plus lâches et les plus soumis des hommes. » Il voudrait des détails sur le 18 ; c'est *sa journée* qui lui a été comme dérobée. Il avait d'ailleurs tout prévu pour le cas où il aurait été chargé de l'affaire. Chérin lui a rassemblé des notes sur les employés des ministères ; les hommes sur lesquels on peut compter, les douteux, ceux qu'il faut « épurer ». Le résultat du travail est effrayant et explique l'emportement de Hoche. Au ministère de la guerre, sur six chefs de division, trois sont marqués d'un *r. f.*, ce qui signifie *royaliste fanatique ;* deux n'ont pas de signe près de leur nom ; à peine quelques chefs de bureau portent-ils la note : *bon*. Les *r.*, *royalistes*, l'emportent. Le reste est marqué douteux, intrigant, monarchiste. Les ennemis de la République forment une sorte de ligue occulte minant les administrations, énervant le pouvoir et se soutenant les uns les autres (1). Chérin, cependant,

(1) Bougier, *le Général Chérin*. — *Revue historique*, t. VI,

croit l'avenir assuré; les abus vont disparaître, les « honnêtes gens » vont arriver au pouvoir. Il juge sa besogne achevée. Il a hâte de rejoindre son général, et le 14 septembre — 28 fructidor — il donne sa démission de commandant de la garde constitutionnelle, pour retourner au Rhin.

Mais Hoche n'estime pas que tout soit terminé. A-t-on assez fait? Ne va-t-on pas faiblir dans la répression et dans la défense, se montrer plus indulgent que n'auraient été les adversaires en cas de victoire? « Les royalistes, écrit-il au ministre de la guerre, ne nous auraient pas déportés; mais, puisqu'on a pris la mesure sage et généreuse de la déportation, pourquoi ne l'avoir pas étendue aux coupables les plus dangereux? Il n'y a point eu d'erreurs dans le tri des déportés, mais il y a beaucoup d'omissions, et ces omissions peuvent devenir encore la source de nouvelles révolutions. » Enfin il faudra recoudre. Les triumvirs, pour avoir triomphé par l'armée, restent aussi divisés, aussi brouillons, aussi incapables qu'avant le coup d'État. La journée du 18 fructidor a chassé ou épouvanté les ennemis de la République; elle n'a ni con-

---

p. 384. Voir également dans PINGAUD, *Un agent secret, le comte d'Antraigues*, les détails sur le soi-disant Vannelet, qui a ses entrées chez Schérer, Talleyrand, aux finances : « Cet homme faisait partie d'un groupe de mécontents, en conspiration permanente contre le gouvernement et en relations également permanentes avec l'étranger, notamment avec Londres. » « Ils avaient des complices dans les administrations et les états-majors. » Voir aussi les lettres de Mallet du Pan qui impliquent tout un système d'informations directes, et qui viennent vraisemblablement, en partie, de la même source.

verti ni éclairé les républicains. Les causes profondes de la crise subsistent et continuent d'agir après l'événement qu'elles ont nécessité. Hoche écrit à Chérin, le 12 septembre :

« Vous me dites que le Conseil des Anciens a approuvé la résolution relative aux déportés : mais quels sont-ils? en quel nombre? où vont-ils?... La République a été sauvée, j'en demeure d'accord;... mais comment? quels ont été vos coopérateurs? quelle marche a-t-on suivie? quels sont les hommes destinés à remplacer les Directeurs?

« En politique comme en guerre, c'est peu de gagner une bataille : il faut en assurer le succès par sa conduite ultérieure; s'endormir à côté de la victoire, c'est vouloir qu'elle vous fuie. Songez donc, mon cher, qu'elle est femme et veut des soins. Qu'a fait Vendémiaire à la République? Rien, ou au moins peu de chose. Si, après cette affaire, on eût cassé les élections chouannes, nous n'aurions pas vécu deux années dans l'anxiété la plus cruelle.

« Évitez qu'on publie nos intentions; faire beaucoup sans bruit et en peu de mots, voilà le grand art. C'est dans ce sens que vous devez agir; faites-le bien entendre aux patriotes, et, en outre, modération et fermeté.

« Demandez de suite un travail pour les armées; faites qu'on épure les officiers généraux : beaucoup tenaient à la faction...

« Ne songez pas à quitter Paris de quelque temps :

la guerre seule devrait vous ramener aux bords du Rhin; en attendant, songez à employer votre crédit pour le bien public. Songez qu'il faut, par-dessus tout, éviter la guerre civile, que des échappés pourraient susciter à notre déjà trop malheureuse patrie... Que voulez-vous dire par... cette phrase : « Tous les ennemis de la République sont améantis! » Ceci donne beaucoup à penser... Et puis *tous*, dites-vous; mais les agents, mais les directeurs des complots? Ne croyez pas qu'ils soient anéantis; prenez garde à la Vendée, à la Bretagne, au Midi, à Lyon...

« Prêchez l'économie, tonnez contre les fournisseurs, faites payer les troupes et surtout évitez que le peuple murmure, ce qui arriverait si on créait de nouveaux impôts; ceux qui sont perçus suffisent au delà; mettez-vous bien cela dans la tête; mais bien des gens n'ont pas lu et ne veulent pas lire le troisième volume des *Mémoires* de Sully. »

Il a ses vues sur la constitution à établir. Avant tout, point de monarchie : « Quel que fût le monarque, écrit-il à Chérin, et par cela seul qu'il serait le monarque, il lutterait contre le principe, contre l'œuvre de la Révolution, qui est l'abolition des classes; il serait, malgré lui, forcé de recréer une noblesse, et la résurrection de cette noblesse deviendrait la cause de sa ruine en irritant le *tiers état* qui ne serait plus tout, c'est-à-dire tout le monde... Il nous faut un gouvernement qui consacre, dans le fait comme dans le droit, le principe de l'égalité... Ce gouvernement ne peut être que le gouvernement républicain... Voilà mes idées fondamentales : président électif, rééligible ; deux Chambres, l'une entièrement élective, l'autre par moitié seulement. » Le suffrage serait-il universel? Hoche y voyait des dangers. « Tout homme n'est pas un citoyen... » Il voulait régler l'usage du vote, le protéger contre les aristocrates et les démagogues qui menacaient de l'exploiter, et « contre lesquels la France vraiment laborieuse, patriote, honnête, aura longtemps à se défendre ». « Le peuple qui souffre est toujours désireux d'un mieux quelconque, et il croit le trouver en changeant sans cesse », avait-il écrit au Directoire. La conséquence était de restreindre singulièrement la liberté de la presse, surtout en temps d'élections. Ni le gouvernement ni les journalistes ne devraient s'interposer entre l'électeur et le candidat. « Agir autrement serait faciliter les menées de l'aristocratie et de la démagogie. Ce sont deux minorités qu'il faut désarmer et empêcher de faire trop de bruit. C'est servir la liberté que de la restreindre chez qui la réclame pour opprimer. »

Enfin, il s'occupe de son œuvre, sur le Rhin. « Vous ne me parlez pas du commandement des deux armées, mande-t-il encore à Chérin. Moreau reviendra-t-il? Voilà ce qu'il faut savoir... Je serai contraint de faire une épuration, ce que je ne veux point entreprendre pour un autre qui briserait mon ouvrage. Parlez donc plus souvent de la commission intermédiaire (de Bonn) qui nous a été très fidèle, qui a ramassé beaucoup d'argent... ; remarquez qu'elle vient aussi de nous former une *République cisrhénane* qui chaque jour va prendre plus de consistance; il faut que vous exposiez ces faits au Directoire assemblé et que vous demandiez le maintien de l'arrêté qui m'investit de l'administration des pays conquis; dites-vous, à chaque instant du jour, que c'est dans la prospérité qu'on doit songer à ses amis... Si cela ne se peut pas, parlez de Championnet... »

Ces lettres furent son testament politique. Ses amis l'avaient décidé à consulter un médecin, à Francfort. Wolf Tone était à Wetzlar quand Hoche revint de ce voyage. Il le trouva épuisé. « Il a été sérieusement malade d'un gros refroidissement, écrit Wolf Tone dans son journal, le 13 septembre; il a une toux continuelle qui m'inspire beaucoup d'inquiétude. Il ne semble rien redouter lui-même, mais je ne serais pas surpris que, dans trois mois, il fût perdu. Il est sensiblement changé : il a une toux sèche et creuse, extrêmement pénible à entendre... » Le 17, Wolf Tone ajoute : « La santé du général est dans l'état le plus alarmant, et personne ne semble s'en douter... Aujourd'hui il s'est fait porter d'une chambre dans l'autre par quatre grenadiers, car il est incapable de marcher. Il est terrible de voir un si bel homme, dans toute la fleur de la jeunesse et de la force, si complètement affaibli... » — Deux jours après, le 19 septembre, Hoche s'éteignit.

Son armée lui fit des funérailles touchantes et magnifiques. Six enseignes à la romaine portaient des couronnes de chêne et de laurier avec ces inscriptions : « *Général en chef à vingt-quatre ans, an Ier de la République. — Il débloqua Landau. — Il pacifia la Vendée. — Il vainquit à Neuwied. — Il chassa les fripons de l'armée. — Il déjoua les conspirateurs.* » Ailleurs, à l'armée du Rhin, on disposa un grand cortège avec un char symbolique. Ce char était entouré de jeunes filles qui portaient des guirlandes de roses et des bannières sur lesquelles on avait écrit : « *Il allait être le Bonaparte du Rhin; Immortel après sa destinée; Il a inspiré la terreur aux rois; Son ennemi fuit devant sa vaillance.* »

Deux ans après, rapporte Carnot, « le Directoire était arrivé à un tel point de déconsidération qu'à défaut de Bonaparte quelque autre chef d'armée aurait fait un 18 Brumaire comme lui : Hoche peut-être, s'il eût vécu. Je dis *peut-être*, car Hoche avait les qualités du citoyen; et, s'il eût vécu, deux grandes ambitions se trouvant en présence, la plus noble aurait pu paralyser l'autre. » Et Thibaudeau : « Il était facile à irriter; une grande injustice eût pu le porter à opprimer la République, mais jamais à la trahir. L'amour de la gloire le rendait jaloux de Bonaparte; sa propre ambition lui faisait pressentir celle du vainqueur de l'Italie. La mort de Hoche fut-elle un bien ou un mal? La solution de cette question reste cachée dans sa tombe (1). »

Ce *peut-être* est le secret du culte, du noble culte

(1) *Mémoires sur Carnot par son fils*, t. II, p. 39; — Thibaudeau, t. II, p. 316.

que la France républicaine a voué à sa mémoire. L'histoire a fixé, dans le bronze et le marbre, l'image de Bonaparte; celle de Hoche apparaît toujours plus fuyante, baignée de cette lumière purpurine, dont Virgile enveloppe l'ombre des jeunes héros, fauchés dans leur matin. Bonaparte a tout consommé : la grandeur jusqu'à l'hyperbole, les défaites jusqu'à la catastrophe. Quelle serait son épopée et combien attrayante aux imaginations, au lieu de fatale et écrasante qu'elle demeure, s'il était tombé le soir de Marengo en plein essor dans l'inconnu? Hoche a profité de l'immense déception de l'Empire. On aime à ne connaître de lui que ses vertus et les promesses de son génie. La France le pare de toutes ses illusions rétrospectives; elle s'imagine que s'il avait vécu, elle eût rompu, avec lui, les âpres destinées. Il ouvre comme une sorte d'au-delà dans l'histoire de la Révolution.

Avec lui, en effet, disparaît de cette histoire le seul homme qui, Bonaparte vivant, pouvait barrer le chemin à Bonaparte et dériver le cours de la Révolution française vers un autre flanc de la montagne. L'eût-il fait, et comment? Le moins italien, le moins anglo-saxon des hommes, ni puritain ni machiavéliste, aussi peu familier avec la bible qu'avec le Digeste, lisant Sully, se berçant de ses chimères de république européenne, pacifiée par les Francs, tandis que Bonaparte se nourrissait des maximes de Frédéric et de son réalisme d'État; le plus complètement et le plus foncièrement français, parmi tous les héros de la Révolution; passionné, enthousiaste, soupçonneux, emporté aux extrêmes et tout à coup rejeté par son instinct de justice, son tact de race, dans la mesure et la prudence, il avait tour à tour montré de la modération et de la force; mais était-il capable de les combiner avec cette conséquence et dans ces proportions qui sont le caractère même de l'homme d'État français? Eût-il été assez fort pour se modérer lui-même et modérer la nation dans la victoire, contenir l'entraînement aux conquêtes et, la conquête accomplie, se faire pardonner, par l'usage de la conquête, la suprématie de l'Europe? Eût-il modéré cette Europe qui refusait de ratifier les conquêtes de la France, parce qu'elle ne voulait point subir la suprématie française? S'il eût détourné le cours de la Révolution en France, en eût-il contenu et réglé, en Europe, les débordements et les reflux? Eût-il réduit l'Angleterre à accepter et à respecter la paix romaine de la République? L'Angleterre seule, subsistant, inaccessible dans son île et irréconciliable dans sa rivalité séculaire, suffit à suspendre toutes les hypothèses.

Hoche n'eût été ni César — il n'avait rien de latin dans son génie, ni Washington, car rien ne ressemblait moins aux États-Unis que la France de 1797, et personne ne ressemblait moins à Hoche que ce président de république, anglais, aristocrate et protestant. Mais, tant que les imaginations françaises en appelleront de la fatalité des choses accomplies au rêve de l'histoire recommencée et de l'histoire heureuse, Hoche demeurera comme le guerrier sans peur et sans reproche, chevalier errant de l'espérance, qui, à force de vaillance et de magnanimité, eût résolu l'énigme. Ils poursuivront, avec son ombre, la chimère vainement poursuivie par leurs pères, renouvelant, contre la réalité des faits constatés et contre les documents écrits du passé, la lutte que leurs pères ont soutenue contre la nature des choses européennes, les impulsions héréditaires de la nation française, les nécessités de la Révolution; tant était belle cette ambition de concilier, sans rien sacrifier de l'une à l'autre, ces trois choses qui se sont, il y a un siècle, détruites l'une l'autre : la liberté, la République et la limite du Rhin. *Magna apud populum memoria... credebaturque, si rerum potitus foret, libertatem redditurus.*

TABLE DES MATIÈRES

DE LEOBEN A CAMPO-FORMIO

CHAPITRE PREMIER

LES PRÉLIMINAIRES DE PAIX

CHAPITRE DEUXIÈME

LE PROCONSULAT DE BONAPARTE

CHAPITRE TROISIÈME

LA QUESTION DES LIMITES ET LE COUP D'ÉTAT

CHAPITRE QUATRIÈME

LE TRAITÉ DE PAIX

LES VUES DE HOCHE

CHAPITRE PREMIER

LA VENDÉE, L'IRLANDE ET LE RHIN

CHAPITRE DEUXIÈME

LE COUP D'ÉTAT

PARIS. TYP. DE E. PLON, NOURRIT ET Cie, 8, RUE GARANCIÈRE. — 1275.

158369

Made in the USA